江西农业大学马克思主义理论重点学科系列丛书

城镇务工人员流动子女教育问题研究

胡恒钊 著

中国社会科学出版社

图书在版编目（CIP）数据

城镇务工人员流动子女教育问题研究 / 胡恒钊著．—北京：中国社会科学出版社，2021.5

ISBN 978－7－5203－8291－5

Ⅰ．①城…　Ⅱ．①胡…　Ⅲ．①城市人口—流动人口—教育研究—中国
Ⅳ．①G52

中国版本图书馆 CIP 数据核字（2021）第 067993 号

出 版 人　赵剑英
责任编辑　周晓慧
责任校对　刘　念
责任印制　戴　宽

出　　版　中国社会科学出版社
社　　址　北京鼓楼西大街甲 158 号
邮　　编　100720
网　　址　http://www.csspw.cn
发 行 部　010－84083685
门 市 部　010－84029450
经　　销　新华书店及其他书店

印刷装订　三河弘翰印务有限公司
版　　次　2021 年 5 月第 1 版
印　　次　2021 年 5 月第 1 次印刷

开　　本　710×1000　1/16
印　　张　17.75
插　　页　2
字　　数　283 千字
定　　价　99.00 元

凡购买中国社会科学出版社图书，如有质量问题请与本社营销中心联系调换
电话：010－84083683

序

城镇化的水平是衡量一个国家、一个地区现代化程度的重要尺度。随着城镇化的推进，许多城镇务工人员子女随父母迁往城市，然而进入城市后却难以真正地融入城市的教育体系中，在学校、家庭、社会中均出现了教育断链的现象，他们在心理上也出现了不同程度的障碍，有的甚至走上违法犯罪的道路，令人感到痛心。

解决好城镇务工人员流动子女教育的衔接问题是一个系统的社会支持问题，这需要来自各方力量的帮助和支持，形成全方位、全社会的育人合力，需要加强政府、学校、家庭、社会各界力量的有效配合与积极参与，构建政府、学校、家庭、社会组织等多层面的支持网络和保障体系。政府、社会、学校以及公民都应发挥好责任主体的作用，优化城镇务工人员流动子女的相关教育环境，解决城镇务工人员流动子女因家庭流动而产生的教育断链困境。在推进城镇化过程中应充分尊重城镇务工人员家庭的意愿选择，积极促进城乡教育一体化发展。

十分惊喜地看到，当前我国已制定了许多有益于城镇务工人员流动子女教育的相关法律政策，如补齐民生短板、解决上学难、参加异地高考、加大教育资源供给、入学待遇同城化等政策，这对于打破传统的建立在户籍制度上的中小学学生学籍管理体制、深化教育体制改革，推进城镇务工人员流动子女获得平等享受教育的权利与升学的机会都有着极其重大的意义。

笔者出身于农村，做过小学、中学、大学教师，对城镇务工人员及其子女教育问题有着深刻的体会。大部分城镇务工人员的家庭经济较为困难，他们整日忙于生计，为生活奔波，常常忽视了与孩子的交流，很少有时间给孩子讲解学习方面的知识，也有的由于自身知识水平的限制，在孩子学习辅导方面往往束手无策。一部分城镇务工人员对子女学业成就的期望值较高，但其教育方法却较为低效，他们常常采用唠叨、埋怨、责骂等简单的、传统的教育方式，当孩子学习成绩不太理想时，往往采取暴力方式来实施惩罚。这些不当做法常常导致务工人员流动子女厌学、辍学甚至离家出走现象的发生。还有些城镇务工人员只注重孩子的学习成绩，对他们的心理困惑问题重视不够，城镇务工人员流动子女缺乏心理上的安全感和归属感，常常表现出自卑、自闭、孤独、自我评价偏低、人际关系紧张、自信心不足等心理特征。缺少家庭情感呵护与人文关怀，也导致孩子出现学习成绩差、缺乏教养、不讲文明、易自暴自弃、没有远大理想等诸多问题。

流动子女的健康成长，关系着广大城镇务工人员家庭、广大农民工群体的切身利益，也关系着我国城镇化建设乃至社会的和谐稳定。希望本书的出版，有助于城镇务工人员流动子女教育问题的解决，有助于城镇务工人员流动子女在新型城镇化进程中能享受到更多的关怀，能更快地适应和融入城市的新环境，被城市所接纳和认同，阻隔农村贫困人口的代际传递，真正实现“人的城镇化”。

是为序。

胡恒钊

2020 年 1 月 12 日

内容摘要

城镇务工人员流动子女教育问题不但关乎着务工人员流动人口家庭的未来，而且对我国新型城镇化建设的有序推进、城乡教育的一体化、全面建成小康社会的实现都将产生深远的影响。我们应加强对城镇务工人员流动子女教育的衔接，促进务工人员子女城市教育的有效融入，努力让他们充分享有平等接受教育的机会与城市发展所带来的文明成果，城镇务工人员流动子女才能展现出“万类霜天竞自由”的个性，成就一个出彩的人生。

本书通过查阅大量文献资料以及对北京、上海、江西、浙江、湖北、四川四省两市的调研，了解城镇务工人员流动子女教育断链的现状。运用理论与实证相结合的方法，通过对相关核心概念的辨析，对城镇务工人员流动子女教育断链及其原因进行分析，提出解决城镇务工人员流动子女教育断链问题的衔接对策与建议，进而揭示城镇务工人员流动子女教育问题的理论、实践与价值的基本图景。本书主要包括九部分内容：

第一部分为绪论。主要对城镇务工人员流动子女教育问题的理论进行界说，包括介绍本研究的背景、目的、意义，国内外相关研究的进展和趋势，研究的主要目标、重难点、思路、方法以及本研究的创新之处等。

第二部分即第一章“城镇务工人员流动子女教育的断链现象”。本章主要对城镇务工人员流动子女教育的断链现象进行审视。本研究对北京、上海、江西、浙江、湖北、四川四省两市的农民工子女教育问题进行调研，实地考察我国城镇务工人员流动子女的教育现状及存在的教育困境。城镇务工人员流动子女出现了城乡教育中的不连续、不衔接的断链现象，主要表现在学校教育、家庭教育和社会教育的断链以及城镇务工人员流动子女自我心理危机等几个方面。

第三部分即第二章“城镇务工人员流动子女教育的断链根源”。主要剖析城镇务工人员流动子女教育的断链根源。主渠道教育的阻隔、亲情教育的缺失、关怀教育的藩篱、教育环境的影响等原因导致在学校、家庭、社会教育过程中出现了一系列的断链现象。城镇务工人员流动子女难以充分享有与城市居民子女同等的教育资源与教育机会，他们在城市中接受教育依然困难重重。

第四部分即第三章“城镇务工人员流动子女‘四位一体’教育衔接模式”。主要构建城镇务工人员流动子女教育“四位一体”的教育衔接模式。解决好城镇务工人员流动子女教育问题是一个系统的社会支持问题，这需要来自各方力量的帮助和支持，需要政府、学校、家庭、社会各界力量的有效配合与积极参与，形成政府、学校、家庭、社会组织等多层面的支持网络和保障体系。

第五部分即第四章“城镇务工人员流动子女违法犯罪问题研究”。主要对城镇务工人员流动子女违法犯罪问题及其成因进行分析，并提出减少他们违法犯罪的有效对策。要有效预防城镇务工人员流动子女违法犯罪问题，既必须积极建立多方协作的有效机制，又应加强对城镇务工人员流动子女的法治教育和法治建设，让法律成为预防和规避城镇务工人员流动子女违法犯罪问题的重要利剑。

第六部分即第五章“城镇务工人员流动子女违法犯罪问题研究”。主要从城市融入环境、农村文化环境和农村教育环境三个视域来介绍城镇务工人员流动子女教育环境的优化、农村公共文化服务体系的构建和乡村振兴背景下农村教育现代化的推进。从宏观和微观上对城镇务工人员流动子女的受教育环境进行深度剖析，提出优化流动子女教育环境的可行方案，积极为城镇务工人员流动子女的健康发展提供有效措施。当前中国农村公共文化服务体系建设发展相对滞后，公共文化服务难以满足农村群众日益增长的美好生活需要。探索我国农村公共文化服务体系建设的有效路径，亟须通过构建多元投资机制、提升公共文化服务的效能、培育高素质的乡村人才队伍、利用互联网资源、传播先进文化、传承乡村记忆、打造农村文化品牌等路径，不断满足农村群众对美好生活的新要求。当前农村教育的落后与乏力是我国实现教育现代化的一个“短板”。实现乡村教育的现代化需要高效配置资源，落实农村基础教育优先发展；加强队伍建设，推进农村各项教育事业多元化发展；重视以城促乡，实行城乡教育融合发展。

第七部分即第六章“城镇务工人员流动子女思想政治教育”。主要介绍城镇务工人员流动子女的思想政治教育情况。由于农村经济发展相对缓慢、滞后，教育经费短缺，学生受家庭、地域、文化氛围等特定因素的局限，城镇务工人员子女能力素质的培养常处于劣势地位。计算机网络的出现给我国城镇务工人员流动子女思想道德教育提供了现代化的手段，同时也对其思想道德教育带来了严峻的挑战。针对城镇务工人员流动子女网络空间选择所呈现出的新特点，需要全方位培养其媒介素养，加大网络监管力度，同时也要不断加强主流意识形态的主导力，提升城镇务工人员流动子女的家国情怀意识，确立社会主义核心价值观，打造吸引适合流动子女网络空间参与、风清气正的网络生态环境。随后，笔者探索了新型城镇化进程中城镇务工人员流动子女人文关怀与心理疏导的实现路径。笔者认为，应坚持以人为本，促进城镇务工人员流动子女的全面发展，建立政府、学校、家庭、社会的思想政治教育机制，促进他们的自我教育与道德修养的升华，进一步增强城镇务工人员流动子女思想政治教育的针对性、主动性和实效性。

第八部分即第七章“城镇务工人员流动子女家庭的意愿与农村就地城镇化”。主要探析城镇务工人员家庭农村就地城镇化的意愿。就地城镇化是指以小城镇或中心村为主要依托，在农村“就地发展”，在家门口实现就业，农民就地实现生活方式与生产方式转变的城镇化。在推行农村就地城镇化的过程中应充分尊重城镇务工人员及其流动子女的意愿选择，积极探寻影响他们就地城镇化意愿的乡土情结、社会保障措施、城镇谋生能力、公共设施、居住环境、子女教育等方面的因素，需要打破传统的城乡二元对立的结构体制障碍，深化制度变革；塑造新型职业农民，解决农民就近就业难题；广泛开辟资金渠道，营造乡村生态宜居环境；优化乡村产业布局，形成特色小镇，以最终实现城镇务工人员及其流动子女“人的城镇化”。

最后部分是结语。提出城镇务工人员流动子女教育问题解决的时代价值，并且得出三点基本结论。城镇务工人员流动子女的教育问题是推进新型城镇化的过程中亟须解决的难题，补齐城镇化发展中的这一短板，必将有利于全面小康社会的实现。城镇务工人员流动子女是新城镇、新农村的希望与未来，解决好他们的教育断链问题，保证他们接受教育的有效衔接，是一项极有意义而且极有必要的工作。社会每个成员都应当勇担责任，对城镇务工人员流动子女努力从隔离与对立走向包容与接纳，促使他们健康快乐地成长。

本研究的主要结论包括以下三点。

第一，随着城镇化的推进，城镇务工人员流动子女的教育问题开始日益凸显，出现了教育衔接中的断链现象。通过对北京、上海、浙江、江西、湖北、四川四省两市的城镇务工人员流动子女教育问题的调查，发现他们的教育现状并不令人满意，他们正处于城乡教育的边缘地带。城镇务工人员流动子女教育断链问题的主要表现为主渠道的阻隔——学校教育的断链、亲情的缺失——家庭教育的断链、关怀的藩篱——社会教育的断链、自我内心的困惑——心理教育的断链等几个方面。

第二，城镇务工人员流动子女教育断链问题产生的主要根源是城乡对立的二元结构。党的十八届三中全会提出，城乡对立的二元结构是制约城乡发展一体化的主要障碍，要推进城乡要素平等交换和公共资源均衡配置，实现发展成果更多更公平地惠及全体人民。从根本上解决城镇务工人员流动子女教育的断链问题，实现城乡教育的有效衔接，需要打破城乡对立的二元教育隔阂，推进城乡教育的一体化。

第三，要有效破解城镇务工人员流动子女的教育断链之难题，必须在学校教育的衔接、家庭教育的优化与社会教育的关怀等方面发力，加强政府、学校、家庭、社会各方面的资源整合，对城镇务工人员流动子女形成全方位的帮助和关怀。只有凝聚形成全社会的育人合力，消除歧视壁垒，实现教育连续、稳定、有效衔接，才能促使他们在同一片蓝天下共同健康快乐成长，共享新时代现代教育的发展成果。

目　录

绪　论 ………………………………………………………………（1）

第一章　城镇务工人员流动子女教育的断链现象 ………………（17）

第一节　隔膜与尴尬：学校教育的断链 ……………………………（18）

第二节　缺位与乏力：家庭教育的断链 ……………………………（23）

第三节　压力与排斥：社会教育的断链 ……………………………（27）

第四节　困惑与危机：心理教育的断链 ……………………………（30）

第二章　城镇务工人员流动子女教育的断链根源 ………………（37）

第一节　学校主渠道的阻隔 …………………………………………（37）

第二节　家庭亲情的缺失 ……………………………………………（40）

第三节　社会关怀的藩篱 ……………………………………………（44）

第四节　教育环境的影响 ……………………………………………（48）

第三章　城镇务工人员流动子女"四位一体"教育衔接模式 ………（53）

第一节　政府教育的主导作用与责任担当 …………………………（53）

第二节　学校教育的主渠道作用与高效管理 ………………………（56）

第三节　家庭教育的基础作用与有力支持 …………………………（60）

第四节 社会教育的推动作用与合力形成 …………………………（62）

第四章 城镇务工人员流动子女违法犯罪问题研究 ………………（67）
第一节 城镇务工人员流动子女违法犯罪问题概述 ……………（67）
第二节 城镇务工人员流动子女违法犯罪问题的成因分析 ……（69）
第三节 解决城镇务工人员流动子女违法犯罪问题的路径探索 …………………………………………………………（76）

第五章 城镇务工人员流动子女教育环境问题研究 ……………（83）
第一节 城市融入环境：城镇务工人员流动子女教育环境的优化 ………………………………………………………………（83）
第二节 农村文化环境：农村公共文化服务体系的构建 ………（90）
第三节 农村教育环境：乡村振兴战略背景下我国农村教育现代化的推进 …………………………………………………（112）

第六章 城镇务工人员流动子女思想政治教育 …………………（133）
第一节 城镇务工人员流动子女思想政治教育的困境与破解 ……………………………………………………………（133）
第二节 网络空间城镇务工人员流动子女思想政治教育 ……（142）
第三节 城镇务工人员流动子女的人文关怀与心理疏导 ……（156）

第七章 城镇务工人员流动子女家庭的意愿与农村就地城镇化 …（176）
第一节 中国农村就地城镇化 ………………………………………（176）
第二节 城镇务工人员流动子女家庭农村就地城镇化的意愿 ……………………………………………………………………（195）
第三节 尊重城镇务工人员家庭意愿的农村就地城镇化路径选择 ……………………………………………………………（205）

结　语 …………………………………………………………………………（218）

附录一　调查问卷 ………………………………………………………………（221）
附录二　国务院关于解决农民工问题的若干意见
（国发〔2006〕5号） ……………………………………………………（231）
附录三　国务院关于进一步推进户籍制度改革的意见
（国发〔2014〕25号） …………………………………………………（243）
附录四　国务院关于进一步做好为农民工服务工作的意见
（国发〔2014〕40号） …………………………………………………（249）

参考文献 ………………………………………………………………………（260）

致　谢 …………………………………………………………………………（272）

绪　论

一　问题的缘起及研究意义

（一）问题的缘起

城镇务工人员是我国城镇化快速发展中的新型劳动大军，是产业工人中的一支主体力量。伴随着进城务工者人数的不断增加，很多人选择了背井离乡，城镇务工人员流动子女的教育问题也开始越来越受到人们的关注。城镇务工人员流动子女是指离开农村户籍所在地，跟随父母在务工城市居住生活和学习的流动儿童。城镇务工人员流动子女教育常常因为流动而产生断链，这困扰着整个社会乃至务工人员家庭。《中国流动人口发展报告（2018）》指出："2017 年年末，全国流动人口 2.44 亿人，农民工总量达 2.9 亿人，其中外出农民工 1.7 亿人。流动儿童的快速增长始于 20 世纪 90 年代，从 1990 年的 459 万人增加至 2000 年的 1982 万人，增加了 3 倍以上；2000—2010 年继续快速增加，2010 年增加至 3581 万人，增幅高达 40% 以上，全国儿童中流动儿童的占比上升至 12.8%。2015 年的人口抽样调查结果表明流动儿童规模较 2010 年下降了 155 万人，降幅为 4%，但全国儿童中流动儿童的占比基本保持不变。"①

城镇化是农村人口向城镇集中、走向现代化的必由之路，当前我国已进入全面建成小康社会的决定性阶段与城镇化深入发展的关键时期。人的城镇化是新型城镇化的核心，新型城镇化的建设需要合理引导农业人口流动，需要有序推进农业转移人口市民化。当前城镇务工人员的流

---

① 国家卫生健康委员会：《中国流动人口发展报告（2018）》，2018 年 12 月 22 日，http://www.nhc.gov.cn/wjw/xwdt/201812/a32a43b225a740c4bff8f2168b0e9688.shtml。

动已呈现出家庭化的趋势，由“单身外出”转变为“举家迁徙”。城镇务工人员的家庭满怀着对城市的憧憬与向往，然而，来到城市后在现实中却面临着一系列的困境与尴尬，城镇务工人员流动子女的教育问题就是其中的一个难以解决的顽疾。他们的学习成绩、心理健康、思想道德及行为习惯等状况不尽如人意，出现了教育断链的现象。所谓教育断链指的是在学习目标、学习方式、学习内容、学习环境、学习策略等方面出现的难以衔接和不能延续的状态。在新型城镇化的进程中，城镇务工人员流动子女在学校、家庭、社会、自身心理等方面出现了教育缺失、不连续与断链现象。

“城镇务工人员流动子女的教育问题，已经成为社会发展变迁中的重大问题，如何有效解决，将深刻影响中国城市化发展的进程。”① 如何赋予城镇务工人员流动子女同等的受教育权利和解决城镇务工人员流动子女教育衔接问题，需要对以往的学术研究成果进行梳理和分析，为问题的解决提供理论依据和决策参考，使他们能够坚强、自信地生活与学习，与城市里的孩子一样在同一片蓝天下共同接受教育、共同成长。这是社会进步与时代发展的必然要求，也是我国城镇化健康、可持续发展的必然需求，更是人民群众对美好生活愿景的必然诉求。城镇化的核心是人的城镇化，如何有效改善当前城镇务工人员流动子女的教育状况，将关系到中国城镇化的推进和乡村的振兴建设问题。本研究通过调研，实地考察我国城镇务工人员流动子女的教育现状及存在的教育困境，为他们的教育衔接及健康成长贡献绵薄之力。本研究的问题指向有哪些呢？进入新环境的城镇务工人员流动子女在教育方面表现出哪些断链现象？城镇务工人员流动子女教育断链问题产生的根源有哪些？学校、家庭、社会又该如何发挥各自的作用，保障城镇务工人员流动子女接受教育的稳定性和连续性？如何优化城镇务工人员流动子女教育的环境？本研究将对这些问题进行一一解答。

（二）本研究的理论与实际应用价值

研究城镇务工人员流动子女教育衔接问题，不但有重要的理论意

---

① 吴霓、张宁娟、李楠：《农民工随迁子女教育的五大趋势及对策》，《当代教育科学》2010 年第 7 期，第 11—13 页。

义，而且有重大的实际应用价值。

1. 学术意义

随着我国工业化、城镇化进程的加快，城镇务工人员大规模涌入城市，务工人员的家庭和子女也随之来到城市生活，并因此产生了一系列问题，而城镇务工人员流动子女的教育断链问题就是其中的一个重要难题。

（1）考察城镇务工人员流动子女发展问题，有助于了解其思想、行为、心理等方面的变化，探究其与城市、乡村孩子间的差异，从而有针对性地开展教育，形成有效的教育、管理等理论。

（2）本研究将从思想政治教育学、人口学、社会学、管理学、教育学、心理学等不同角度对城镇务工人员流动子女的教育问题进行剖析，从理论上解释城乡教育一体化与教育现代化，为解决城镇务工人员流动儿童的问题提供新的视角。

（3）本研究成果不仅可以丰富以往对城镇化进程中务工人员流动子女问题研究的理论，而且有助于完善我国青少年思想教育理论体系。

2. 应用价值

城镇务工人员流动子女的健康成长，关系着广大城镇务工人员家庭、广大农民群众的切身利益，关系着城镇化建设乃至社会的安定有序。

（1）城镇务工人员流动子女是我国经济社会转型中出现的一个特殊社会群体，是最需要关注的特殊儿童群体。本研究对各级政府及各个部门解决城镇务工人员流动子女的思想、心理、教育等问题具有一定的参考价值。

（2）给予城镇务工人员流动子女应有的人文关怀与心理疏导有利于提高城镇务工人员流动子女的自身素质，使其较好地融入城市生活，防止贫困的代际传承，促进他们的身心健康发展，共享社会文明发展的成果。

（3）城镇务工人员流动子女问题的解决对城镇的建设、发展和社会的和谐稳定同样具有重要的实际应用价值。城镇务工人员流动子女的教育问题是推进新型城镇化进程中亟须解决的障碍和难题，补齐城镇化发展中的这块短板必将极大地促进和推动城市的繁荣与乡村的振兴。

二 国内外研究现状综述

（一）借鉴与吸纳：国外研究现状探究

国外没有“农民工”和“农民工子女”等概念和术语，农民工是中国城镇化进程中一个特殊人群，国外对务工人员流动子女教育相关的研究主要是针对处境不利的特殊群体的子女，其研究重点主要集中在流动儿童的“教育公平”理论和移民教育方面。

早在1960年，美国就针对流动儿童的教育问题发起了“流动人口教育计划”（Migrant Education Program，MEP），为流动儿童提供服务支持和补偿教育。为了改善处境不利儿童的教育状况，1965年美国颁布《初等和中等教育法》，2002年颁布《不让一个孩子掉队法》，通过立法和拨款资助的形式，开展补偿教育，促进了教育平等和教育质量的提高。美国的“不让一个孩子掉队”的理念对促进我国城镇务工人员流动子女教育具有一定的借鉴意义。科尔曼1966年所著的《教育机会均等的观念》被公认为是20世纪关于“教育机会均等”“教育公平”理论研究的重要文献，在美国教育史上以《科尔曼报告》著称。1967年布劳（Blau）和邓肯（Duncan）指出，教育能够促进社会流动、减少社会的不平等。美国学者桑德拉·派克（2002）认为，频繁流动十分不利于儿童的学习，流动儿童成绩差的比例往往很高。

1997年英国政府制订了“教育行动区计划”，每个学区可以按照自己的教育需求和教育理念来选择合适自己的教学内容，以促进具有不同教育需求的儿童的全面发展。2003年英国颁布了《每个孩子都重要》的绿皮书，为处于弱势和处境不利的儿童建立了数据库，并对儿童服务体系、各种资源和策略进行了整合，为弱势儿童提供成本少、全方位的服务。瑞典学者托尔斯顿·胡森认为“平等”是一个起点，无论儿童的出身与环境，都应该坚守以平等为基础，应当消除歧视和偏见。[①]

（二）回顾与梳理：国内研究现状分析

20世纪90年代中期，国内学者开始了关于城镇务工人员流动子女

① ［瑞士］托尔斯顿·胡森：《平等——学校和社会政策的目标》，转引自张人杰《国外教育社会学基本文选》，华东师范大学出版社1989年版。

教育的研究。华耀龙 1994 年发表的《招收流动人员子女入学，全面普及义务教育》一文开启了对进城务工人员流动子女教育研究的先河；李建平 1995 年在《中国教育报》上发表的《流动的孩子哪上学——流动人口子女教育探讨》第一次对我国城镇务工人员流动子女教育问题做了较为系统的介绍。进入 21 世纪后，社会各界开始广泛关注城镇务工人员流动子女教育的问题。

1. 关于城镇务工人员流动子女的政策研究

流动儿童义务教育问题所引发的教育公平、社会问题逐渐引起政府的重视并且逐步进入政策议程。自 20 世纪 90 年代以来，国家相继出台了一系列有关城镇务工人员流动子女教育政策，提出了“以流入地区政府管理为主，以全日制公办中小学为主”的原则，这从宏观政策层面保证了城镇务工人员流动子女就读公办学校的机会。1996 年教育部出台了《城镇流动人口中适龄儿童、少年就学办法》，这是我国第一个专门针对城镇务工人员流动子女教育的政策文件。2003 年国务院办公厅转发了六部委《关于进一步做好进城务工就业农民工子女义务教育工作的意见》，2004 年教育部发布文件，要求取消对城镇务工人员流动子女收取义务教育借读费，2008 年国务院下发了《国务院关于做好免除城市义务教育阶段学生学杂费工作的通知》，2010 年《国家中长期教育改革和发展规划纲要（2010—2020 年）》明确提出要“保障进城务工人员子女平等接受义务教育”。此外，党中央、国务院高度重视农民工工作，出台了一系列政策措施，促进农民工实现体面劳动，积极为农民工构建“十有”公共服务保障，即进城有工作、上岗有培训、劳动有合同、参保有办法、报酬有保障、维权有渠道、住所有改善、子女有教育、生活有文化、发展有目标。从政策的演变来看，城镇务工人员流动子女义务教育政策发生了由堵到疏的变化，越来越体现出“以人为本”的观念，政策措施也不断趋于成熟。在政策研究方面，有的学者对某一区域城镇务工人员流动子女的义务教育现状、困境、原因及对策进行了分析[①]；有的深入探索与挖掘现有的制度与政策对城镇务工人员

① 韩嘉玲：《北京市流动儿童义务教育状况调查报告》，《青年研究》2001 年第 8 期，第 1—7 页。

流动子女实现教育公平的影响。①

2. 城镇务工人员流动子女教育断链的问题追踪

最早对城镇务工人员流动子女教育问题展开调查研究的有：2001年韩嘉玲、段成荣针对北京市流动儿童教育及其学校的基本状况进行了分析和调查。2006年武向荣的《流动儿童教育的不连续性与治理》初步探讨了城镇务工人员流动子女教育的断链现象与衔接方面的问题。入学困难、上不了学是城镇务工人员流动子女教育面临的首要问题，对流动儿童社会适应与融合的总体状况，大多数学者持悲观态度。“由于户籍限制，流入地城市向城镇务工人员流动子女开放义务后教育非常困难，同时教材、课程全国不统一，在户籍所在地参加高考的规定，也使得城镇务工人员流动子女在流入地接受义务后教育成为难以解决的顽疾。许多城镇务工人员流动子女初中毕业即意味着辍学。面对进入高中阶段的城镇务工人员流动子女人数日益庞大，义务后教育问题严峻。”②城镇务工人员流动子女处于传统农村和现代城市的边缘，难以享受城市丰富的教育资源，越到高年级，城镇务工人员流动子女失学现象就越严重。农民工子女义务教育公平问题越来越受到政府和理论界的重视，他们存在入学率低和失学现象，在流入地就学要缴纳数额不等的借读费，以及在就读过程中遭受不公平待遇等现状。2015年杨静通过对农民随迁子女教育状况进行分析并认为，教育政策和社会公平原则、教育资源不足和浪费、农民工收入和子女入学费用、教育规模和现实需求之间存在四大矛盾。③ 徐丽敏认为：“当前我国城镇务工人员流动子女对城市社会融入的根本障碍体现为教育困境，包括学前教育困境、义务教育过程中的困境及升学困境。”④

---

① 周序：《流动儿童教育政策中的社会控制理念》，《江西教育科研》2007年第5期，第35—38页。

② 吴霓、张宁娟、李楠：《农民工随迁子女教育的五大趋势及对策》，《当代教育科学》2010年第7期，第11—13页。

③ 杨静：《农民工随迁子女的教育状况调研与对策研究》，《林区教学》2015年第2期，第77—79页。

④ 徐丽敏：《农民工随迁子女社会融入中的教育困境及对策研究》，《郑州大学学报》（哲学社会科学版）2008年第6期，第42—45页。

3. 城镇务工人员流动子女教育断链的原因探寻

1997 年谢维和指出，流动人口子女教育关系到教育目标的实现乃至于经济的建设、教育的公平，因此需要推进城乡教育的一体化发展。流入地与流出地政府之间很少开展联系与合作，也是城镇务工人员流动子女教育断链现象产生的一个重要原因。范先佐、彭湃指出："流入地政府不愿独自承担民工子女的义务教育成本、缺少经费保障、对义务教育的供给与生产之间的关系不明确等因素，是进城农民工随迁子女教育问题存在的原因。"① 2007 年，冯邦从经济排斥、制度排斥和文化排斥这三个视角分析了打工子弟学校的教育财政制度以及流动儿童所遭遇的教育不公平现象。也有学者如李海华、王水珍等人于 2007 年从社会化的角度对流动儿童和留守儿童进行了对比分析，认为农民工子女选择流动更能够促进其健康发展，但也发现流动儿童得到的社会支持很低。2010 年王毅杰认为，流动儿童缺乏正确的自我身份意识，他们认为自己只是城市"寄居体"，其否定性的自我评价会影响其城市的融入。频繁的转学又使城镇务工人员流动子女需要花许多精力和时间去适应新的学习环境。此外，与城市孩子相比，城镇务工人员流动子女的心理健康水平在整体上要低于城市的儿童。城镇务工人员流动子女大多性格内向、孤僻，不善于表达自己的真实想法。"城区孩子表现出来的歧视性的语言、行为会刺激到本来就在城市里'水土不服'的农民工子女。从儿童心理发展的角度来看，歧视是对儿童最大的隐性伤害。城乡的巨大差别本来就让敏感的孩子有压力，歧视更让他们对自身的贫困有了意识，自卑心理由此产生，如果得不到及时沟通，孩子会因此逐渐与社会产生隔膜、对抗甚至仇恨。"②

4. 城镇务工人员流动子女教育衔接的路径选择

为了解决城镇务工人员流动子女教育的断链与衔接问题，学者纷纷提出了自己不同的对策。有的从法学的角度探讨保护城镇务工人员流动子女平等受教育权的问题，认为应该在法律和制度上保护每个流动儿童

---

① 范先佐、彭湃：《农民工子女义务教育经费保障机制构想》，《中国教育学刊》2009 年第 3 期，第 11—14 页。

② 薛美蓉：《农民工子女思想教育》，《安徽农业科学》2008 年第 13 期，第 5619—5620 页。

平等接受教育的权利，要建立完善的教育法制体系，加快义务教育阶段的法制建设，做到有法可依，把城镇务工人员流动子女的义务教育纳入法律的轨道，让更多的城镇务工人员流动子女能够有学上，并且能够上好学。2007 年冯帮提出要改变户籍制度，消除城乡壁垒，增加学校的容量和降低学费。黄敏红、肖诗来认为："要逐步改革乃至取消与户籍相联系的城乡分治的各种制度，剥离依附于户口的各种利益和功能。"① 有的学者从社会排斥的视角探索城镇务工人员流动子女的教育公平问题，如 2006 年周皓、熊少严等认为，流动儿童有自身的优势和潜力，并提出"以儿童为中心"的教育理念，提升城镇务工人员流动子女在教育方面社会支持的力度。2009 年王平华认为："要提高义务教育在中央财政所占的投资比重、建立财政补偿制度、灵活采用多种供给和运行机制、寻求多元化教育投资方式。"② 2011 年董钱萍指出可以通过实现资源共享，构建流动儿童的"双赢互动式"的社会支持网络。为此应当均衡配置城乡教育资源，设立城镇务工人员流动子女义务教育的专项经费，加强流入地政府和流出地政府之间合作与协调，对教育政策的执行情况进行监管和反馈。有的学者从社会适应和心理疏导的视角帮助他们寻找更好的社会融合的途径。如 2010 年王薇、罗静认为，应当通过采取心理干预措施，改善流动儿童的心理调适状况，提高城镇务工人员流动子女的心理健康水平。2013 年肖庆华认为："为了推进农民工子女教育研究，需要反思和转换研究范式，即建立农民工子女教育研究的人文范式——以促进农民工子女的身心发展为价值追求，以建立农民工子女关心关爱服务体系为目标取向，以满足农民工子女发展需求为内容框架。"③ 也有学者认为，应加强政府、学校、家庭和社会四位一体的紧密联系，建立有助于城镇务工人员流动子女教育衔接的社会支持体

① 黄敏红、肖诗来：《流动儿童教育困境的反思与对策》，《思想理论教育》2009 年第 16 期，第 21—24 页。

② 王平华：《农民工子女义务教育的缺位及保障对策研究》，《时代教育》2009 年第 7 期，第 24—25 页。

③ 肖庆华：《农民工子女教育研究的范式》，《学术论坛》2013 年第 3 期，第 226—229 页。

系。[①] 在实际运行方面，城镇务工人员流动子女的教育主要由家庭教育、学校教育、社会教育等构成。对学校教育的研究主要针对城镇务工人员流动子女的学习方法进行。[②] 在家庭教育方面，学者多从城镇务工人员流动子女家庭教育现状、问题、原因等方面展开研究。[③] 在社会教育方面，许多学者呼吁应给予城镇务工人员流动子女足够的社会支持[④]，有的学者是从社会排斥的视角来分析教育公平问题的。[⑤] 从研究成果来看，我国社会各界主要关注的是城镇务工人员流动子女教育公平、教育权利问题[⑥]，较少有人关注流动儿童教育衔接、教育融入的问题。[⑦]

（三）反思与重构：研究现状述评

从以上研究成果来看，国外主要研究移民子女的受教育权利、教育改革、家庭环境及面临的困境等问题，学者们一致认为，人口流动会对学生的学习教育产生不利影响。西方学者将公平理论推广到教育方面，谋求受教育权利的公平，保护弱者的教育利益，让人人都能有接受教育的权利和机会。国外学界在解决城镇流动儿童教育问题的措施方面积累了一定的成功经验，西方国家关于处理流动儿童、移民人口子女教育等问题的相关经验以及他们的移民教育研究成果对我国城镇务工人员流动子女教育问题的研究具有一定的参考借鉴价值。

从国内研究来看，学者们从教育学、社会学、人口学、法学、经济学、心理学等不同角度就城镇务工人员流动子女教育问题做了比较深入的研究，研究范围从早期的流动儿童的就学状况调查过渡到教学质量以

---

① 胡恒钊、文丽娟：《农民工流动子女教育中的断链现象与解决策略》，《现代中小学教育》2015 年第 9 期，第 22—25 页。

② 范先佐：《进城务工就业农民子女的教育公平与制度保障》，《河北师范大学学报》（教育科学版）2007 年第 1 期，第 13—20 页。

③ 雷万鹏：《流动儿童教育面临结构转型——武汉市流动儿童家长调查》，《教育与经济》2007 年第 1 期，第 59—63 页。

④ 肖庆华：《农民工子女教育研究的三个转向》，《学术论坛》2013 年第 6 期，第 213—216 页。

⑤ 周皓：《流动儿童与社会的整合》，《中国人口科学》2003 年第 4 期，第 69—73 页。

⑥ 何玲：《中国流动儿童政策分析》，《人口研究》2007 年第 2 期，第 71—80 页。

⑦ 武向荣：《流动儿童教育的不连续性与治理》，《中国特殊教育》2006 年第 10 期，第 10—13 页。

及身心健康，通过对流动儿童教育断链现象的分析深入城乡教育的一体化与教育政策的公平问题，体现了学者们对这一弱势群体强烈的关注情怀。然而，从整体上说，国内已有的研究大部分倾向于“留守儿童”，而对“流动儿童”的研究还相对较少，新的研究域开辟得不够，对城镇务工人员流动子女教育的研究做得也远远不够。梳理已有的研究成果可知，学者们大多是从宏观层面关注这一人群的教育问题的，主要是基于“教育公平”和“社会排斥”的视角，而对城镇务工人员流动子女教育断链与衔接方面的研究比较缺乏。关于教育公平的研究居多，缺乏对流动子女教育衔接问题的深入研究，其研究也多是关于表层情况的描述，缺乏深层次的分析，所提出的政策建议比较粗糙，还相对零散。

农民工子女教育关系到一系列经济、政治、社会方面的问题，因此我们需要从多学科的视角进行协同研究，从教育学、人口学、社会学、管理学和经济学等不同角度考察城镇务工人员流动子女教育的断链与衔接问题，为从理论上解释城乡教育公平及教育一体化提供新的视角，为丰富关于城镇务工人员流动子女教育研究的理论体系提供新的解释，为城镇务工人员流动子女教育问题的解决提供理论依据和决策参考。整体而言，城镇务工人员流动子女接受教育的政策安排已经取得了长足的进步，“入学难”的问题已得到了较大程度的改善。然而，如何进一步推进城镇务工人员流动子女的城市融入和促使城镇务工人员流动子女教育的有效衔接，仍然是当前城镇化进程中面临的难题之一。解决好城镇务工人员流动子女教育的断链与衔接问题是社会进步与时代发展的需要，也是我国城镇化健康、可持续发展的必然要求。解决农民工随迁子女教育的困境，“既有利于当地发展，也有利于我国社会主义和谐社会的建设，社会教育的公平是我国实现人才强国的必然之路。彻底解决城乡务工人员流动子女的教育问题仍需要一个过程，这需要社会和国家的共同努力”①。每一个社会成员都应行动起来，设身处地地考虑城镇务工人员流动子女的实际情况，优化他们在城镇的陌生生活环境和提高他们城市生活、学习及文化方面的适应能力，使他们能够坚强、自信地生活与

---

① 刘昕：《农民工随迁子女的教育问题及措施》，《改革与开放》2015 年第 12 期，第 84—85 页。

学习，与城市里的孩子一起在同一片蓝天下共同接受教育、共同成长。

综上可知，关于城镇务工人员流动子女教育的问题，学者们已经做了一些相关研究，为本研究奠定了基础。然而，学者大都是从教育公平的角度来谈城镇流动儿童的教育问题的，针对城镇务工人员流动子女教育衔接问题的研究较少，这方面的研究还有待拓展和深化。本研究将着力调查城镇务工人员流动子女的成长现状，试图为他们开辟教育衔接的有效路径，为他们在城市教育中的健康成长略尽绵薄之力。本研究基于对北京、上海、江西、浙江、湖北、四川四省两市的调研，客观审视城镇务工人员流动子女教育的断链现象，追寻城镇务工人员流动子女教育的失落与被边缘化的根源，紧扣新时代我国推进新型城镇化的发展要求，提出推进城镇务工人员流动子女教育衔接的对策建议，进而揭示城镇务工人员流动子女教育的理论、实践与价值的基本图景。

三　相关概念界定与理论梳理

（一）城镇务工人员流动子女

“城镇务工人员子女”大部分是“农民工”的下一代，“农民工”意指农民工人，“他们在户籍制上是农业户口，户籍身份是农民，在所在农村拥有承包的耕地，但他们却主要从事着非农业的第二、第三产业工作，大部分时间生活、工作在城镇或城市，在城市中获得主要收入”①。农民工子女在学术上通常可以分为两种：一种是不得不跟随父母的迁移而接触城市生活的农民工子女，即“城镇务工人员流动子女”；另一种是即使父母外出打工依然独自留在农村生活的农民工子女，即“城镇务工人员留守子女”。根据这样的定义可以知道，“城镇务工人员流动子女”就是随他们的父母一起进入城市的以农民工为主体的务工人员的随迁子女。

（二）新型城镇化

城镇化是农村人口转化为城镇人口，向城镇不断集中的过程。新型城镇化是以城乡一体、城乡统筹、产业互动、资源集约、和谐发展、生态宜居为基本特征的城镇化，是大中小城市、小城镇以及新型农村社区

① 徐丽敏：《农民工随迁子女的社会融入研究》，科学出版社2015年版，第4—5页。

协调发展、互促共进的城镇化。[①] 很多人以为新型城镇化是去乡村化，必将牺牲和破坏农村生态环境，其实不然。新型城镇化最终将彻底实现着眼农民、涵盖农村的一体化的城乡基础设施建设和均等化的公共服务，它的目的和宗旨就在于促进社会的和谐有序发展，实现全体人民的共同富裕。

（三）人文关怀

人文关怀是以人为本，把人的全面自由发展作为最终的归宿和目的。2007 年 10 月，党的十七大报告第一次明确提出"注重人文关怀和心理疏导"，从此以后，"人文关怀"一词就从之前的完全陌生转变为后来的逐渐进入人们的视野。顾名思义，"人文关怀"就是肯定人、关心人、尊重人、爱护人，就是肯定人的尊严、关心人的生存与发展状况、尊重人类对自由和解放的追求、重视人的劳动和生存价值，是尽最大努力创造符合人类生活要求的生存条件，是关注人的生存与健康发展，这不仅是社会文明进步的标志之一，也是人类自觉意识获得提高的方式之一。

（四）心理疏导

心理疏导是指通过"疏通"和"引导"来解决人的心理失控、心理障碍、心理危机等方法。"进入城市之后，面对陌生的环境、不同的生活方式、日益忙碌的父母、拥挤的交通、与原来学校相距甚远的教育方式，城镇务工人员流动子女的身心都承受着巨大的考验。"[②] 心理疏导最初是指"利用心理学的知识改变人们的心理认知、情绪、行为和意志，以消除症状，治疗心理疾病的方法"[③]。"人文关怀是心理疏导的体现，心理疏导是人文关怀的一种方式与手段。"[④] 由于缺少应有的心理疏导和人文关怀，城镇务工人员流动子女中自卑怯懦者往往较多、自我评价较低、学习焦虑情绪较大、孤独倾向严重。他们的心理健康状况

---

① 赵梓吟：《新型城镇化建设应以人为本》，《创新时代》2014 年第 4 期，第 90—92 页。

② 吴岚：《流动儿童社会融入研究》，硕士学位论文，南京大学，2013 年，第 1 页。

③ 郭巧英：《企业思想政治工作要注重人文关怀和心理疏导》，《山西党校报》2012 年 7 月 5 日。

④ 杨弘宇、于杰：《大学生人文关怀和心理疏导机制构建》，《黑龙江社会科学》2015 年第 4 期，第 155—157 页。

堪忧，亟须对他们进行有针对性的心理疏导。

（五）教育断链

断链是一种不相连接的现象与衔接不上的状态，教育断链是指城镇务工人员流动子女由于流动而产生在教育过程中的不连续、不衔接的状态。城镇务工人员流动子女在城市的融入中处在社会的边缘，他们的教育状况并不尽如人意，出现了教育断链的现象。通过对城镇务工人员流动子女教育断链现象进行分析，并探究其根源，对于解决学校教育的藩篱与阻隔、家庭教育的缺位与乏力、社会教育的排斥与压力等有着极其重要的意义，对于促进我国教育公平、推进城乡教育一体化、实现人的城镇化也具有深远的影响。只有给予城镇务工人员流动子女更多的关心、关爱和关怀，才能使他们平等地接受教育、共享人生出彩的机会。

四　研究目标及拟突破的重点和难点

（一）研究目标

任何研究都具有自己的问题指向及目标追求，本研究亦是如此。本研究经调研知晓：传统的城乡二元社会结构使农村教育和城市教育处于二元分割、不均衡发展的状态，农村学校和城市学校在办学条件、硬件设施、师资力量、教育质量、教学方法、培养模式等方面均存在一定的差异。两种教育模式的不衔接甚至冲突，影响了城镇务工人员流动子女教育的衔接，使习惯了农村教育模式的流动儿童在进入城市后，在诸多方面难以融入城市教育。本研究的目的在于充分体现城乡教育的公平，让城镇务工人员流动子女享受城市优质、平等的教育资源，在教学实践中实现教学公平，努力缩小和消除城镇务工人员流动子女在教育和发展上的差距，最终在城镇化的进程中促进城镇务工人员流动子女的身心健康发展，实现城镇务工人员安居乐业，契合人民群众对美好生活的向往。

1. 本研究针对目前城镇务工人员流动子女的现状，解决他们城市融入中的教育、思想、心理等方面的问题，努力缩小和消除他们与城市儿童的教育差距，帮助他们重建自信，促进身心健康发展。

2. 让城镇务工人员流动子女在新型城镇化的进程中享受到更多的关怀，能更加适应和融入城市的新环境，被城市所接纳和认同。

3. 本研究为政府及相关管理部门建言献策，希望能进一步促进我国城乡统筹的有机融合、城镇化的有序推进与社会的和谐发展。

（二）拟突破的重点和难点

1. 重点：教育衔接是指以影响城镇务工人员流动子女身心发展为直接目的的一种社会活动的各阶段、各方面的相互连接，这种连接不仅包括学校教育，还包括家庭教育和社会教育等，因此必须使家庭教育、学校教育、社会教育有机结合起来，形成全社会育人的合力，共同促进城镇务工人员流动子女获得系统、连续、稳定的教育。

（1）进入新环境的城镇务工人员流动子女在地方政府政策、学校教育、家庭环境、社会扶助等方面表现出哪些教育断链的问题？

（2）城镇务工人员流动子女教育断链问题产生的根源有哪些？哪些因素有助于增强对城镇务工人员流动子女的教育与促进他们的身心健康发展？

2. 难点：断链的原因是原有的城乡“二元结构”致使城乡教育差异显著，各地学校教育，特别是学制、教材不一致，同时，流入地的学校对城镇务工人员流动子女的教育背景和教育需求缺乏深入了解。从根本上解决城镇务工人员流动子女教育断链，实现流动儿童的教育融入和教育衔接，需要全社会成员的关注，在城乡教育一体化的理论指引下，建立具有针对性、实效性、创新性的工作机制，发挥好各部门的作用，形成全社会育人的合力，保障城镇务工人员流动子女的健康成长。

五　本研究的基本思路、研究方法及创新之处

（一）本研究的基本思路

本研究采取文献研究→理论建构→提出假设→进行证明→理论修正与整合的分析方法。

1. 文献研究。通过查阅大量文献资料以及对北京、上海、江西、浙江、湖北、四川四省两市的调研，了解城镇务工人员流动子女教育的断链与衔接的基本现状。

2. 理论建构（理论假设）。影响城镇务工人员流动子女教育的断链与衔接的要素有学习内容的连贯（X_1）；学校教学方式（X_2）；学校管理方式（X_3）；学校周边环境（X_4）；家庭教养方式（X_5）；家庭的学

习辅导（X_6）；国家政策的支持（X_7）；务工人员子弟学校的合法化（X_8）；教育体制的责任衔接状况（X_9）等。

3. 研究假设。根据假设建立模型，并进行实证分析。

4. 证明。通过收集第一手和第二手资料对理论假设和研究假设进行证明。

5. 理论修正与整合。根据后期研究的结果，对原有的理论假设和研究假设进行修正和整合。

（二）本研究的基本方法

1. 文献研究法

首先，本研究相关的主要文献资料包括关于我国人口流动理论、西方人口迁移理论、流动儿童教育公平理论、财政转移支付理论等，有关流动儿童教育的制度、政策、法规等资料，有关国内已有的城镇务工人员流动子女教育衔接方面的实证资料。其次，通过图书馆、网络等渠道广泛查阅文献资料，获取城镇务工人员流动子女教育问题的基础性理论知识，为下一步有针对性地开展研究打好基础。

2. 深度访谈法

通过深度访谈可以从调查对象主观的角度去理解学校状况，尤其是城镇务工人员子弟学校状况对流动儿童教育的影响。本研究将根据流动学生年级与居住地的分布情况进行随机抽样，同时运用滚雪球的抽样方式，即由调查对象介绍其老乡、同学或邻居，再根据调查要求选择满足条件的调查对象，最终通过面谈或电话访谈的形式，对城镇务工人员流动子女家庭进行调查。

3. 多学科综合分析法

城镇务工人员流动子女教育是与教育学、人口学、经济学、政治学、社会学等多学科相联系的复杂问题，涉及户籍制度、教育政策、学校教育、家庭教育等多个方面的问题。因此，本研究将运用多种学科理论知识对城镇务工人员流动子女教育问题进行综合的分析与探讨。

4. 定量与定性相结合的研究方法

基本的回归模型如下：$Y = a + b_1X_1 + b_2X_2 + \cdots + b_kX_k + \varepsilon_i$（全对数模型）。其中，$Y_t$代表各典型省区城镇务工人员流动子女的城市融入状况，X 表示自变量：流入地的政府政策、城镇务工人员的文化素养、职业背景、流入地学校的师资水平、随迁子女心理素质、社区环境、社会扶助等主要控制变量。ε_i是相互独立且服从同一正态分布N（0，σ2）的随机变量。通过对各典型地区的实地调查，主要用深度访谈的方法向当地政府部门、城镇务工人员、城市政府官员、随迁学校、社区居民委员会干部以及流动儿童访谈有关人文关怀、心理健康、社会扶助、教育衔接、城市融入等信息，并期望获得相关政策、报告、政府文件等大量的书面资料。

5. 个案研究方法

（1）案例比较法。通过对个案的实地访谈获得相关数据，再采用求异法做比较，研究城镇务工人员流动子女与城市本地儿童之间的差异、教育衔接将如何催生不同的城镇务工人员流动子女的城市融入程度，以此探析政府政策、学校教育、家庭环境、个人素质、社会扶助等对城镇务工人员流动子女健康成长的发生机制。

（2）过程追踪法。进一步分解这一过程的中间机制，了解从教育衔接到健康成长之间哪些因素促使了结果的产生。

（三）创新之处

1. 在学术思想上，以往的绝大多数研究都从教育公平这一视角进行关注，本研究则侧重于从城镇务工人员流动子女的教育这个角度出发，结合心理学、教育学、社会学等相关理论，针对他们的现实困境（教育断链）进行有效衔接，目前国内在这方面的研究还相对较少。

2. 在学术观点上，本研究认为，真正的“关怀”是主体间相互需要和相互作用而形成的关系，是关怀者对被关怀者真正需要的关注与回应。对城镇务工人员流动子女的关怀主要通过隐性的和显性的两个维度进行。隐性维度，主要包括迁入地社会人员对流动子女的接纳程度、迁入地社会文化的渗透影响等；显性维度，主要有公益性组织对城镇务工人员流动子女的关怀行动、社会人员为他们争取利益的各种行动等。

3. 在研究方法上，采用嵌套式混合研究，既对东、中、西部典型省区的数据做了大样本的定量分析，又对同一城市本地儿童与城镇务工人员流动子女进行案例比较研究，进一步探究政府政策、学校教育、家庭背景、社会环境、个人素质对城镇务工人员流动子女的思想、心理及其健康成长的影响机制。

第一章

城镇务工人员流动子女教育的断链现象

经对北京、上海、浙江、湖北、四川、江西四省两市展开的实施调研发现，城镇务工人员流动子女教育面临着客观的现实困境。

在我国新型城镇化发展进程中，越来越多的城镇务工人员为了改善家庭生活或者实现自己的“城市梦”而选择进城务工。国家统计局全国农民工监测调查报告显示，“2017 年农民工总量达到 28652 万人，比上年增加 481 万人，增长 1.7%，增速比上年提高 0.2 个百分点。在农民工总量中，外出农民工 17185 万人，比上年增加 251 万人，增长 1.5%，增速较上年提高 1.2 个百分点”①。许多城镇务工人员由开始时的“单身进城”转向后来的“举家迁移”，在他们的城市融入过程当中，其流动子女的教育问题也常常困扰着他们。20 世纪 80 年代中期以来，大批农村劳动人口逐渐向城市转移，随着城镇务工人员举家外出现象的日益增多，流动子女的教育问题也日益凸显。城镇务工人员流动子女是我国经济社会转型中出现的一个特殊社会群体，是当前最需要关注的特殊儿童群体。他们的健康成长直接关系着广大城镇务工人员的切身利益与家庭幸福。城镇务工人员流动子女教育问题的解决，将是一个双赢的过程，不仅会提高城镇务工人员流动子女的自身素质，促进他们身心的健康发展，而且对国家的发展和城镇化建设同样具有重要的意义。本研究将对北京、上海、江西、浙江、湖北、四川四省两市的城镇务工

---

① 国家统计局：《2017 年全国农民工监测调查报告》，2018 年 4 月 27 日，http：//www.stats.gov.cn/tjsj/zxfb/201804/t20180427_1596389.html。

人员流动子女教育问题进行调研，实地考察我国城镇务工人员流动子女的教育现状及存在的教育困境，为他们的教育衔接及健康成长贡献绵薄之力。

本研究所使用的调查数据源于 2014 年 7 月至 2017 年 2 月对北京、上海、南昌、成都、武汉、杭州等城市公办学校及城镇务工人员子弟学校就读的流动儿童展开的问卷调查和实地访谈。调查共发放问卷 2113 份，回收有效问卷 1878 份，回收率 88.9%。调研选取 6—18 岁的城镇务工人员流动子女作为样本，在分析这些有效样本数据的基础上，再选取一般多元 Logit 模型对城镇务工人员流动子女的学校、家庭、社会、个人心理等展开调查，主要涉及城镇务工人员流动子女的入学情况、学校教学、社区环境、学习成绩、学费负担、家庭教育、心理健康状况等问题，同时通过访谈来了解他们接受教育所面临的断链困境，获取有关城镇务工人员流动子女教育问题的第一手资料，着重了解他们的人文关怀现状、困境及其影响因素并进行客观理性的分析，提出有效的应对之策。目前城镇务工人员流动子女教育问题已经越来越受到国家和政府的重视，国家和地方政府也相继出台一系列相关政策来保障城镇务工人员流动子女的权益，取得了较大的效果，但还有些地方不尽如人意，如城镇务工人员流动子女出现了城乡教育中的不连续、不衔接的断链现象，难以融入城镇社会。城镇务工人员流动子女教育断链问题主要表现在学校教育、家庭教育和社会教育的断链以及城镇务工人员流动子女自我心理危机等几个方面。

第一节　隔膜与尴尬：学校教育的断链

一　城市公立学校的入学断链

调查发现，城镇务工人员流动子女和城市儿童在教育起点上有差异。城镇务工人员流动子女对所在城市的未来充满着憧憬和向往，然而进入公办学校读书比进入民办学校读书的难度要大得多，公立学校入学需要许多种证明材料，还有名目繁多、额度较高的费用，难以获得与城市孩子一样的成长发展机会（见图 1－1）。即使进入城市公立学校，他们也会遭遇城市学生言辞与行为上的蔑视，部分教师常常歧视城镇务工人员流动子女，对他们另眼相看，把他们当作“借读生”来对待。许多城镇务工人员流动子女在进入城市后遭到了城市教育的隔离，在学校学业成绩、文化适应、行为习惯和人际互动等方面存在着一定的困难与问题，难以真正融入城市学校教育体系中，城镇务工人员家庭与城市公立学校之间形成了一道隐性的“隔膜”。

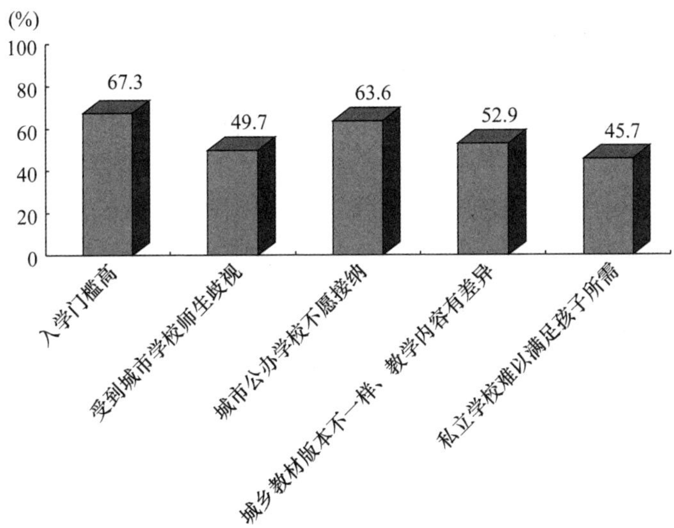

图 1－1　城镇务工人员流动子女教育起点的差异

入学难、教育难是许多城镇务工人员流动子女进入城市面对的首要难题，“其中低年龄的流动儿童，少数存在入学晚的问题。高年龄的流动儿童，存在完成义务教育前终止学业的情况。学前流动儿童有入园难的问题”[①]。就读城市的公立学校比较困难，城镇务工人员流动子女进入城市公立学校一般需要有城市的居住证，否则就要缴纳一定的“借读费”等，同时他们也遭遇到城市学生甚至某些老师在言辞与行为上的蔑视。有些城镇务工人员流动子女入学需要暂住证、务工就业证明、居住证明、户口簿、户口所在地没有监护条件的证明五份证明，之后还

① 全国妇联课题组：《中国农村留守儿童、城乡流动儿童状况研究报告》，2013 年 5 月 18 日，http：//news. china. com. cn/txt/2013－05/18/content_ 28862083_ 3. htm。

要去街道办理“务工就业人员子女中小学生借读证明”。这一系列烦琐的证明材料把许多没有正式合同的城镇务工人员流动子女拒之公办学校的门外。由于这些复杂的手续，最终真正能拿全五证的并不多。有的城市公立学校还要对即将就读该校的城镇务工人员流动子女进行测试，通过测试才有资格入学。从测试的结果来看，最终能顺利通过并进入公立学校的人数是很少的。有的因没有找到合适的学校而被迫辍学一段时间，处在半失学的状态。有的即使能进入城市公办学校，却难以享受到免费义务教育待遇，有些学校还要收取高额的“借读费”“赞助费”等不同于本地学生的额外费用。有的城镇务工人员流动子女被一些素质不高的教师所歧视，有的甚至遭遇了“独立编班”的困境与尴尬。如武汉市在2006年全市10所公立中小学校、2009年宁波市公立中小学校就曾对农民工子弟进行过单独编班。有的务工人员流动子女在一些公办学校参加活动、评优、竞赛的时候还面临着遭受歧视的困境。因此在公办学校“门槛”和种种歧视面前，许多人最终选择了外来务工人员子弟学校。

二　务工人员子弟学校的质量断链

一般来说，位于城市中心的公立学校，师资力量、教学环境、教学设施等都比务工人员子弟学校要好。“务工人员子弟学校对于经济收入偏低的务工人员家庭来说是不错的选择，但是这类学校和城市的学校相比师资水平偏低、设施不完善，教学质量不高，各方面的条件远不如城市公办学校，甚至有些学校属于私自办学学校。因此，这些都在一定程度上影响了教育均衡的实现。”① 这些子弟学校的班级人数一般较多、年龄跨度较大，如浙江省外来务工人员子弟学校班额平均大约为54人，平均跨越的年龄段为4.3岁。“当其进入城市学校后，缺失的或劣质的前期教育使其后续教育难以衔接甚至无法进行，其结果是造成了后续教育的低效性或无效性，导致学习成绩的不良”②，产生了教育的中断。

外来务工人员子弟学校是外来随迁人口子女就学的主要渠道和选

① 王璐璐：《我国农民工随迁子女教育问题研究》，硕士学位论文，大连海事大学，2013年，第19页。

② 徐丽敏：《农民工随迁子女教育融入研究——一个发展主义的研究框架》，博士学位论文，南开大学，2009年，第80页。

择，发挥了对现有义务教育体制的“补充”作用。然而，从整体上说，务工人员子弟学校的教学质量相对低下、师资配备较差、教育资源匮乏，远远比不上城市公办学校。大部分务工人员子弟学校的办学条件非常简陋，教学设施缺乏、师资力量偏低，这些都使学校的教学质量往往难以得到保证。务工人员子弟学校的师资也呈现出学历低、无职称、教龄短等特点，在这些教师队伍当中，有从未涉猎过教学的高中毕业生、打工人员、代课教师以及已退休的年老工作人员等。在这些私立学校，有的教师没有教师资格证，存在无证上岗的现象，同时务工人员子弟学校的教师能够得到培训的机会非常少，有的教师素质还有待提高和完善。务工人员子弟学校教师队伍流动性较大，“跳槽”现象频繁出现。很多务工人员子弟学校的教学设施和教学环境十分简陋，教育教学设备缺乏，几乎没有一间多媒体教室，上课采取在黑板上进行粉笔板书的形式，老师上课基本不用 PPT。在这些学校上课的常常是一些年迈的退休教师或者代课教师，本科学历的教师所占比例还不到 16%，有的老师甚至没有教师资格证就上岗了。这些教师往往缺乏教学经验，许多人不会使用电脑，不会使用多媒体进行教学，更不会制作课件，对外来务工人员流动子女的心理问题也缺乏了解与应对之策。

城镇务工人员子弟学校的课程教学与设置也较不规范、不完备，有的学校教师为了追求“主课”的成绩，而出现挤占音乐课、美术课、体育课上课时间的现象，而对于一些自然课、思想品德课、手工课、英语等课程，有些根本没有上，出现了“学科空白”的现象。例如英语课程，在有些相对偏僻落后的乡村小学并没有开设英语课，直到初中才开始学习英语课。有些乡村的英语教师也不是科班出身，教师自己的英语发音、知识水平都存在一定的问题，致使一些农民工流动子女来到城市后，根本跟不上城市英语老师的节奏，也听不懂老师在说什么。当学习效果不佳时，他们就会出现对学习的厌倦心理，产生厌学、逃学等负面情绪，最终也导致他们的学校教育出现了断链现象。因此许多城镇务工人员流动子女都止步于义务教育，过早地离开学校赋闲在家或进入社会，难以再继续高中和大学的教育，有的在初中毕业后，就踏上了打工之路。

城镇务工人员子弟学校的办学处境艰难，办学经费、师资力量的缺乏与教学质量的不高一直是农民工子弟学校的软肋。有些政府批准的民办私立“贵族学校”，其办学条件、师资力量、硬件设施都比较好，但是由于其收费比较高，许多务工人员家庭只能是望洋兴叹。因此城镇务工人员流动子女一般只能就读于外来务工人员子弟学校或办学条件比较简陋的民办学校。而务工人员子弟学校由于师资弱、流动性大、办学条件差，难以解决其办学的合法化问题，因此务工人员子弟学校处于一种随时被取消的尴尬状态。

三　教材使用、课程设置、教学内容等方面的断链

城市学校使用的教材版本与原来的乡村学校存在着差异，出现“一标多本”（一种统一“课程标准”、多种版本教材）的现象。因为这些版本都有各自的独特知识结构与优点，所以各地区在考试内容的选择与教材的选用上并不统一，都有很大的自主性，这也导致了城镇务工人员流动子女难以适应新学校的教材体系和学习节奏。入学后城镇务工人员流动子女面临的最大难题就是学制环境的改变以及教材版本的不同，目前我国义务教育阶段的学制有“六三”学制和“五四”学制，教材的版本也有所不同。目前义务教育阶段就有十几种教材版本，如北师大版、人教版、苏教版、京教版、川教版、豫教版、鲁教版、湘教版、沪教版、沪粤版、浙教义务版等。

城乡之间学制的不同、教材的多样、各校教学进度的差异，导致学校所编排的教学内容也不一致。虽然课程表上都设置了音乐课、美术课、体育课等，但教师们都身兼多门课程的重任，所以大部分课程都是形同虚设，有些教师为了抓自己的重点学科，往往占用音、体、美这些“副科”课程的教学时间。城镇务工人员流动子女学习基础相对城市儿童而言普遍薄弱，有的贫困农村小学甚至没有开设英语课程。对于衔接不上的教学内容，转学儿童会感觉困难，特别是理科，它们的知识内容环环相扣，如果没有基础，就会出现知识断链，后面的内容几乎就无法继续下去。“城乡教育差异显著，各地学校教育，特别是学制、教材不一致，同时，学校对流动儿童的教育背景和教育需求缺乏了解。”① 面

① 赵文博：《试析农民工流动儿童的教育衔接问题》，《南都学坛》（人文社会科学学报）2012 年第 4 期，第 112—113 页。

对城市新环境，城镇务工人员流动子女的教育断链问题亟待解决。与城市儿童相比，他们在学习能力、学习习惯、文化背景与知识基础等方面有较大差异，出现了知识上的难以衔接。他们在转学、更换不同学校后，有的跟不上迁往城市学校的教学进度，有的出现考试内容与学习内容不相符的现象。例如英语课程，有些相对偏僻落后的乡村小学并没有开设英语课，要初中才开始学习英语。有些乡村的英语教师也不是科班出身，教师自己的英语发音、知识水平都存在一定的问题，致使一些城镇务工人员流动子女来到城市后，无法跟上城市英语老师上课的节奏，也听不懂老师在说什么。而有些城镇务工人员流动子女自己有些不懂的问题，也不愿意或者不敢向老师请教，有的则将自己封闭起来，不愿意参加课堂互动。当学习效果不佳时，他们就会出现对学习的厌倦心理，产生厌学、逃学等负面情绪，最终也导致他们的学校教育出现比较严重的断链现象。

总之，城镇务工人员流动子女在城乡之间流动，由于教材版本不同、教学课程、教学内容的差异，导致知识点衔接的障碍，他们常常处于城市的课程与农村的课程难以衔接的困境中。由于频繁转学，城镇务工人员流动子女产生了对环境、学校、教材、教学的不适应，导致其成绩下降，也形成了厌学情绪或心理障碍，因此常常过早地逃离学校、赋闲在家或进入社会。

第二节　缺位与乏力：家庭教育的断链

家庭是孩子成长的第一场所，父母是孩子的启蒙老师，孩子将来的成就在很大程度上取决于父母的早期家庭教育，城镇务工人员对子女的学习普遍寄予重望。然而，为了家庭的生计，城镇务工人员却往往忽视对其流动子女的学习情况和学习习惯的了解，亲子之间缺失互动，对于许多城镇务工人员流动子女来说家庭教育都是非常缺乏的，务工人员家庭对流动子女在教育上的支持是十分薄弱的。父母榜样作用的缺失、家庭关系的紧张和亲子关系的失谐常常困扰着城镇务工人员家庭。

一 缺乏有效的教育方法

本研究通过问卷及电话访谈或面谈的方式，对 90 多户家庭进行了调查。调查发现，城镇务工人员不关心孩子学习的占到 16.4%，与孩子“几乎不沟通”的家长占到 12.8%。务工人员家长常常忽视了亲子之间的沟通交流，很少有时间给孩子讲解学习方面的知识，也有的由于自身知识水平的限制，在孩子学习辅导方面往往束手无策，对孩子的学习则表现为心有余而力不足，家庭辅导几乎变成了真空地带。城镇务工人员的文化水平多集中于初中程度，受教育水平整体不高，他们当中有许多人缺少有效的方式与方法，也不知道如何和孩子交流。城镇务工人员大多属于低收入阶层，生活在城市的欠发达或贫困社区，如城乡接合部或“城中村”，所受的教育水平普遍较低，据调查，有 8.0% 左右的务工人员只有小学学历，有 40.0% 的有初中学历，有 37.0% 的有高中学历，而具备大专以上学历的仅为 15.0%。因此，许多家长缺乏课外辅导孩子学习的能力，有 51.6% 的家长表示他们“非常缺乏”辅导能力，有 35.7% 的家长表示“有”能力，有 12.7% 的家长表示“没有”辅导能力。由于城镇务工人员自身文化素质的限制，他们在学习上对孩子的指导与辅助是十分有限的，因此常常无力解决孩子学习上的断链问题。

城镇务工人员的文化水平对孩子的学业有着重要的影响，然而，他们的教育理念和模式在很大程度上并不符合现行的教育需求，他们教育方法过于简单，教育方式过于粗暴，也有的受自己文化程度的限制，往往力不从心。家庭教育的缺失也使流动儿童的各种学习问题难以得到有效解决。城镇务工人员家长对孩子的期望普遍很高，但是却缺乏正确有效的教育方法，教育方法简单粗暴，动辄打骂，或者对孩子听之任之，缺乏有效管教。调查显示，亲子之间交流得越多，孩子越容易敞开心扉向父母倾诉。在对“如果孩子学习退步了，您怎么处理”的调查中发现，选择“和孩子一起找出原因”的比例为 70.4%，选择“限制孩子行动”的比例为 4.1%，选择“批评孩子”的比例为 19.3%，还有 6.2% 的家长表示会“体罚孩子、打骂孩子”。在孩子犯错误或考试不及格时，有些家长往往采取打骂方式，造成亲子交流的中断。大部分务工人员家长对子女学业成就的期望值较高，但教育方法却较为低效，他们常常采用唠叨、埋怨、责骂等简单的、传统的教育方式，当孩子学习成绩不太理想时，往往采取暴力方式进行惩罚。由于家庭教育的缺失或父母简单粗暴的教育方法以及对孩子碰到的烦恼及困难无法及时加以有效引导和解决，经常导致城镇务工人员流动子女厌学、辍学甚至离家出走的现象发生。有的务工人员对孩子则采取顺从、溺爱的方式，导致其人生观和价值观的扭曲，形成了贪图安逸享乐、好逸恶劳、娇惯任性等不良习惯与性格特征。由于工作的紧张和文化程度的限制，多数务工人员家长在孩子的学业上基本帮不上忙，家庭没有起到应有的教育作用。他们仅关注孩子的学习成绩，而忽视了他们行为的变化、精神需求与道德方面的教育，没有重视他们的个性发展，难以给予孩子心理健康的疏导。有些家长受自身文化素质的束缚，言传身教不够，他们没有注意自己的言行举止，有的用金钱来弥补对孩子家庭教育的不足，最终导致这些孩子产生了物欲化、功利化倾向。

二　家庭教育支持的乏力

家庭教育担负着孩子从出生走向成熟的文化知识传授、品德引导、行为指导等责任。① 家庭教育对孩子的发展有着举足轻重的作用，城镇务工人员家庭父母的价值取向、生活习惯等都会对流动儿童产生潜移默化的影响。父母的世界观、人生观和人际交往态度，往往会给孩子留下深刻的印象。“家庭的变迁、亲子之间的交流、父母教育的方式、经济的状况等都直接影响城镇务工人员流动子女的学习成绩及城市的融入。”② 进城务工人员，一般文化水平低，对孩子的辅导能力较差，进城务工农民的自身文化水平限制了对孩子的教育能力。大部分城镇务工人员深受没文化之苦，对孩子的教育期望值较高，希望能够通过读书来改变命运，都认为流动子女接受教育是很重要的，并且期望其子女能够接受大学及以上层次的教育，能够“生根”城市，但是他们缺乏足够

---

① 陈万柏、张耀灿：《思想政治教育学原理》（第二版），高等教育出版社 2007 年版，第 105 页。

② 胡恒钊、文丽娟：《城镇化进程中农民工流动子女教育的断链与衔接》，《学术论坛》2015 年第 6 期，第 120—123 页。

的经济、文化资本、社会网络资源等，生活比较艰难，对于孩子的教育投入和教育支持较少，“对于子女家庭教育的关注和付出不多，最终导致家庭教育质量不高”①，这也无疑会影响其学习兴趣的提升和眼界的开阔。

父亲的角色有着母亲不可替代的作用，在有些家庭里，父亲在外打工挣钱，而教养孩子的任务常由母亲来承担，在家庭教育中出现父亲角色的缺失。这些务工人员流动子女在大多数时间里处于无人看管的状态，还有些是隔代抚养的问题，而临时监护人“重养不重教”的情况也非常普遍，常常过于溺爱、疏于管理、忽视学习上的监督。有些孩子是以“隔代式”“单亲式”或“委托式”的方式生存与接受教育，一般监护者多为老人，他们缺乏对流动儿童实施有效的教育引导的能力，这种隔代教育的管教方式与监护人的偏袒护短常常是放纵、溺爱、听之任之。父母的失管和监护人的放任，导致了家庭的教育没有起到应有的作用。在城市里长大的儿童也很难再回到其家乡继续学习和生活，即使返乡回家后的流动儿童也会出现不同程度的家庭教育的缺失与断链。当返乡流动儿童变成留守儿童后，爷爷奶奶常常是照顾他们的主要力量，他们很少有与父母互动与交流的机会。父母常常在外打工，孩子和父母的沟通中断，使家庭的教育出现断链，亲子感情也会大受影响。

有的家长往往忽视自己的教育责任，干脆对孩子的学习不闻不问，有的寄希望于学校和老师，甚至认为自己只要把孩子养大就行，教育学生、督促孩子的学习是学校的事情，因此务工人员很少检查并辅导孩子的功课。务工人员与学校、教师之间也缺乏联系，没有搭建起有效沟通交流的桥梁，因此作为家长的城镇务工人员常常无法及时了解其子女真实的思想与学习状况。有些务工人员自身容易受社会不良风气的诱导和“读书无用论”思想观念的影响，再加上家庭教育经费供给缺乏以及家长与学校之间缺乏沟通，有的看到孩子学习成绩不理想，就不愿送孩子去上学，甚至主动鼓励孩子辍学来打工挣钱或为父母分担一些家务劳动，因此务工人员流动子女的辍学率也较高。这种种后果在很大程度上

① 黄图伦：《农民工子女家庭教育问题的反思与改进》，《中国成人教育》2015 年第 5 期，第 158—160 页。

都源于家庭教育的缺位与乏力，务工人员流动子女家庭难以为他们提供有力的教育支持。

第三节　压力与排斥：社会教育的断链

城镇务工人员流动子女在进入城市后，城市文化使他们的思想观念、生活方式等发生了积极的变化，但有的城市面临着财政压力过大，或者交通、医疗、保险、养老等方面的问题，因此城镇务工人员及其流动子女有时会被城市所漠视与排斥，致使有些城镇务工人员流动子女常处于社会的边缘状态，面临着城市进不来、农村回不去的困境。

一　城市社会教育的压力

2006年颁布的《中华人民共和国义务教育法》第二条规定："父母或者监护人在非户籍所在地工作或者居住的适龄儿童，当地人民政府应当为其提供平等接受义务教育机会。具体办法由省、自治区、直辖市规定。"然而，有些地方政府考虑到本地方自身的利益，实行地方保护主义。高额的教育负担、学籍档案调动的困难、多重的手续和烦琐的程序把城镇务工人员流动子女推向了一些条件简陋的城镇务工人员子弟学校或民办学校，但这些学校的生存危机，也常使得这些流动儿童接受教育处于不连续、不稳定的状态。"以地方负责为主的义务教育管理和投资体制，将流动儿童所享有的国家公共教育资源与户籍所在地牢牢地联系在一起，使流动儿童无法接受平等的义务教育。"① 关于城镇务工人员流动子女接受义务教育的经费具体应由谁来承担，常常出现流入地与流出地互相推诿的现象，导致教育经费问题常处于模糊地带。流出地管理部门和流入地管理部门对待流动儿童教育职责问题难以明确，有些流入地以没有得到流动儿童的教育补贴为由，把这些城镇务工人员流动子女排斥于城市公立学校和城市的社会优质资源之外。"当城镇务工人员子

① 徐玲、白文飞：《流动儿童社会排斥的制度性因素分析》，《当代教育科学》2009年第1期，第16—20页。

女离开户籍所在地和受教育地后，原户籍所在地就不再负责他们的教育，而流入地也没有过多经费负责他们的教育。处于政策夹层的农村流动儿童自然而然成为容易被忽视的群体。”①

城市社会教育的排斥与藩篱成为城镇务工人员流动子女平等接受教育的“绊脚石”，他们接受义务教育的处境艰难，他们的身份认同正处于一种进退两难的尴尬境地。城镇务工人员身处社会底层，常常面临“城里人”的排斥与歧视，有些城镇务工人员遭受的不公正待遇也常常波及他们的流动子女，这些孩子在与城市孩子的人际交往中遭遇到较大的困境与尴尬，遭遇到城市学生言辞与行为上的蔑视与排挤。传统的城乡二元对立的社会结构机制在一定程度上阻碍了流动儿童对城市教育的融入，原有的户籍制度成为城镇务工人员流动子女平等享有城市教育资源以及升学就业的障碍与“瓶颈”，有些地方出台了相应的地方保护措施，以免开放流动儿童在本地区的就学升学，造成本地资源的紧张和被压缩。户籍身份的阻隔使流动儿童常常游离于城市与农村之间，“难以享受与城市同龄儿童同等的接受教育的机会，也被排斥于乡村正式的教育体系之外，成了被‘边缘化’的群体”②。在面临升学时，许多城镇务工人员子女不得不选择返回户籍所在地，选择返乡，不得不“留守”在户籍地就学，成为城市的过客，成为城乡教育游离的“流浪者”。因此，“来自社会各个层面的压力与排斥使流动儿童处于一种被隔离、被抛弃和被边缘化的状态”③。

二　社会教育支持的薄弱

从整体上说，当前社会力量对城镇务工人员流动子女的教育支持还显得比较薄弱，社会力量的支持还难以彻底从根本上改变城镇务工人员流动子女的困境，他们“在卫生保健、教育学习、人身安全、心理健康等方面得不到有效的保障，他们面临着亲情缺失、学业失教、安全失

① 陈少娜：《农村流动儿童受教育问题研究》，《中国青年研究》2012 年第 10 期，第 91—95 页。

② 李凌霄：《社会认同视域下流动儿童发展教育的探索——以流动儿童社会融合项目为例》，硕士学位论文，西北大学，2013 年，第 7 页。

③ 许爱花、贾志科：《城市化进程中的流动儿童社会融合困境》，《南京晓庄学院学报》2014 年第 1 期，第 67—70 页。

保、心理失衡等方面的问题”①。

首先，社会财政支持的力量十分有限，专门针对农村教育、城镇务工人员子弟学校教育的财政扶持的教育资源还相对不足，针对城镇务工人员流动子女的财政经费的支持与保障还十分有限，教育资源的投入也是杯水车薪，难以满足现实的需求。有些地方职责不明确、事权与财权的分离、管理的不够到位等导致办学经费得不到落实以及城镇务工人员流动子女教育经费的缺失，甚至有些教育成本被转嫁到城镇务工人员流动子女身上，城镇务工人员流动子女难以充分享受到流入地的地方政府所提供的优质的教育投入。

其次，各社会支持系统之间缺乏沟通与互动，缺少相应的协调与配合。社会上的非营利性慈善组织、企业、志愿者和社会工作者等各方面的社会力量支持网络还有待完善，社会媒体中关爱流动儿童的声音较弱，自愿支持城镇务工人员流动子女教育的社会意识不强。城镇务工人员所在的社区对务工人员流动子女的关怀措施相对较少，相应地，对城镇务工人员流动子女的保护机制也比较缺乏。社会上部分人的功利化、物欲化会影响城镇务工人员流动子女思想道德的发展，社区不良的社会风气常常导致很多城镇务工人员流动子女出现行为上的偏差，致使流动儿童违法犯罪现象的发生。由于城镇务工人员流动子女自我防范、自我保护意识整体较缺乏，道德认知能力、道德判断和评价的水平较差，又缺少一定的专业技能和法律知识，他们常常不能有效维护自身的权利，也很容易成为一些不法分子诱惑或暴力侵害的目标，如游戏厅、黑网吧、歌厅、录像厅等常常成为毒害他们的重要场所。

“城市的心理感知、生活方式、话语体系等方面与农村有很大差别，使城镇务工人员子女极易受到城市孩子的排斥，甚至是冷嘲热讽，再加上他们在家庭关爱、社会交往、经济状况等方面的差异，很容易产生封闭、孤独、心理不平衡、人际关系紧张、戒备心较强等心理问题”②，有的甚至被贴上“问题儿童”的标签。目前针对城镇务工人员

① 沈斌：《社会支持网络视角下的农村留守儿童问题研究》，硕士学位论文，河南师范大学，2012 年，第 1 页。

② 王璐璐：《我国农民工随迁子女教育问题研究》，硕士学位论文，大连海事大学，2013 年，第 23—39 页。

流动子女的社会适应、心理适应等帮扶能力存在不足，社会在全方位的支持和关注上还十分有限，对于城镇务工人员流动子女的城市教育融入还需要形成一个完整的社会支持网络。社会教育断链现象的根源在于城市社会的阻力与教育支持的乏力，城镇务工人员及其子女的身份地位难以得到认同。部分城市社会的地方保护与排斥在一定程度上限制了城镇务工人员流动子女对城市社会的融入，他们大部分人在脱离农村社会后，难以享受当地的教育福利，也没有真正融入现存的城市社会。他们普遍缺乏社会责任感、归属感与自我认同感，他们正处于城市与农村的游离地带，成为进退两难的社会群体。

第四节　困惑与危机：心理教育的断链

我国城镇务工人员流动子女问题是伴随着城镇化进程而产生的，在初期阶段，城镇务工人员流动子女表现为“入学难”，即城镇务工人员流动子女无法在城市进入公办学校就读。随着“两为主”政策的出台，“入学难”问题在很大程度上得到缓解，但在后期阶段，与城镇务工人员流动子女融入新地方、新学校过程相伴出现的心理问题，仍是流动儿童教育问题中的难点。

调查发现，城镇务工人员流动子女的心理健康问题值得关注，他们自我评价普遍偏低、自信心不足，自我认为“不合群”，心理健康状况要普遍低于城市儿童。城镇务工人员家庭因为工作不稳定而经常变动搬迁，其随迁子女就像迁徙的候鸟一样多次转学，流动性使城镇务工人员流动子女的学习适应面临着极大的困境（见图1－2）。

农民工流动子女的心理健康问题值得关注，由于面临着适应新的陌生环境的巨大压力，缺乏对城市的归属感和认同感，有些孩子的性格趋向冷漠、偏激、孤僻，这种情绪如果长期得不到有效的疏导，就很容易引发种种心理上的疾病。城镇务工人员流动子女“在城市融入过程中面临着身份认同的理想与现实的碰撞，难免会对其心理产生一定影响。他们遇到的主要难题是如何在较重的学习压力下获得休闲娱乐和发展个

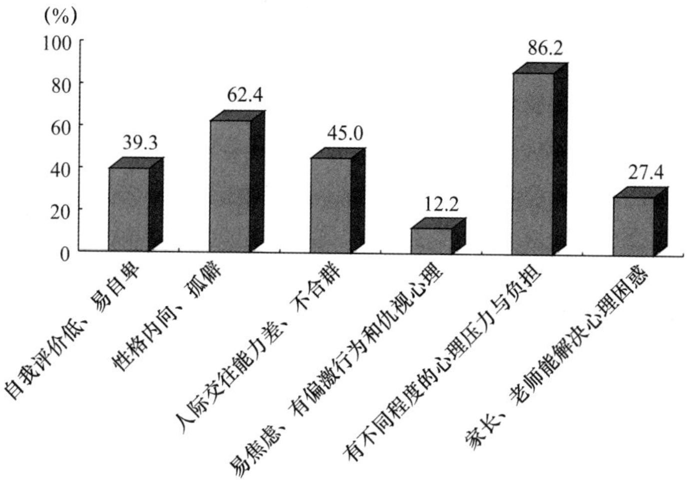

图 1-2　城镇务工人员流动子女的心理困惑

性特长的机会"①。相对来说，城市大多数学生心理状态良好，而城镇务工人员流动子女的心理状况却不容乐观，他们常常表现出人际交往能力较差、理想信念模糊、价值观念错位、自我约束力不强、辨别是非的能力较弱、缺乏责任感、性格内向、自我封闭、自卑孤僻等特征。

一　强烈的自卑感

在我国庞大的城镇务工人员流动子女群体中，广泛且普遍存在着自卑感强烈的心理现象。"不论是否成年，随迁子女作为一类分布广泛且数量庞大的特殊群体，常年往返在城乡之间，却又无法完全融入城市纷繁复杂的生活，使城市人完全接受自己，于是常常自卑感作祟，进一步便会无法将心思放在任何事情上，对事物的反应迟钝，易使他们有时看起来情绪低落，心情忧郁。"② 他们在与城市居民交流接触的过程中容易过分在意他人的看法从而看低自己，面对失败难以客观理性地分析原

① 张水玲：《农民工子女精神生活状况调查研究》，《教育评论》2014 年第 10 期，第 94—96 页。

② 丛菁：《农民工随迁子女常见心理问题及对策分析》，《现代交际》2012 年第 6 期，第 46—47 页。

因，耐挫折能力较差，难以进行良好的自我情绪调适。据某问卷调查统计数据显示，在与同龄学生相比较的过程中，仅有1%—4%的城镇务工人员流动子女觉得自己的成绩优秀，认为城市同学对自己态度友善的仅为14%—17%。①

城市孩子和务工人员随迁子女在交往过程中，难免会有攀比心理，城市孩子有较强的物质优越感，而务工人员流动子女感觉自己的物质条件低下、生活不幸福，就会出现自卑心理。同时，城市和农村两种不同的文化传统，导致城乡孩子之间产生思想上的矛盾冲突，随迁子女在与当地孩子交往的过程中，因其落后的思维和不相符的行为也会产生自卑感。

二　失落的归属感

归属感是某些人将自身归入某一地域人群的心理状态，这一方面是对自己社会身份的确认，另一方面也带有单独个体对其投入地域的喜爱和依恋等感情色彩。面对激烈的社会竞争，城镇务工人员流动子女社会资源十分有限，他们无法与城市同龄人相比，因而处于求学艰辛、就业困难、生活艰难的境地。随着他们年龄的增长，他们在思考和规划自己的未来时常会感到寸步难行，进而表现出更多的社交焦虑。缺乏归属感的随迁子女不清楚自己将来的方向在哪里，往往会将自己封闭起来，抑郁感和孤独感强烈，常常自怨自艾，行事往往保守谨慎，即使有自己的想法也不敢付诸行动，对社会的信任度和安全感处于极低的层面。

由于地域的差别、文化的生疏，随迁子女与当地学生存在生活习惯、口头语言、个人卫生等不一致的困惑。他们不敢接近城市里的同学，因为身份、教育、家庭以及身后社会因素等原因阻碍了他们与人的沟通和交流。他们在城市里找不到在乡村时的依赖感和心理寄托，生理和心理都难以融入当地的生活状态。在这种情况下，如果对其内心不加以有效疏导就很容易走向封闭与自卑。很多进城务工人员随迁子女，既认为自己不是农村人，又认为自己不是城市人，难以找到自己的身份归

---

① 庄勇、何昕：《需求与介入——基于进城农民工子女社会工作支持的行动研究》，社会科学文献出版社2013年版，第88—90页。

属与社会定位，表现出急切与农村传统文化脱离的愿望，但同时又有很难融入城市文化的失落感。

三　学习上的迷惘感

从学业角度来看，流动造成城镇务工人员子女学业的部分中断，并需要不断适应新教师的教学方式、方法，加大其学习的难度，这使得这部分孩子对学业有较强的迷惘感，同时也加深了务工人员流动子女的自卑情绪。学校有时候为了降低他们学习困难的程度，往往把他们做留级处理，这种看似关心的做法，其实已经对他们的学习、心理产生了不好的影响。他们会认为这是对其能力的质疑，愈发加重其心中的焦虑，可能导致他们随时都会要求转学和休学。经常性的流动与不稳定的生活，以及教育手段的不连贯和教育环境的变更，导致流动子女的学习主动性不足，学习积极性受到影响，也往往使其在新的班级里学习成绩掉队。

大多数城镇务工人员流动子女往往是被动地跟随其父母的频繁流动而迁移和安置的，有时甚至在他们刚刚适应一个城市的新环境，就又不得不随着他们的父母变更工作地点而被迫适应新的生活环境。这些务工人员随迁子女跟随父母在城市里漂泊，远离家乡在异地求学，无法像当地孩子一样正常入学，有时还要根据父母工作的稳定性和学校的接收问题，决定是否可以正常入学。这样频繁的迁移和安置对于正处于青少年时期的务工人员流动子女来说尤其是一个巨大的考验，可能会直接导致他们跟不上学习进度，学业成绩下滑，也直接打击了他们对于学习知识、接受教育的热情和兴趣。另外，有些务工人员流动子女甚至对于为什么要进入学校学习感到十分迷茫，不明白学习的知识对于他们人生的价值与意义，常常抱着“得过且过”的心态。

四　生活态度的消极感

城镇务工人员流动子女往往缺乏同龄人对于学习和生活的积极向上态度，缺失明确的目标和人生信念。他们有时不理解努力学习对他们将来的生活有什么意义，有时还纨绔叛逆，不遵守学校纪律和规章制度，产生逆反心态。

城镇务工人员流动子女“承受着家庭经济压力和来自社会的压力，

地域差别等使得他们更多地选择沉默和独处”①。生活、学习的压力使务工人员流动子女对所居住的城市感到既熟悉又陌生，熟悉的是自然地理环境，陌生的是天天接触到的城市居民和生活。城镇务工人员流动子女“感觉与城市孩子之间有道屏障”②，但他们又无法依靠自身的力量改变现状，只好无奈地选择逃避群体、自我封闭。据调查，即便是在城市生活多年的流动儿童也时常缺乏对所在城市的认同感，乡村与城市的差异使其无所适从，产生心理落差，时常独自品尝着一份孤单、自卑。

五 人际交往中的逃避感

城镇务工人员流动子女无论是在家里还是在学校，他们与教师或父母的沟通都较少，父母忙于打工赚钱，没有时间与他们沟通交流，如果教师在课堂上给予他们较少的关注，他们在城市生活中就难以找到自己情感的宣泄口，只有选择沉默，时间久了就会产生社交焦虑，引发一定的心理障碍。同伴关系对于儿童成长有着特殊的意义，但是频繁的流动并不利于同伴关系的形成。在与他人交往中，城镇务工人员流动子女较多地选择逃避的方式。

城镇务工人员家庭常被认为社会地位较低，城市出生的孩子家长往往会觉得农村家庭的孩子的教育观念落后和手段不当，不让自己的孩子和务工人员流动子女过多地交往。调查发现，对于“你（流动儿童）觉得别人看不起你吗”这一问题，有47.2%的城镇务工人员流动子女回答是肯定的。”③ 这种社会排斥增加了城镇务工人员流动子女的参与难度，使得他们对人际交往的态度更加冷淡。城镇务工人员工作的流动性也决定其子女教育的不稳定性，因多次流动而使得务工人员流动子女对于学校、班级集体缺乏归属感和认同感，学校教育也难以对这部分孩子产生持久的吸引力。

城镇务工人员流动子女急于改变现状和掌握自己的命运，有时会

---

① 樊万朝、华新焕：《扬州大学一项调查表明：近五成民工子女缺乏自信》，2004年7月22日，http://www.people.com.cn/GB/shehui/1062/2659034.html。

② 申书厅：《农民工适龄子女在城市就学现状及其对策研究》，硕士学位论文，天津大学，2004年，第24页。

③ 徐丽敏：《农民工随迁子女的社会融入研究》，科学出版社2015年版，第92页。

因为过高的心理期望而患上心理疾病，他们由一开始步入城市的积极主动到后来产生对立感和敌视情绪，这些悄然的心态变化，不仅不利于城镇务工人员流动子女身心的健康成长，也不利于社会的稳定和谐发展。

六　较低的自我效能感

城镇务工人员流动子女在身份认同和物质生活上都与城市孩子存在一定的差距，有些孩子在潜意识中产生了较低的自我效能感。他们不愿意向同学和老师讲述自己的家庭成员及情况，或者在自己遇到困难时，害怕受到别人的歧视，而拒绝接受别人的帮助，怕被别人扣上乡下人的帽子。这些畏惧心理使得随迁子女无法正常地融入一个集体当中，而有些城市孩子也会因为随迁子女过于“异类”，而对他们加以肆意猜测，从而引起一些不必要的误会，让同学之间产生隔阂。城镇务工人员流动子女由此产生了扭曲的自我认知与自我评判，他们不愿向别人诉说，也不乐意接受别人的帮助，从而忍受孤独寂寞、封闭自己，对新学校环境的适应能力也随之下降。因此克服务工人员流动子女的自卑扭曲认知是使其融入集体的最艰难一步。如果他们能摆脱自己的错误认知，重拾自信，增强自我效能感，主动敞开心扉，建立与城市孩子的互信互助，认识到彼此的平等，他们就能以健康乐观的心态与同学相处，与同学们真心畅谈，这对他们今后步入社会生活是大有裨益的。

七　对挫折的茫然感

城镇务工人员工作的流动性决定了其随迁子女学校的阶段变更。其随迁子女的小学、中学可能会在不同的城市就读，这对随迁子女的适应能力提出了较高的要求。但有些城镇务工人员随迁子女，难以较快地融入新集体当中，也难以适应新的环境所带来的新变化。频繁的学校变更、教学方式的差异、同学面孔的生疏，使得他们在学习方面压力重重，同学关系也会因为学校的变更而变得冷淡。如果学习再屡次受挫，就会使得他们感觉前途渺茫。随之产生的后果是厌学或逃学，恐惧与同学进行互动交流，更有甚者可能由此走上犯罪的道路。“挫折总会导致某种形式的攻击行为"①，而攻击的能量并非直接朝着挫折释放，如果将攻击的能量进行不当释放，可能会造成务工人员流动子女自己或他人的严重伤害。所以，在生活学习中，要教会孩子重拾信心，正确面对挫折，不要因一次的失败而放弃努力，不要因一次的挫败而止步不前，使他们从挫折的茫然状态当中解放出来。

当前在解决城镇务工人员流动子女的问题上，我国已经制定了许多保障措施，有力地增加了城镇务工人员流动子女获得平等教育的机会，但城镇务工人员流动子女的心理问题依然突出。城镇务工人员流动子女产生对社会的不满和极大的心理压抑，所存在的敌视情绪和对立感、挫折感、自卑感等这些问题仍亟待解决，他们的心理健康教育不可或缺。

① 相旭东：《心理疏导技术》，中国书籍出版社2015年版，第219页。

第二章

城镇务工人员流动子女
教育的断链根源

城镇化的快速推进，吸纳了大量农村劳动力转移就业，提高了城乡生产要素配置效率，带来了社会结构的深刻变革，所取得的成就举世瞩目。城镇务工人员选择了背井离乡，从农村走向城市，由“单身外出”转向“举家迁徙”，然而城镇务工人员流动子女的教育问题也随之初现端倪，出现了教育衔接中的断链现象。由于主渠道教育的阻隔、亲情教育的缺失、关怀教育的藩篱、教育环境的影响等导致学校、家庭、社会、心理教育过程中出现了一系列断链现象。城镇务工人员流动子女难以充分融入城市的学校与社会生活，他们在城市中接受教育依然困难重重。

第一节　学校主渠道的阻隔

接受教育的最重要的环境因素就是学校，学校是城镇务工人员流动子女与城市沟通的一个重要媒介，也是他们接受教育的主渠道。学校教育对城镇务工人员流动子女的成长起着极其重要的作用，学校优良的学习环境非常有利于城镇务工人员流动子女健康人格的养成。然而，在学校教育方面，城镇务工人员流动子女面临着种种困惑，并处于学习断链的困境中。

一 公立学校的门槛设置

在城镇务工人员流动子女的内心当中，他们“渴望进入城市公办学校学习，渴望和城市的孩子一样拥有整洁的课桌和宽敞的教室”①，渴望能够同城市的学生一起就读同一班级，享受同样平等的教育资源。但目前城镇务工人员流动子女还存在着入学条件要求过高、权利保障薄弱、教育质量低下、难以公平享用公办教育资源等问题。

城镇务工人员流动子女的入学存在一定程度的门槛障碍。有的学校学籍管理混乱，没有及时给流动学生建立学籍档案；有些班主任并不希望城镇务工人员流动子女来自己的班上就读，认为他们的教育基础差，会影响班级的学习风气和纪律，或者影响整个班级的总体成绩。有的城市公办学校规定外来务工人员流动子女的入学需要提供户籍证明、父母从业证明、暂住证等。有的流动儿童即使能进入城市公办学校，却难以真正享受到免费的义务教育待遇，有的还要缴纳一定的赞助费或者借读费等不同于本地学生的额外费用。对于城镇务工人员家庭来说，缴纳借读费和准备各种进入城市公办学校所需的证件都不是一件容易的事。种种烦琐手续和教育壁垒往往把城镇务工人员流动子女排斥在城市公立学校之外，从而在一定程度上限制了城镇务工人员流动子女的升学求学之路，这也常常引起务工人员家长及其子女的极大不满和抱怨。许多公立学校难以接受城镇务工人员流动子女，而有些正规的民办学校或私立学校虽然教学质量较高，但由于他们收费也较高，高昂的学费令许多城镇务工人员家庭望而却步。

就升学机会而言，因为涉及资源分配等问题，城镇务工人员流动子女的异地高考常常遭遇重重的压力。由于迁入地区在异地高考升学方面与学籍、户籍及务工人员家庭的社保、居住等条件相挂钩，大多数城镇务工人员流动子女还必须回到户籍所在地参加当地的升学考试，真正能在城市顺利参加中考和高考的城镇务工人员流动子女还为数较少，他们与本地学生相比依然处在不利的境地。初中毕业时必须回到户籍所在地

① 王璐璐：《我国农民工随迁子女教育问题研究》，硕士学位论文，大连海事大学，2013年，第18页。

参加中考也阻断了义务教育与高中教育之间的有效衔接；回户籍地参加中高考，由于教材的差异、考试内容的不同常使得城镇务工人员流动子女看不到升学希望，有的产生“读书无用”的思想。对于在城市成长并已经完全适应教育的城镇务工人员流动子女来说，如果被迫返乡学习及参加考试，这部分流动子女极有可能因不能适应农村的学习方式和生活方式，而很难融入新的教育氛围和生活环境当中。

二　务工人员子弟学校的生存困境

务工人员子弟学校是对公立学校教育资源的有益补充，也是外来流动人口子女就学的重要渠道。务工人员子弟学校具有费用低、离家近、入学容易、易适应等优势，因此成为大多数城镇务工人员家长的选择。然而城镇务工人员流动子女就读的子弟学校的实际情况并不容乐观，有的学校的办学条件令人担忧，在师资、安全、卫生条件、教学管理、教学质量等方面并没有得到充分保障，因此城镇务工人员流动子女与城市公办学校的本地学生相比还处于弱势地位。当前务工人员子弟学校的教学水平还有待提高，办学条件、班级情况、软硬件、师资条件等还有待完善，教学设施和资源还比较匮乏，教学场地还十分简陋，大部分教室里基本上没有多媒体设施，如有，也是比较陈旧的电脑，有些甚至已经根本无法使用。师资力量的欠缺、教学手段和教学方法的差异、方言的不同、新旧知识之间缺少系统性与连贯性，都严重影响着城镇务工人员流动子女正常的学习及其教育质量。从总体上说，城镇务工人员子弟学校师资还比较缺乏，教师整体素质不高，在学历结构方面，务工人员子弟学校的老师大部分为专科学历；在职称方面，大部分人为中级职称，其中师范院校毕业或者具备教师资格证书的人很少，还有一部分年龄偏大的老师只会用方言讲课；在队伍的凝聚力方面，务工人员子弟学校的师资队伍也不稳定，老师跳槽的现象比较严重。在多数务工人员子弟学校，教师的来源复杂、学历偏低、流动频繁，教师队伍管理十分困难。同时，由于自身民办学校的经营状况，没有多余的经费用来培训教师，而教师也更是无力承担培训的费用，教师素质难以得到提升，无法将先进的教育理念及课程经验实践于学生课堂，难以有效促进学生思想品德的发展及综合素质的提高。

城市公办学校与务工人员子弟学校在城市里形成了一个“二元结构”，相对于城市公办学校的秩序井然，务工人员子弟学校则明显缺乏纪律性，也存在一些安全隐患问题。务工人员子弟学校存在教师流动、校址迁移，或被取缔等问题，通常处于不稳定的状态。由于大多数务工人员子弟学校面临着教学管理水平以及硬件设施的不足，在师资力量和硬件设施上并没有完全达到学校教育的要求，因此常常面临拆迁的困扰以及合法地位上的尴尬。例如，2011 年北京海淀、朝阳、大兴地区相继关闭了 24 所农民工子弟学校。而那些接受其他打工子弟的学校常常不堪重负，被分流到公办学校的也面临着遭受歧视的困境。2012 年，北京市朝阳区就有四所务工人员子弟学校被迫关停，可以看出务工人员子弟学校也常常面临着被关闭的困境，随时有可能被取消办学许可，许多学校由于教学质量和办学标准问题而迟迟无法取得办学的许可，生存难以维系。

第二节　家庭亲情的缺失

父母是孩子人生中的首任导师，家庭教育方式、对孩子的关爱程度、家庭的经济状况等对孩子的成长起着无可替代的作用。家庭出身较为优越的人将会获取较多的教育机会，然而，城镇务工人员流动子女跟随父母从一所学校转学到另一所学校，有时一个学期还没结束就要离开学校，使得他们常常徘徊于农村与城市之间，成为城乡之间的“边缘人”。从整体上说，务工人员家庭的经济收入普遍较低，对流动儿童的家庭教育投入十分有限，窘困的家庭经济条件难以为他们提供足够的教育资源。

一　父母关爱的荒芜

为了家庭生计，城镇务工人员不得不缩短与子女待在一起的时间，因工作忙碌而缺少对孩子进行良好的家庭教育，也没有多余的精力和时间去管理和督促孩子的学习与生活，很多务工人员根本顾不上对子女的家庭教育，也忽视了对孩子的关心、关怀和关注。

亲子之间交流得越多，孩子越容易敞开心扉向父母倾诉。务工人员工作忙碌，很少有和子女沟通交流的机会，很少有与孩子做游戏或讲故事等互动活动的时间。他们大部分人没有耐心，也没时间去倾听其孩子的倾诉，他们关注更多的是子女的物质需求，而对于精神方面的需要则很少考虑。由于他们很少真正和子女交谈，常常出现农民工家庭亲子互动的中断和亲子关系的相对疏远。由于父母经常不在身边，这些孩子缺乏归属感与安全感，缺乏亲情的关爱和抚慰，这些孩子普遍对自己的未来感到困惑、迷茫，持有悲观的情绪，造成了一定程度的心理障碍与性格缺陷。而许多城镇务工人员认为，只要让孩子上学就行，并没有关注到孩子心理上的困惑。他们整日忙碌，无心教育孩子，很少有闲暇时间顾及孩子的学习、感受与需求，也忽视了孩子的心理健康，他们不能及时发现孩子的异常，久而久之，亲情的缺失使得家长与孩子之间产生了隔膜，导致孩子的心理问题和情感问题长期得不到有效解决。城镇务工人员流动子女渴望得到家人的陪伴和心理上的支持，需要心理的疏导、精神的抚慰与心灵的滋养，他们强烈渴望得到父母的关爱并与之交流，需要寻求父母的安慰、保护与支持，但是家长教育意识的淡薄、精神文化的荒芜，仅仅为流动儿童提供生活上的一些力所能及的照顾，缺少健全的家庭教育与实质性的帮助，缺失心理上的支持与心灵上的沟通，缺乏正确的引导和严格的管教。

流动会对务工人员流动子女的心理健康产生一定的影响，激烈的竞争会引发其内心世界的冲突，导致内在强烈的矛盾，容易使心理问题堆积。许多城镇务工人员流动子女学习态度端正，认真刻苦，但同时也表现出胆怯、缺乏自信与自我封闭的性格特征，他们普遍缺乏乐观、积极向上的心态，内心交织着对城市的向往与未来的担忧。他们在社交上常常囿于城市里的流动儿童之间，多局限于随迁子女群体内部。随着学习生活环境的改变，他们基本上同城市主流文化相脱离，原有的伙伴关系被不断打破，而在学校、社区的新环境中又缺少朋友、玩伴，与城市学生交往并不充分，在城市遭遇的不公与歧视使他们的自尊、自信常常备受打击，理想与现实的落差使他们常常产生自卑的心理，形成自闭的性格。有些务工人员家长只注重孩子的学习成绩，而对他们的心理教育等问题却不够重视，在心理上城镇务工人员流动子女缺乏安全感和归属感，常常表现为自卑、自闭、孤独、自我评价偏低、人际关系紧张、自信心不足等心理特征。这种缺少家庭情感上的呵护与关爱，也导致了孩子学习成绩差、缺乏教养、不讲文明、易自暴自弃、没有远大理想等诸多问题。城镇务工人员常常没有重视其孩子的个性发展，难以给予孩子心理健康方面的疏导，难以给他们提供有力的家庭关爱。由于长期缺乏教育方面必要的物质保证和亲情的关爱、抚慰，同父母亲分开的时间越久，子女的心理健康状况也就越糟糕。家庭情感的缺失、亲子关系的无形疏远常常导致孩子的人格发展出现一定程度的扭曲和心理障碍，而大部分务工人员家长对随迁子女的心理缺乏有效的了解，无法关注孩子的真正内心需求，最终城镇务工人员流动子女常常产生消极悲观的情绪，导致心理失衡和情感危机。有的缺乏父母关爱的随迁子女会产生抱怨父母的不良情绪，会生成孤独和无助的情感体验，他们的这种不自由、受压抑的体验极其容易激发逆反心理，使其产生偏差行为。父母关爱缺失的城镇务工人员流动子女常常缺乏自我防范意识，他们在心理上承受挫折的能力相对较弱，自我保护能力相对较差，也缺少对危险的认知与判断能力，因此他们很容易遭受外界的不法侵害。

有的城镇务工人员家长常常在金钱上对孩子进行补偿，尽量满足孩子的需要，结果导致孩子形成拜金主义、享乐主义的人生观与价值观。有的随迁子女会产生抱怨父母的不良情绪，产生孤独和无助的情感体验，他们的这种不自由、受压抑的体验极其容易激发逆反心理，产生偏差行为。由于缺乏父母的陪伴、照看和有效监督，有些孩子养成了不完成作业的习惯，还有的孩子开始逃课，甚至辍学，痴迷于网络的虚拟世界。“当家庭教育不足时，孩子就容易从家庭之外寻求安慰与欢乐，沉迷于网络游戏而不能自拔。”[①] 他们对城市生活的依恋与失落并存，有的抱着较强的“过客心态”，学习不求上进、缺乏热情，有的自暴自弃，成为问题少年，亲情的缺失使家长与孩子之间形成了一条难以逾越的鸿沟。

---

① 韦惠惠：《农民工子女家庭教育问题反思与建议》，《新西部》2015 年第 30 期，第 118—119 页。

二　家庭经济的贫困

城镇务工人员家庭为了生活，常常不得不背井离乡、四处奔波，他们的子女也常常会随着其父母向城市迁徙，这也是迫于生活压力而做出的无奈选择。“家庭的变迁、亲子之间的交流、父母教育的方式、经济的状况等都直接影响城镇务工人员流动子女的学习成绩及城市的融入。”① 经济的拮据使他们难以享受较好的教育、娱乐、社交活动等，这无疑也会影响其学习兴趣的提升和眼界的开阔。有的家长在结束工作回家后也是事务缠身，无暇与孩子进行沟通交流，有的家长干脆就不问孩子的学习，有的家长寄希望于学校和老师，甚至认为自己只要把孩子养大就行，而教育学生、督促孩子学习是学校的事情，与家长无关，往往忽视了家庭教育对其子女的重要性。因此很少有务工人员家长检查并辅导孩子功课，也有的家长认为送孩子读书还不如让他们和家长一块儿去打工挣钱。

从整体上看，对于子女的教育，城镇务工人员家庭的精力投入、行动投入、经济投入相对城市居民来说都是较少的。城镇务工人员家长很少会为孩子购买课外读物，很少付出“额外”的花费来培养他们的兴趣爱好，他们的孩子几乎没有参加过兴趣特长班。有的城镇务工人员流动子女还要帮助父母做生意挣钱或者承担繁重的家务劳动，家庭的劳务负担常常挤掉他们的休闲、娱乐时间，甚至学习时间。

由于家庭经济条件的限制，城镇务工人员家庭在社会中处于相对弱势，或多或少地感受到外界的排斥与歧视。务工人员流动人口一般从事不太固定的工作，职业的不稳定致使家庭经常流动，从事的都是苦、累、脏、险等体力活。许多城镇务工人员及其子女常常租住在城乡接合部的棚户区或廉租房里，生活在城市的边缘地区。大部分的务工人员家庭经济较为困难，务工人员家长与孩子聚少离多，也没有时间和精力去督促和辅导孩子的课后作业，因此常常由于自身能力的限制和生活的重压而无暇顾及孩子的学习。

---

① 胡恒钊、文丽娟：《城镇化进程中农民工流动子女教育的断链与衔接》，《学术论坛》2015 年第 6 期，第 120—123 页。

家庭教育断链现象的根源在于家庭关爱的荒芜、家庭经济的贫困。城镇务工人员父母常常忽视其流动子女的内在需求，疏于对他们的人文关怀，也没有及时对其进行心理疏导，他们在情感上难以找到寄托，心理上难免会产生落差和抗拒，最终导致心理障碍或不适，产生心理危机。作为父母的城镇务工人员应该认识到家庭教育的重要性，在工作之余，尽量给予随迁子女更多的心灵上的沟通、关心与正确的引导，多顾及孩子的学习与生活，开展亲子文化娱乐活动，建立融洽的亲子关系，使孩子能享受父母的呵护与关爱，感受到家庭的温暖。

第三节　社会关怀的藩篱

社会是人类学习知识的第二大课堂，然而，在迁往城市的城镇务工人员子女的教育中还存在一定的社会排斥现象。在科学技术大量改变世界的今天，“知识无用论”却仍然在城镇务工人员家长心目中乃至社会中颇有影响，知识与教育的重要性被淡化，社会对务工人员流动子女关怀面临着重重阻力。“可以发现进城务工人员流动子女在教育问题上的正式社会支持（地方政策支持、学校支持、社会力量支持等）和非正式社会支持（家庭支持、朋辈同学支持等）都是非常薄弱的。”①

一　原有户籍制度的隔阂

原有的户籍制度常常把城镇务工人员流动家庭排斥在社会救助和社会福利各种制度之外，“户籍制度像一道强有力的闸门，维护着我国城乡分立的二元社会结构”②。户籍制度是阻隔城镇务工人员流动子女融入城市的关键，户籍所在地与流入地管理部门常常对城镇务工人员流动子女的教育资金相互推诿，导致有的流动儿童因频繁流动而无法专心学习，失学辍学现象严重。城镇务工人员流动子女并没有能够充分享受到

---

① 崔海硕：《进京农民工子女教育问题研究》，硕士学位论文，首都经济贸易大学，2014年，第27页。

② 徐丽敏：《农民工随迁子女教育融入研究——一个发展主义的研究框架》，博士学位论文，南开大学，2009年，第87页。

流入地政府所提供的优质的教育投入，流入地的教育资源对城镇务工人员流动子女的投入只是杯水车薪。原有的户籍制度存在一定的“城市取向”，城镇务工人员流动子女缺乏必要的社会资源与社会支持，他们常常在城市的经济—社会结构中处于不利位置，难以融入城市的教育体系之中。

绝大多数城镇务工人员及其子女常常居无定所，他们的社会关系网络十分匮乏，主要限于亲戚、熟人、老乡等群体中，他们的文化活动单一，交往人员有限，他们很少光顾城市的图书馆、科技馆或博物馆等公共教育场所，因此他们常常在城市的经济—社会结构中处于不利位置。调查还发现，高年级的流动儿童比低年级的要难于与本地学生交朋友，公办学校的务工人员子女比在打工子弟学校的融入情况要好。城镇务工人员流动子女在社会融入方面也存在一定的问题，他们在城市里没有认同感、归属感，极易受到城市孩子的嘲讽和排斥，难以融入社会和学校的学习和生活当中。城市的阻隔引发其价值观念的嬗变、解构与重组，务工人员流动子女有的处于“失管、失学、失业”的状态，有的甚至出现了违法犯罪行为。

原有户籍制度上的隔阂与藩篱，造成了一些城镇务工人员流动子女教育的不连续，导致他们常常徘徊于农村和城市之间，难以融入城市的教育之中。此外在一定程度上还引发了异地高考、学校选择等方面的教育失衡。原有的户籍制度“整体构成了一个利益向城市人口倾斜、包含社会生活多个领域、措施配套、组织严密的体系，形成了制度性壁垒”①。由于城市原有户籍制度的限制，有些地区城镇务工人员流动子女通常还需要回到户籍所在地参加入学、升学考试。他们不能参加所迁入城市的中考、高考，而返乡后又发现教学内容难以衔接，这极大地影响了城镇务工人员流动子女受教育的稳定性和连续性。原有户籍制度的背后形成了对城镇务工人员及其子女的身份壁垒，使得务工人员及其子女在身份上难以得到认同，难以成为城里的真正市民，城镇务工人员流动子女与城市之间始终保持着一定的隔阂与距离，难以充分融入城市

---

①　沈斌：《社会支持网络视角下的农村留守儿童问题研究》，硕士学位论文，河南师范大学，2012年，第21页。

社会。

二 城乡“二元”对立结构体制的排斥

在政府和社会的关怀下，城镇务工人员流动子女入学难的问题有较大的改善，但城市歧视性的文化传统还依然存在，有些地方存在着地方保护主义。越来越多的外来务工人员涌入城市，必然会带来城市的压力增大，如交通拥挤、治安落后、财政紧缺等问题。受到城乡“二元”对立结构体制的排斥，许多务工人员在医疗、养老保险、子女教育、公民权益等多个方面还有待改善，城镇务工人员流动子女常处在城市的“边缘化”困境里。

良好的社会秩序、优越的生活与教育环境有利于城镇务工人员流动子女增长见识、开阔视野。然而，农民工家庭迁往城市后大多居于社会环境复杂、基础设施差的城中村或城乡接合部，这里治安较差，很容易使孩子沾染社会上的不良习气。此外，本地人的排外情绪对城镇务工人员流动子女也有一定的负面影响。城镇务工人员常处在社会的底层，社会上依然存在着一些对待外来务工人员及其子女的歧视现象。“城市的生活方式、心理感知、话语体系等方面与农村有很大差别，使务工人员流动子女极易受到城市孩子的排斥，甚至是冷嘲热讽，再加上他们在社会交往、家庭关爱、经济状况等方面的差异，很容易产生孤独、封闭、心理不平衡、戒备心较强、人际关系紧张等心理问题。”① 社会上诸多方面的排斥会让城镇务工人员流动子女产生失望悲观情绪，使他们对城市学校的生活难以适应，缺乏对城市的归属感和认同感，这也常常导致流动儿童的不适应感和心理问题远远高于城市孩子。由于城乡“二元”对立的结构拉大了城乡教育的差距，致使农村儿童的人均教育经费较少，在一定程度上也阻碍了城镇务工人员流动子女从农村到接受城市教育的顺利衔接。“原先在农村‘地方负责，分级管理’，即‘以县为主’的教育管理方式已经无法完全适用于在城市就读的流动儿童。”② 城乡二元对立的机制从根本上阻止了流动儿童融入城市的教育，“由户籍制

---

① 王璐璐：《我国农民工随迁子女教育问题研究》，硕士学位论文，大连海事大学，2013年，第19页。

② 董茜：《流动儿童教育衔接问题研究》，硕士学位论文，南京大学，2013年，第34页。

度所衍生的城乡二元结构体制、义务教育办学体制、财政拨款体制、升学制度等，限制了流动儿童享有受教育权利和使用城市资源，从而将流动儿童制度性地排斥在城市社会之外。”① “流入地城市教育供给总量不足和供求结构性矛盾，导致新生代务工人员流动子女‘上学难’、‘上学贵’问题比较突出。”② 从总体上说，社会对流动儿童的服务常处于缺失的状态，封闭的城市社会环境在一定程度上阻碍着他们顺利融入城市教育体系的步伐。

传统的城乡二元对立的结构体制，限制了城镇务工人员子女在城市接受教育的机会，使他们难以分享城市的优质教育资源。城镇务工人员流动子女的义务教育在经费上还存在盲点，缺乏针对流动人口的专项教育经费的有效投入，在流入地政府的义务教育经费中缺少针对流动学生的教育经费，有些地方还没有把流动儿童的入学问题纳入当地的教育发展规划中。当前城镇务工人员流动子女的教育费用主要靠地方政府投入，流入地政府需要投入额外的教育与管理费用，因此流入地政府面临着较大的财政压力。“流入地政府难以承担民工子女的义务教育成本，是导致进城农民工随迁工子女教育问题存在的原因。”③ 而“针对打工子弟学校的政策主要包括两个方面：一是审批和撤销，二是支持和扶助。但扶助方面还相对薄弱”④。流入地政府教育资金支出的缺乏难以满足日益增长的城镇务工人员流动子女的教育需求。“以深圳为例，目前深圳义务教育阶段农民工随迁子女约38.2万人，其中有23.7万学生在民办学校就读。如果所有的农民工随迁子女进入深圳公办学校，按照深圳中小学生均教育经费测算，则需要增加教育经费35亿元，财政需要负担29亿元。”⑤ 因此，出现了流入地政府不堪重负、难以承担责任

---

① 徐玲、白文飞：《流动儿童社会排斥的制度性因素分析》，《当代教育科学》2009年第1期，第16—20页。

② 雷万鹏：《新生代农民工子女教育调查与思考》，《华中师范大学学报》（人文社会科学版）2013年第5期，第139—146页。

③ 范先佐、彭湃：《农民工子女义务教育经费保障机制构想》，《中国教育学刊》2009年第3期，第11—14页。

④ 海闻、于菲、梁中华：《农民工随迁子女教育政策分析》，《教育学术月刊》2014年第8期，第53—58页。

⑤ 雷万鹏：《新生代农民工子女教育调查与思考》，《华中师范大学学报》（人文社会科学版）2013年第5期，第139—146页。

的现象。

当前社会教育力量还显得相当匮乏，社会力量的杯水车薪还难以彻底从根本上改变城镇务工人员流动子女的困境。一般来说，同辈群体是获得情感慰藉的一条重要渠道，因为在同辈群体之间更容易相互理解和认同。然而调查发现，城镇务工人员流动子女朋辈同学之间也缺乏积极的、正面的互相支持。高年级的流动儿童比低年级的要难于与本地孩子交朋友，城镇务工人员子弟学校的流动儿童比在公办学校的学校融入情况要糟糕。城镇务工人员流动子女一般社交技巧缺乏，语言表达能力较弱，存在普通话和方言交流的障碍，他们居住的附近社区环境较差，生活习惯与城市的生活格格不入，表现为对城市文化的不适应，他们在道德规范、价值取向、行为方式上等与周围的城市孩子也存在差异，城乡学生群体的价值观与兴趣爱好也大相径庭，“来自社会各个层面的排斥会使流动儿童处于一种被隔离、被抛弃的状态”①。

社会关怀的藩篱与社会教育支持的缺失，无疑会加深城镇务工人员流动子女与城市本地孩子之间的隔阂与距离，造成城镇务工人员流动子女城市教育的断链，使他们成为城市的“匆匆过客”。

第四节　教育环境的影响

良好的思想品德的形成和文化知识的获得是在一定的优良环境中发生的，教育的实施离不开优良环境的影响。深入探讨影响城镇务工人员流动子女的教育环境，对于突破教育断链的困境，实现其思想活动与周围环境的良性互动，促进他们教育活动的开展有着积极作用。

一　宏观环境与城镇务工人员流动子女教育

（一）文化环境对务工人员流动子女教育的影响

人的思想无一例外地会受到当时当地周围文化的熏陶，文化也是影

① 许爱花、贾志科：《城市化进程中的流动儿童社会融合困境》，《南京晓庄学院学报》2014 年第 1 期，第 67—70 页。

响城镇务工人员流动子女教育的一个重要环境因素。城镇务工人员随迁子女大多数在城市就学前在农村生活，农村中仍有些封建残余思想侵袭着孩子们的思想观念，他们的潜意识中仍有些封建迷信残余思想，他们有时会把自己生活的不如意归咎于命运，对待挫折缺乏积极进取精神。在进入城市生活后，对城市的适应及融入的情况也不容乐观。改革开放后，多元价值观对务工人员流动子女的思想产生了极大的冲击。当社会主义主流的价值观与各种社会思潮的多元价值观产生冲突时，城镇务工人员流动子女容易产生道德选择的艰难，感到迷茫和不知所措。同时，通过网络媒体，西方资本主义社会的拜金主义、享乐主义、个人主义思想大肆传播，城镇务工人员流动子女很可能由于辨别能力欠缺，而受错误价值观的诱惑，这对城镇务工人员流动子女的思想观念产生了不良影响。

媒介信息的传播，会形成一定的舆论环境。这种舆论环境会对务工人员流动子女的思想产生重要的影响。良性的舆论环境会强化思想政治教育的影响力，促进形成与社会发展要求相一致的思想道德品质。而面对恶性舆论环境，有人会“出淤泥而不染”，在逆境中成长，而有的人则会“近朱者赤，近墨者黑”，在成长中渐渐失去自我。随着现代科技的发展，大众传播媒介透过社会生活的渗透作用影响着人们的生活和工作及学习，而随迁子女大多处于思想品德的初步形成期，由于年龄、阅历、知识水平、辨别是非能力等方面的不足和缺乏，容易受到大众媒介不良信息的影响。当今由于大众媒介的利益导向和点击率的需要，网络空间也存在着一些迎合大众口味的趋向娱乐化、低俗化、煽情化的消息，以及华而不实的文化快餐。网络中暴力场面、“精良”的作案团队、血腥的打斗场面、低俗词语、隐晦话语、国外奢侈商品的大肆渲染等，都会对随迁子女的思想价值观念形成巨大的冲击。

（二）经济水平对务工人员流动子女教育的影响

经济环境包括社会经济制度、经济政策和经济生活条件等。经济生活条件受当下的经济制度、经济政策所影响，同时经济环境对人们的教育也会产生直接影响。随着我国经济体制改革的不断推进，特别是社会主义市场经济的建设，极大地推动着国民经济的快速发展，人们的思想观念发生了极大的改变。随着城镇务工人员向城市的转移，经济的发展提供了更好的物质生活条件，从总体上促进了务工人员流动子女教育水平的提高；但从贫困地区农村走出来的务工人员流动子女的教育也面临着复杂的新环境。

城镇务工人员经济上的相对贫困也直接制约着其子女受教育的环境及场所。随着经济的快速发展与城镇化的推进，随迁子女在城市中生活压力剧增，因经济贫困而引发了较多的心理问题。经济实力的差距与社会地位的难以认同使务工人员流动子女在城市交往中出现了不同程度的心理障碍，这种来自城市的偏见对随迁子女的心理健康发展极其不利。

（三）政策执行对务工人员流动子女教育的影响

城镇务工人员随迁子女规模的逐渐扩大也给教育部门及学校管理、环境建设等带来了诸多问题。户口方面的限制导致了务工人员随迁子女在城市读书就业受挫。近些年在推动户籍制度的改革上取得了很大的进步，2014 年出台的《国务院关于进一步推进户籍制度改革的意见》指出："保障农业转移人口及其他常住人口随迁子女平等享有受教育权利；将随迁子女义务教育纳入各级政府教育发展规划和财政保障范畴。"① 但是在具体的实施过程中还有一定的难点。"虽然制定政策的方向是正确的，但是对政策的执行情况有时缺乏有力监督，导致政策没有发挥应有的作用。"② 例如《芜湖市外来务工人员随迁子女就读义务教育阶段学校接收管理的暂行办法》明确说明"外来务工人员子女就学材料：①家长书面申请；②户籍所在地的教育行政部门开具的《就学联系函》；③学生及家长户籍；④工作单位证明；⑤父母及学生在芜的《居住证》；⑥《房屋租赁许可证》等"③。以杭州为例，《杭州市外来务工人员子女在杭就学的暂行管理办法》第三条规定："外来务工人员子女入学时应该提供以下材料：外出务工证明；家庭户籍和身份证；在本地居住的有效暂住证；监护人的合法劳动合同或工商执照；儿童的免

---

① 《国务院关于进一步推进户籍制度改革的意见》，2014 年 7 月 24 日，http：//www.chinanews.com/gn/2014/07－30/6439778.shtml。

② 海闻、于菲、梁中华：《农民工随迁子女教育政策分析》，《教育学术月刊》2014 年第 8 期，第 53—58 页。

③ 《芜湖市关于进一步做好外来务工人员随迁子女就学工作的实施意见》，2013 年 4 月 27 日，http：//www.whedu.net/cms/data/html/doc/2013－04/27/80077/index.html。

疫接种卡。”在这些材料的收集过程中如有一项被卡住，随迁子女就难以进公立学校就学。

二 微观环境与务工人员流动子女教育

（一）迁入地生活学习环境对务工人员流动子女教育的影响

社区的安定有序有助于良性教育环境和正确价值观念的形成。当城镇务工人员来到打工之地，常常居住在郊区或城中村等地，这些地方往往远离城市中心，有些地方治安混乱，有的地方无证网吧、赌博娱乐场所聚集。由于城镇务工人员所在社区大部分处在城市的边缘地带，人口素质参差不齐，所形成的社会风气状况不佳，导致随迁子女在生活中很可能受到耳濡目染。在这种环境下，务工人员流动子女由于心理、思想尚未发展到成熟阶段，所以很容易受到环境的污染和不良思想的侵蚀。社区风气在社区各成员的生活中起着潜移默化的作用，直接影响着务工人员子女生活习惯的养成。青少年时期是务工人员流动子女一生中社会交往比较特殊的时期，社区的人际交往对于随迁子女有重要影响。然而，城镇务工人员平时活动范围比较狭小，多数是自己的老乡和工友，与本地住户或其他人鲜少来往，对于生活区域发展也不太关心，无形中形成了一种外来务工人员与本地人之间的空间隔离。而当地住户一般也不愿意和他们来往，有些人认为他们是社区脏乱差的代表，或者认为城镇务工人员是外地不稳定因素，避而远之。

务工人员进城后，首要的任务是谋生，因而和自己孩子的沟通交流十分有限。他们的经济条件、生活水平也较低，基本上是在城里租赁房屋居住，或者自己搭建简易棚屋，周围卫生或居住环境相对较差。务工人员流动子女回家后的学习条件简陋，很多孩子的家里甚至没有合格的书桌，所居住的院落人员鱼龙混杂，学习过程受外界的干扰非常大。长此以往，随迁子女和城市本地孩子之间在学习上就会形成较大的落差。城镇务工人员流动子女就读的民办学校或打工子弟学校周边环境往往较差，秩序相对混乱，周围治安环境堪忧。学生长期生活在这样一个氛围中，会在不知不觉中受到社会上一些不良风气的影响。大量务工人员流动子女的涌入使务工人员子弟学校的生源变得多样，学校的班级管理困难重重，人数的剧增加大了大班教学的难度和优质教育资源的紧缺。同时，在学校的日常管理中，由于生源的多样、素质无法保证，同学间打架斗殴现象时有发生，校园的和谐环境直接影响到务工人员流动子女接受教育的效果。

（二）同辈群体环境对务工人员流动子女教育的影响

同辈群体在其成员的思想引导和教化方面有着重要影响。同辈群体往往选择和自己思想行为一致的志同道合的朋友进行交往，同辈群体之间的交流自由，话题率性，不受约束。有些不便在学校、家庭里提出来的问题，在同辈群体之间就可以得到释放、解决。同辈群体成员的思想影响往往是在无形中进行的，成员之间的榜样示范作用十分明显。

城镇务工人员流动子女进入陌生的城市后，更愿意和家庭背景相似的伙伴结为一个群体。调查发现，务工人员流动子女往往对居住之城市缺乏归属感，“24%的认为在本地缺少朋友，14%的不了解这个城市，14.1%的人对未来感到不知所措”。[①] 他们对所在城市有一种复杂的“过客”心态。来自乡村与城市两个不同群体存在着不同的价值取向与行为导向，双方之间必然会发生冲突，而问题解决的办法一般是通过简单的暴力手段，比如，打架斗殴、抽烟、酗酒、泡网吧等，这种非理性的群体相处方式不利于良好人际关系的建立，难免会对务工人员流动子女以后的生活成长留下心理阴影，更有甚者可能会走上犯罪道路。

① 袁振国：《中国进城务工农民随迁子女教育研究》，教育科学出版社2010年版，第134页。

第三章

城镇务工人员流动子女“四位一体”教育衔接模式

随着城镇化的逐步推进，许多务工人员流动子女在进入城市后面临着难以真正融入城市教育体系中的困境，在学校、家庭、社会、心理健康中均出现了教育断链的现象。当前，我国城镇务工人员流动子女的教育断链问题的解决已经取得一定的进展，如“国家于1998年开始陆续颁布《流动儿童少年就学暂行办法》、《国务院关于基础教育改革和发展的决定》、《关于进一步做好进城就业务工农民子女义务教育工作的意见》、《中国儿童发展纲要（2001—2010年）》等有利于流动儿童平等接受义务教育的政策法规，为城镇务工人员子女平等地享受‘义务教育’提供了制度保障和法律保障”①。解决好城镇务工人员流动子女教育的衔接问题是一个系统的社会支持问题，这需要来自各方力量的帮助和支持，需要政府、学校、家庭、社会各界力量的有效配合与积极参与，形成多层面的支持网络和保障体系，凝聚全方位的帮助和关怀，构建城镇务工人员流动子女“四位一体”的教育衔接模式，这样才能有效破解城镇务工人员流动子女教育断链的困境，才能促进他们健康快乐的成长。

第一节　政府教育的主导作用与责任担当

一　发挥政府的主导作用

当前，国家和政府都高度重视城镇务工人员流动子女的教育断链问

① 罗璇：《农民工子女的教育问题研究》，硕士学位论文，渤海大学，2014年，第3页。

题的解决，也先后出台了一些相关的政策，这些政策在制定与执行中充分体现了对城镇务工人员流动子女的人性关怀，也极大地促进了教育的公平，然而，城镇务工人员流动子女教育问题仍不容乐观，城镇务工人员及其流动子女难以沐浴到政策的阳光，还没有完全实现学校、家庭、社会全方位地对流动子女教育的有效衔接。

对于解决流动儿童教育的问题，政府起着主导的作用。首先，政府需要着力统筹城乡发展，完善制度规划，从制度根源上着手，充分保障城镇务工人员流动子女的平等受教育权。可以把城镇务工人员流动子女的义务教育纳入法治化轨道，利用法律手段来保护流动儿童的义务教育权益。同时要加大实施教育补贴制度的力度，优化资源的配置，改革当前的义务教育经费负担机制，可以采取按流入地的实际学生人数划拨教育经费，扩大免费义务教育补助至全部在校城镇务工人员流动子女。还应逐步消除城乡户籍制度的壁垒，“我国的户籍制度可以被认为是一种‘社会屏蔽’制度，一部分人被屏蔽在分享城市的社会资源之外”①。实现城乡教育一体化，就必须改革原有的户籍制度，只有拆除城乡分割制度的壁垒，才能搭起城乡义务教育的公平及均衡发展的桥梁。其次，应当明确各级政府的义务和职责，建立有效的联动机制。加强监督管理和问责机制的建立，避免有些流出地和流入地之间出现相互推诿责任的现象。为了保证城镇务工人员流动子女在教育起点、过程以及结果上的平等，需要流入地政府和流出地政府多个部门之间的相互协作。例如异地高考是城镇务工人员及其子女们关注的一个焦点问题，许多城镇务工人员流动子女难以在流入地继续升学与参加中考、高考。我们需要加强流入地和流出地政府之间的合作，探索异地考试的有效新途径，进一步明确各级地方政府的责任，建立完善的网络学籍管理系统和一个健全的能够适应城镇务工人员流动子女状况的教育保障机制，发挥政府的政策引导作用。

二　提供更多向上流动的机会

落实国家教育政策和推进教育体制改革，创造城镇务工人员流动子

① 许爱花、贾志科：《城市化进程中的流动儿童社会融合困境》，《南京晓庄学院学报》2014 年第 1 期，第 67—70 页。

女更多向上流动的机会，可以为城镇务工人员流动子女教育衔接提供根本保障。政府应发挥好责任主体的作用，改革和落实城镇务工人员流动子女相关的教育政策和法律法规，保障城镇务工人员流动子女享有与其他城市儿童均等的教育机会与同等质量的教育权利。“虽然‘两为主’（以公办学校为主、以流入地政府为主）政策指明了流入地政府和公立学校对城镇务工人员子女教育有接收责任，但是公立学校在接收过程中责任和义务的‘不明确’，造成了政策执行中的误读，也给一部分不愿接收城镇务工人员子女的公立学校提供了规避责任的空间。”[①] 因此，政府应进一步明确城镇务工人员流动子女教育相关责任与义务的规定，改革建立在原有户籍制度上的中小学学生学籍管理体制，打破城乡教育分割的二元结构，积极推进流动儿童的异地参加中考、高考，平等享受教育的权利和升学的机会。输入地政府要承担起务工人员流动子女义务教育的责任，将务工人员流动子女义务教育纳入当地教育发展规划，在教育经费上确立对城镇务工人员流动子女义务教育阶段的投入机制，发挥中央政府和省级政府宏观调控的作用，按照城镇务工人员流动子女的实际在校生人数划拨教育经费（包括硬件设施的改善专项经费），保证经费每年分别在各级财政预算中的投入。也可以借鉴国外有些国家发放“教育券”的形式把教育经费折算成一定数额的有价证券发给每位学生，每个学生不再受户籍、学区等的限制，可以根据自身情况自由选择任何学校就读。同时还应加强对城镇务工人员子弟学校的扶持和监管的力度，对城镇务工人员子弟学校进行合理的评估与管理。对于接受城镇务工人员流动子女的公益性的民办学校、普惠性民办幼儿园等，政府要给予一定的财政补贴，以购买服务等方式落实支持经费，优化其师资、设备、管理技术等，提升和改善学校的硬件设施和教学质量，对于满足办学基本要求的、质量水平高的城镇务工人员子弟学校应该予以保留或“收编”，给予符合标准的民工学校以合法身份，不能一味地将其取缔、关停，绝对不能“一拆了之”，要充分保证每个学生在学校退出之前都能得到合理的安置，要充分保障务工人员流动子女接受教育的权利，为

---

① 丁会明：《公共服务均等化视角下农民工子女教育问题研究》，硕士学位论文，郑州大学，2012 年，第 30 页。

他们提供更多向上流动的机会。

第二节 学校教育的主渠道作用与高效管理

学校是城镇务工人员流动子女能够实现教育融入与衔接的主要场所，然而“教育的‘二元结构’导致城乡教育差异显著，各地学校教育，特别是学制、教材不一致，同时，学校对流动儿童的教育背景和教育需求缺乏了解”①。因此必须加强学校的教育管理，优化学校的教育，提升其办学质量。

一 发挥公办学校的主渠道作用

城市公办学校要主动承担城镇务工人员流动子女就学的任务，发挥正规公办学校的主渠道作用。应扩大城镇公办学校义务教育的容量，增强公办中小学接纳能力，逐步将城镇务工人员流动子女纳入城市公办教育的规划与制度中。公办义务教育学校要普遍对外来务工人员流动子女开放，与城镇户籍学生混合编班，统一管理，应积极加强自身的改革，提高学校的办学水平，扩大接收规模，免除所有额外的收费，竭力全面接受城镇务工人员流动子女的入学，要简化入学手续，方便其入学，通过多渠道来解决城镇务工人员流动子女的入学难问题。公办学校在选定教材时应该符合学生和当地的实际状况，灵活安排教学计划，建立学业学分制度，在其转入另一个学校后，可以根据自身情况继续修完学分。城市公办学校应降低流动儿童入学的条件，简化转学的手续，取消不合理的借读、转学费用，清理和取缔一些不合理的“门槛”，这有助于做好流动学生的经费管理、招生入学、学生资助等工作，从制度上为流动儿童的就学扫清障碍，使城镇务工人员流动子女在教育起点上顺利融入城市社会。城市公办义务教育学校要普遍对城镇务工人员流动子女开放，公办学校要制定科学合理的入学门槛，规范入学程序，简化入学手

① 赵文博：《试析农民工流动儿童的教育衔接问题》，《南都学坛》（人文社会科学学报）2012 年第 4 期，第 112—113 页。

续，取消面向城镇务工人员流动子女的一切不合理收费，扫除他们的就学障碍，满足他们的入学需求，不断提高随迁子女接受义务教育保障水平。尤其要特别反对采取把城镇务工人员子女独立编班的班级管理模式，独立编班不利于城镇务工人员子女的教育融入，易导致学校的隔离与社会的排斥。

学校要积极开展教师的培训、加强教研的指导，加强多媒体、网络等教育信息化建设，开设专门的衔接课程，尽快实现城乡课程间的有效对接，并且可以把城镇务工人员流动子女的教育衔接工作作为教师的评优晋级的一项条件。教师要树立教育公平理念，平等待人、诲人不倦，为每位流动儿童建立成长档案，充分发挥教师的言传身教的榜样作用。只有每个老师都真心关注和激励每一位流动学生，帮助他们树立自信心，才能让他们感受到特殊的人文关怀，慢慢适应新的教学环境和教学方式。

二　采取灵活的管理方式与学籍制度

多数城镇务工人员流动子女在城市读完初中后，迫切希望能够继续留在城里读高中，但由于城市一些制度的阻隔，最终一部分人还是选择回农村继续读书或参加工作。为此，学校应加强对电子学籍管理系统的建立与实施，为城镇务工人员流动子女建立专门的学习档案，实现平稳过渡，保障他们理应享有的受教育权利。可以运用信息网络技术来优化学生的档案、学籍的管理，建立学生电子学籍档案，简化学籍的审批手续。通过建立城镇务工人员流动子女教育档案，记录他们平时的成长状况以及学习生活情况，做好教育信息的衔接工作。通过电子学籍管理系统，可以关注流动儿童的生活与学习动态，包括流动儿童的健康状况、家庭住址、曾就读学校、获奖经历、考试成绩、有何特长等各种信息，可以个人的身份证号作为每个学生的学籍号来进行统一管理，这样在流动学生入学时，学校就可以迅速了解他们的基本状况，保证流动儿童的教育信息能够及时发送到所转入学校，并进行有针对性的教育和服务。对于政府批准的接受城镇务工人员流动子女的民办学校，要在办学经费、师资培训等方面给予支持和指导，提高办学质量，对各地解决城镇务工人员流动子女接受义务教育工作予以奖励性支持，逐步改善城乡教育发展不均衡的现象，促进教育的均衡发展。此外，学校应考虑城镇务工人员流动子女原有的学习基础，实现教学方法上的改革与创新。可以采用不一样的教学进度和学习方式，尝试开发一些过渡性的课程，对他们学习上的薄弱知识点进行辅导，积极探索解决流动儿童教育衔接的方法与路径，了解他们的知识缺陷，满足各类不同学生的教育需求。可以利用课余、周末、寒暑假的时间对他们知识上的不足进行补习，对他们的薄弱点进行辅导。此外，各地要进一步完善和落实好符合条件的务工人员流动子女接受义务教育后在输入地参加中考、高考的政策。学校要积极促进流入地学校和流出地学校的沟通与交流，建立健全随迁子女成长档案，探索逐步推进城镇务工人员流动子女异地考试改革的有效路径。

三 关注务工人员流动子女的心理健康与城市融合发展

学校可以对教学课程做出适度相应的调整，增设适应城镇务工人员流动子女特点的教学内容，并进行课外辅导，采取兴趣小组的形式来丰富和拓宽他们的知识面，如可以利用课余时间对他们进行学科课程辅导、学习策略辅导和考试焦虑辅导等。教师在教学实践中要做到教学公平，一视同仁地对待每一个学生，给予城镇务工人员流动子女更多的教育选择权，在教学、编班、课程开发及校园文化建设等方面应当加强对城镇务工人员流动子女的融合教育。

教育的衔接还应关注学生心理上的衔接，城镇务工人员子弟学校要及时为随迁子女提供心理上的疏导，建立心理危机预警、干预和宣泄机制。教师在教学实践中要做到一视同仁，给予他们更多的关心和呵护，同时还应针对城镇务工人员流动子女所存在的不同心理问题进行积极探索研究，针对学生的个体差异进行有效的个别指导，定期对他们的心理压力进行疏导，进行思想教育和情感教育，培养他们自立、自强、自信的心理品质。学校还要给予城镇务工人员流动子女更多的关怀、照顾和帮助，关注他们的心理需求、思想动态、情绪变化等，消除城镇务工人员流动子女的负面情绪，缓解他们的心理障碍。例如可以建立心理咨询中心，开设必要的心理辅导课程，及时疏导和化解他们的心理困惑，给予他们更多的帮助和关爱，增强其感恩意识和抗挫折能力，帮助他们树立自信心，充分挖掘他们自身的潜能。学校还可以多开展一些具有人文关怀色彩的集体活动，鼓励城镇务工人员流动子女积极参与，在参与中促进与其他学生的融合，增强城市学生与城镇务工人员流动学生之间的团结互助意识和协作精神。

四　提升城镇务工人员子女学校的“补充”作用

城镇务工人员子弟学校在客观上承担了国家的部分教育负担，起到对城市公办学校教育的“补充”作用。当前有些城镇务工人员子弟学校的教学条件十分落后，学校的软硬件设施、师资情况、教学标准、教育状况、安全卫生等还不令人满意，面临着被关闭的困境。城镇务工人员子弟学校的办学处在举步维艰的困境里，办学经费与师资力量的缺乏一直是城镇务工人员子弟学校的软肋。因此城市应加强对公益性的城镇务工人员子弟学校的规范和扶持的力度，严格规范城镇务工人员子弟学校、民办学校的市场行为及中小学阶段的办学行为，创造安全有序的办学环境，保障城镇务工人员子女在居住地就近入学的权利，促进城镇务工人员子弟学校有序、安全、规范地办学。对城镇务工人员子弟学校要适当给予一定程度的倾斜，保证城镇务工人员流动子女也可以享受同等的教育资源。尤其要有重点地在经济上和制度上扶持城镇务工人员流动子女比较集中的公益性民办学校，要加大中央财政对各地接收城镇务工人员子弟学校的专项奖励的力度，提供土地审批、师资和校舍等方面的便利，加强对城镇务工人员子弟学校的基础设施建设。此外还要适当放宽社会力量办城镇务工人员子弟学校的条件，降低城镇务工人员子弟学校的办学门滥，规范民办城镇务工人员子女学校。要以人文关怀原则为主旨，采取人性化的评价方式，特别要充分考虑违规学校被取缔之后的城镇务工人员流动子女的失学问题，保证他们所受教育的连续性与稳定性，促使他们获得系统的、连续的教育。

针对城镇务工人员子弟学校教师的教育培训的缺位、许多教师教育理念的落后以及教学方法的陈旧落后，城镇务工人员子弟学校应提升学校教师的教育能力，加强教师的教育培训，以提升教师自身的教育方法和教学水平，提高教师的人格魅力与教学能力，实现教育的有效、合理、更好的衔接。务工人员子弟学校要充分保障和尊重流动子女的受教育权，提高教学质量，促使他们适应学校新环境、确立社会主义核心价值观，采取寓教于乐的教学方法和结合现代传媒技术的形式，促进新旧知识、城乡不同教学内容的有效衔接，保证城镇务工人员流动子女的学习连贯性，推进他们更好、更快地融入城市社会。

第三节　家庭教育的基础作用与有力支持

父母在家庭教育中扮演着不可取代的重要角色，父母教育认知的程度会直接影响其子女教育的行为，因此城镇务工人员父母应建立和谐融洽的家庭关系，创造一个相对宽松的民主的家庭环境，提升他们将来的发展空间，保证子女的健康成长。

一　提升城镇务工人员自身的文化素质与教育能力

“在解决问题的过程中，政府是政策制定者、学校兴办者和财政投入者；学校是工作母机、主阵地和具体实施者；社会能监督政府决策，影响父母对孩子的关注，还能在人、财、物上给予帮助；但城镇务工人员父母处于一个更特殊的位置，发挥着以上因素不可替代的关键作用。”① 父母是子女教育的第一任老师，父母对孩子的影响极其深远。因此城镇务工人员父母要不断提高自身素质、提升自身的涵养、杜绝自身的不文明行为，为子女树立好的家长形象。

首先，作为父母的城镇务工人员应不断完善自身，不断加强自身文化知识的学习，不断提升自己的文化修养和教养的水平。家长要努力提高自身的文化素质与教育能力，注意自己的行为举止和生活细节，改变原来的一些不良的生活习惯，做到言传身教、严于律己，为孩子树立良好的榜样，防止其弱势地位的代际蔓延。例如在业余时间可以通过电视、网络、杂志等渠道学习，不断提高自己的知识与文化修养，同时还要改变传统的教育孩子时所惯用的训斥和命令的方式，切忌采取简单粗

① 黄先政：《农民工父母对子女教育的问题、作用和责任探究》，《教育与教学研究》2013 年第 5 期，第 31—34 页。

暴的打骂方式，既要尊重孩子，满足他们正当合理的需求，同时又要对他们的不良行为进行合理的约束。在生活、学习方面要给予孩子更多的关照、关怀和关心，培养他们良好的学习、生活习惯，不断激发他们在学习上勇攀高峰的动力和斗志。其次，不仅要解决城镇务工人员流动子女“有书读”的问题，彻底摒弃“读书无用”的观念，使其坚定送子女入学的信念，而且要为他们尽量提供与城市儿童平等地接受教育的机会，改善子女接受教育的条件，给孩子营造一个良好的家庭和睦氛围，避免流动儿童因转学后的不适应而出现厌学的现象，防止辍学现象的发生。再次，家长对子女的教育不仅包括文化上的教育，也包括心理上的教育。城镇务工人员家长应当尊重子女，密切关注流动子女的思想动态、心理诉求、价值判断和情绪反应等，了解子女真实的内心情感与学习上的需求，关心他们的道德养成、心理健康等，尤其要注重满足他们在自我尊重、自我实现等方面的需要，培养他们健全的人格与良好的心理品质。要增加感情的投入，加强亲子间的交流，缩小代际价值观差异，减少心理上的隔阂，分享他们的痛苦与快乐，走进他们的内心深处，使他们感受到父母的关爱、亲情的关怀和家庭的温暖。最后，家长还应积极主动联系学校，共同解决孩子出现的问题，纠正他们的心理偏差，排解他们心中的迷茫与困惑，关注他们心灵的成长，为孩子的健康成长提供良好的环境。例如可以不定期地举行家校交流会，在家长和学校之间建立起经常性的、互助的沟通渠道。

二　改善亲子关系，营造民主、和谐、宽松的家庭环境

城镇务工人员父母应注重亲子之间的交流，弥补家庭亲情的缺失。要努力增进家长与子女之间的亲情关系，学会亲子交流的知识和技巧，重视对孩子的亲情教育，尽力化解孩子在成长中所碰到的困境、烦恼。“要用关怀去帮助子女摆脱心理阴影，走出心理误区，创造和谐温馨的家庭氛围，让孩子生活在父母的爱护中，让孩子能够以健康的心态去面对和战胜生活中的各种困难。”① 城镇务工人员家长应认真倾听

---

① 王璐璐:《我国农民工随迁子女教育问题研究》，硕士学位论文，大连海事大学，2013 年，第 23—39 页。

孩子的想法，以一种平等的态度与孩子沟通，做到既不骄纵溺爱也不放任自流，及时关心儿童在校的情况，了解他们的真实想法与思想动态，弥补他们的心理需要，纠正他们的心理偏差，健全他们的性格。城镇务工人员父母应尽可能多花时间，将精力投入孩子身上，以防止家庭教育的缺失，努力为孩子创造有利的学习环境与条件。比如在经济条件允许的情况下为子女购买一些学习辅导书籍，多陪孩子去书店、图书馆等地阅读课外书籍，为孩子提供力所能及的教育条件，尽量为孩子营造民主、和谐、宽松的家庭环境，增强家庭教育的效能。城镇务工人员家长要更加重视家庭教育，加强自身的文化学习，尽力提升自身素养，改掉自己的一些陋习和不良的行为习惯，为孩子提供一个优良的家庭环境。

城镇务工人员父母可尽量就近务工，尽可能抽时间回家陪陪孩子，多与学校进行沟通与交流，了解孩子在学校的真实情况。家长要增加对孩子的感情投入和教育投入，改善亲子关系，倾听并学会对孩子的包容与理解，加强与孩子的沟通，了解他们的真实想法，及时为他们排忧解难，让他们感受到家庭的温暖和父母的关爱。父母不仅要关心子女的学业，而且应关注他们的情绪、情感等问题，采取激励与尊重的方式教育孩子，做好文化上和心理上的衔接，尤其要更多地关注孩子的心理状态，消除他们的心理障碍、改善心理状况，对过激情绪进行心理疏导，及时纠正他们在学习、思想、行为、心理等方面的偏差，要用关怀帮助他们面对和战胜生活中的各种困难。城镇务工人员家长还要认真履行送子女上学的法定义务，为孩子提供充分接受教育的机会，帮孩子克服学习中的畏难情绪，为孩子创造民主、和谐、宽松的家庭教育环境。

第四节　社会教育的推动作用与合力形成

社会教育是学校教育和家庭教育的延伸和补充，社区是城镇务工人员流动子女在城市生活的一个小社会，是连接个人与社会、家庭与学校的纽带，良好的社区环境能够净化心灵、陶冶情操，有助于生活质量的改善。因此我们应当净化社区的学习生活环境，促进城镇务工人员流动子女更好更快地融入城市。

一 消除歧视与排斥，有序推进务工人员市民化

社会歧视与排斥使城镇务工人员流动子女的心理负担过重，所以社会每个成员都应当彻底摈弃歧视和隔离的思维和观念，以积极的态度悦纳每位城镇务工人员流动子女学生，消除刻板印象，摒弃传统的教育模式和行政模式，给予城镇务工人员流动子女更多的教育选择机会和发展空间。

解决好社会观念与经济上对务工人员流动子女的排斥与不公，也是社会每个公民应尽的义务。要明确各级财政部门责任，构建科学的、合理的教育财政服务体系，将城镇务工人员流动子女纳入区域教育发展规划，将其义务教育发展经费纳入财政保障的范畴。还要消除户籍身份上的阻隔，拆除城乡壁垒，逐步建立城乡教育一体的体制。应消除“农民”与“市民”身份上的差别，解决好城镇务工人员在城市的基本生活和就业问题，为流动城镇务工人员创造良好的就业条件，提供就业方面的有效指导，提高城镇务工人员家庭的经济收入水平，努力改善他们的工作环境，着力促进城镇务工人员及其子女的社会融合，努力促使流动儿童能够享受与当地学生同等的受教育机会与权利。流出地政府、流入地政府和教育有关部门应当密切联系、相互协作，建立专门的系统和机构，保障城镇务工人员流动子女受教育的权利，给每个适龄儿童配发电子“随行卡”，为流入地政府、流出地政府及学校提供及时、有效的电子信息，及时对城镇务工人员流动子女的健康和教育状况进行评价和监督，为他们提供全方位的服务。还应按照自愿、分类、有序的要求，促进那些有稳定工作、长期在城镇居住的务工人员有序融入城镇，循序渐进地推进务工人员市民化。

二 整合社会资源，构建社会支持网络体系

城镇务工人员流动子女教育断链问题的解决是一项复杂的社会系统工程，应充分发挥社会各界的合力作用。社会应当汇集各方力量，对城镇务工人员流动子女形成稳定的、强有力的社会支持网络体系。可以依

托社区，组织流动儿童社区志愿服务队伍；依托学校，举办“小候鸟”夏令营，还可以成立高校青年志愿者协会，在课后义务为流动学生进行辅导，针对流动儿童的教育薄弱点进行补习，开展寓教于乐的活动。比如深圳共青团为社区内放学后的孩子提供学习和辅导而开设了“四点半学堂”和“阳光家庭综合服务中心”，受到了城镇务工人员家庭的极大欢迎。社会应当加强对教育政策执行情况的监督管理，积极了解和督导学校的教育水平、教学管理等教育教学工作情况及实施素质教育的情况，设立城镇务工人员流动儿童的专项教育基金，在资源配置上对这些弱势群体予以额外补偿，加强对合格的城镇务工人员子弟学校的帮扶，并给予一定的政策倾斜、物资援助和财政支持，不再让“寒门难出贵子”。

构建务工人员流动子女教育的社会支持网络体系应整合社会资源，调动社会各方面的力量，争取来自不同部门、组织、团体的支持。社会应建立具有慈善性质的基金组织，充分利用民间资本，成立城镇务工人员子女救助专项资金，为城镇务工人员流动子女捐款、捐物，“社会救助不能仅仅满足于经济方面的救助，而更应该对被救助者的能力、发展与精神等方面的需求进行关注”①。可以在社区建立“城镇务工人员流动子女工作委员会”，并设立专门针对城镇务工人员流动子女的专项教育资金，利用社区的资源，为贫困流动儿童排忧解难、扶困济贫，包括物质上的支持、情感上的支持和信息上的支持。“整合社会资源，包括信息资源、教育资源、人才资源、财力资源、环境资源、政策资源等等，使相互协作、资源共享、社会联动，是在信息化、社会化、市场化高速发展的现代社会，关心和帮助流动儿童健康成长的必然选择。”②

全社会应加大对流动儿童的关注力度，消除对城镇务工人员子女的不公行为与歧视现象，开发社会各界的交流平台，共享治理流动儿童教育断链的经验。还需要利用社会资源，开设专门的心理辅导课程，排解和疏导他们的心理障碍，不断提高流动儿童适应新环境的能力，提升他

---

① 徐丽敏：《农民工随迁子女教育救助的需求及社会工作介入》，《学术论坛》2014 年第 6 期，第 124—129 页。

② 刘赛特：《社会工作介入流动儿童服务研究——以“童”在蓝天下项目为例》，硕士学位论文，吉林大学，2013 年，第 38 页。

们的自信心，帮助他们循序渐进地融入城市的学校生活，最大限度地促进城镇务工人员流动子女的身心健康发展。例如可以开展各种各样的体育、文化、科技等活动，让城镇务工人员流动子女熟悉当地的风俗习惯和行为规范，帮助他们了解社区文化，促进他们的社会融合，提高他们对城市社会的参与度与归属感，缩小与其他城市儿童在身心发展方面的差距。

三　增强社会支持力度，发挥社区管理服务的功能

随着学习环境的变化，流动儿童的教育途径、社会角色、生活方式和价值观念等都发生了重大变化。“只有城镇务工人员子女在城市里拥有平等的受教育机会，所在家庭具备使其接受教育，取得教育成就的能力，他们才能够更有信心，更有能力地同城市老师和学生进行交往，逐渐被城市老师和学生接纳，以逐步认同城市学校的文化，调整自身的行为，最终实现心理和情感上的融入。”① 社会各界都应该关注城镇务工人员流动子女的教育困境，共同解决流动儿童教育的断链与衔接问题。应积极组织和鼓励城镇务工人员流动子女参与各种社会公益道德活动，帮助他们主动学习和了解城市的学校文化、熟悉城市的社会生活，不断增强对城市的认同感和归属感。

优良社区在城乡文化整合、关爱儿童成长、教化流动子女家长等方面有着积极的作用，因此社区应发挥好管理服务的功能，积极整顿社区周边的游戏厅、网吧等娱乐场所，坚决禁止未成年儿童的进入，对危害未成年人身心健康的行为，要严厉查处，绝不姑息。要在学习适应、心理关爱、文化融合和城市融入等方面提供相关的教育服务，营造良好的社区居民参与、互助、平等的氛围，为城镇务工人员流动子女的健康成长创造适宜、公平的教育环境。城市社区可以设立简单、小型的阅读室、图书馆、儿童乐园、娱乐场所、社区活动中心等，把城镇务工人员流动子女从网络游戏中吸引过来。社会应集中各方面的力量，多方联动、协作分工，拓宽社会筹资的渠道，鼓励社会团体、企事业单位和个

① 于新红：《随迁农民工子女教育融入问题研究》，硕士学位论文，华东师范大学，2012年，第42页。

人等社会力量捐赠来扶持务工人员流动子女的教育，鼓励社会力量对流动学生教育的投入，提供多渠道的支持路径。社会应增强各种基金会、爱心团体、慈善组织等非政府组织的功能，促使它们发挥更大的支持作用。此外还要充分发挥媒体的作用，宣传各部门、各地区开展关爱城镇务工人员流动子女工作的经验和做法，通过大众传播媒介增强对务工人员流动子女的理解，让更多的市民听到他们的心声，改变对城镇务工人员及其子女的偏见，消除歧视，尊重他们自身文化的多样性，为城镇务工人员流动子女营造健康成长的舆论环境。

在新型城镇化发展的进程中，城镇务工人员流动子女面临着学校教育的断链、家庭教育的乏力、社会教育的排斥以及自身心理的危机等现实困境，应当破除城乡“二元”分割意识，推进教育一体化，充分彰显人文关怀，加强对务工人员流动子女心理的疏导，构建多方联动机制，共同推进他们的教育融入，努力让每个人都充分享有平等接受教育的机会，使城镇务工人员流动子女走出现实困境，成就出彩的人生。城镇务工人员流动子女教育的断链与衔接问题的解决需要来自各方力量的帮助和支持，需要加强政府、学校、家庭、社会各方面的资源整合，形成全社会的育人合力。让每一个社会成员都行动起来，设身处地考虑城镇务工人员流动子女的实际情况，改善他们对城市陌生环境的适应状况和提高他们在城市生活、学习及文化方面的适应能力，使他们能够坚强、自信地生活与学习，与城市里的孩子一样，共享社会文明发展所带来的成果。

第四章

城镇务工人员流动子女违法犯罪问题研究

人口的流动和迁移是城市化进程中的重要环节，20 世纪 80 年代，随着我国改革开放的不断深入和国民经济的蓬勃发展，越来越多的农村人口涌入城市，在这里寻求更加广阔的发展空间和较好的生活环境。受自身文化素质等方面的影响，农村人口在进入城市后大多从事体力劳动，于是一个新的社会群体——城镇务工人员应运而生，务工人员子女在随迁到城市后，出现了难以融入城市社会的现象，也做了一些违背社会安全稳定和谐的事情，他们的违法犯罪问题时有发生。

第一节　城镇务工人员流动子女违法犯罪问题概述

城镇化的推进一方面可以缓解农村资源不足的压力，还可以增长务工人员的见识，他们接触到更多的外部资源，返乡时还会将新技术、好资源带回村里，促进家乡的发展。近些年大批城镇务工人员以家庭为单位向城市流动。据国家统计局全国城镇务工人员监测调查报告显示，“2019 年全国农民工总量达到 29077 万人，比上年增加 241 万人，其中外出农民工 17425 万人。”① 这种家庭式的流动使得城市中的城镇务工

① 《2019 年全国农民工监测调查报告》，2020 年 4 月 30 日，http：//www. stats. gov. cn/tjsj/zxfb/202004/t20200430_ 1742724. html。

人员流动子女数量大大增加，从年龄分布来看，以未成年的流动儿童数量居多。《中国流动儿童数据报告（2014）》显示："义务教育阶段，随迁子女数量从2009年的997万人增加到2012年的1394万人，2013年降至1277万人。"①

然而，有些城镇务工人员流动子女在进入城市后，在多方面不良环境的影响和诱惑下走上违法犯罪的道路，给国家经济社会发展带来诸多风险隐患。近年来，我国城镇务工人员流动子女违法犯罪问题有上升趋势，成为社会普遍关注和亟待解决的重要议题。以上海为例。"据上海市青浦区检察院统计，2009—2011年，外来未成年犯罪人占涉罪未成年人总数的85.4%，其中60.6%为城镇务工人员流动子女。"② 外来未成年人犯罪中常见涉嫌抢夺、盗窃、故意伤害、开设赌场等罪行，其中侵财犯罪，如抢劫、盗窃、抢夺等占多数，大约占外来未成年人犯罪数的80%左右，此外老乡之间结伙犯罪问题突出，暴力犯罪占相当比例，犯罪人员文化层次偏低。外来的未成年人容易冲动，动辄为一些口角之争或者小摩擦而施行暴力、大打出手、聚众斗殴、寻衅滋事，给社会造成了严重危害。这些未成年人罪犯常常文化教育水平较低，犯罪方法一般比较简单粗暴，鲜有高技术、高智商的犯罪。城镇务工人员流动子女违法犯罪问题不仅对社会造成恶劣影响，危害了社会的稳定与发展，而且对流动子女自身的健康成长极为不利。有效预防和制止城镇务工人员流动子女违法犯罪，需要充分整合和发挥政府、社会、学校、家庭的合力作用，加大普法力度，依法建立和完善相关法律法规，为流动子女的健康成长构建良好的成长环境。因此，进一步认识城镇务工人员流动子女犯罪的原因，科学合理地提出应对城镇务工人员流动子女违法犯罪的措施，对进一步预防和避免城镇务工人员流动子女犯罪问题有重要的现实意义。

---

① 新公民计划：《中国流动儿童数据报告（2014）》，2014年9月23日，http：//www.cssn.cn/zx/zx_ gjzh/zhnew/201409/t20140923_ 1338700.shtml。

② 靳高风、解希红：《当前我国未成年人犯罪发展趋势分析》，《山东警察学院学报》2013年第5期，第100—104页。

第二节　城镇务工人员流动子女违法犯罪问题的成因分析

城镇务工人员举家迁移到城市生活后，所产生的一系列关于流动子女教育、成长等的问题日渐突出，也出现了务工人员流动子女违法犯罪的案件，引起社会的关注。究其原因主要有温情的失落、教育的隔断、物资的匮乏和心理的扭曲等。

一　温情的失落

父母是孩子的启蒙老师，家庭作为最基本的社会组成单位，对孩子的成长发挥着重要的作用。然而，在我国大多数城镇务工人员家庭中，家庭的温情长期处于被忽视的地位，这也是导致流动子女走上违法犯罪道路的重要原因之一。由于城镇务工人员工作的流动性与不稳定性，许多务工人员流动子女家庭教育缺失、亲子交流减少、亲情关系冷淡，“流动儿童与父母的交流、互动中断，无法感受到留在父母身边所拥有的关爱与保护、包容与支持，实际上，他们已经变成了‘留守儿童’”①。受自身工作的影响，城镇务工人员大多从事繁重的体力工作，他们早出晚归，很少有时间关注孩子的成长问题。物质上的沉重负担使他们把赚钱养家作为人生的重要目标，对于孩子的精神抚慰则处于不闻不问的状况。城镇务工人员为挣钱忙碌奔波，没有过多的时间和精力来照顾自己的子女，往往导致与孩子的互动减少，缺乏沟通，也忽视了子女的成长，从而可能使务工人员流动子女形成妒忌、攀比、情绪不安等扭曲的心理状态和个性特征，也容易产生自闭行为，偏离正常的社会化轨道。与父母的交流是孩子成长中必不可少的课程。但是，对于务工人员流动子女而言，父母与他们的交流时间极少。因此，随迁子女时常认为他们缺少父母关心，在遇到烦恼时，往往选择憋在心里或是写日记来

---

① 董茜：《流动儿童教育衔接问题研究》，硕士学位论文，南京大学，2013年，第27页。

倾诉等。

城镇务工人员流动子女还缺少社会足够的关心、关注和温情。由于历史制度和特殊的国情，“城里人”对农村、城镇务工人员、城镇务工人员子女还存在着片面的认识，城乡在物质、文化、精神、制度等方面都存在着很大的差距。受到传统的城乡二元对立的户籍制度的羁绊，形成了“城市人”和“农村人”两种身份，并且人为地给两种身份贴上等级和地位的标签。在政治、经济、文化等发展程度不同的制约下，农村人被戴上了落后的“有色眼镜”，对城镇务工人员流动子女的歧视性文化依然存在，城市孩子和农村孩子被相互割裂成两个不同的群体。甚至部分城市的学生家长对子女所在的学校提出要求，希望他们的子女能够与城镇务工人员子女分开上课，认为只要自己的子女与城镇务工人员子女在一起上课，他们就必然会沾染上来自农村的不好习惯……这些要求无形中给予学生一定的心理暗示，这对务工人员流动子女的身心健康产生了很大影响。务工人员流动子女缺少与他人交往的情感体验，使本就脆弱的心灵更加迷失，城市居民有意或无意的歧视对他们造成了巨大的心理伤害，他们越来越缺乏自信，面对挑战止步不前、畏畏缩缩。

这种长期以来形成的错误偏见给流动子女的成长带来了极为不利的影响，人们常常忽视他们的进步和努力，在这种不被看好和缺乏鼓励的环境中，城镇务工人员流动子女的心理难免会产生扭曲，他们会逐渐感觉到社会的不公，变得愤世、厌世和孤僻。进入陌生的环境，有些城镇务工人员子女性格较为内向，不愿意过多地与他人交往，会对学校周边环境产生不适应感，也不愿意接触与认识新的环境，他们缺乏足够的自信心，并且对未来持消极态度，因此心理问题凸显。有的自暴自弃，游戏人生，有的辨别是非能力差，沾染了社会上的不良习气，有的产生了对城市社会的对抗甚至仇视心理和偏激的心态，形成仇视社会、报复社会的心理，甚至走上危害社会安定的道路。

二　教育的隔断

教育的入学难、失学率高、学校教学内容的衔接、城镇务工人员子弟学校的教学质量等问题都一直困扰着务工人员流动子女家庭。调查发现，城镇务工人员流动子女学习基础比较薄弱，在学习上缺乏主动与兴趣。他们大部分朴实、善良、有礼貌、懂事，他们的思想状况在主流上是积极健康的，有强烈的爱国情感，和同学的关系是团结友爱的，他们中的大部分对未来城市的发展充满着憧憬和期望，然而，在遭遇到城市生源的学生对他们持冷漠排斥的态度，拒绝和他们交朋友、不和他们一起玩游戏等时，难免会情绪低落。城镇务工人员流动子女“处于都市与乡村两种生活方式的冲突或紧张关系下，有着一种别的同龄人所没有的困惑、茫然和矛盾心态”①。

受自身文化水平的限制，务工人员家长时常忽视家庭教育的重要性。他们当中的大多数没有接受过高等教育，在如何引导孩子，如何培养孩子正确的人生观、价值观、世界观等方面存在着不足。这种价值观教育的缺失，容易使孩子缺少明辨是非的能力，给孩子的健康成长制造了危机，埋下祸根。城镇务工人员父母最关心的是孩子的学习成绩，在家里，除了干家务活之外，父母较少让孩子做与学习无关的事情。但城镇务工人员自身的文化水平限制了对孩子的教育能力，也没有意识到子女在不同年龄阶段的心理特征，没有关注到子女的心理健康问题。有的务工人员进入城市后自身生存压力较大，脾气暴躁，导致教导方式简单粗暴。在教育孩子的过程中，务工人员家长对孩子进行严厉批评、打骂的现象仍然存在，在家庭观念里仍受“不打不成器”思想的左右。这种对于子女学习要求严厉却又不注重教育方式方法的城镇务工人员父母比比皆是，最终导致越来越多的城镇务工人员子女害怕他们的父母，他们之间缺少亲情感而更多的是压迫感。他们对各种考试心生恐惧，一旦考试成绩不理想，就会灰心丧气，有的甚至辍学或走上犯罪的道路。同时，家长与学校沟通较少，许多随迁子女家长过分依赖学校，认为把子女送进了学校就等于送进了“保险箱”，把教育孩子的责任全部推给了学校，认为教育孩子是学校和教师的事情，与己无关；家长与教师之间也缺乏有效的沟通，不能有效配合教师对孩子进行教育。城镇务工人员家庭教育没有发挥出对随迁子女积极的引导作用。随迁子女在没有正确的价值判断能力的情况下，模仿网络和社会上的不良行为，一步一步走

① 林丽凤：《农民工随迁未成年子女的思想政治教育问题研究》，硕士学位论文，福建农林大学，2011 年，第 1 页。

向了违法犯罪的深渊。

与家庭教育相比，学校教育更具专业性和系统性，是孩子接受教育培养良好品格的重要场所，学校教育能够弥补家庭教育的不足和缺陷，学校教育不仅赋予了学生知识技能，还培养了学生获取新的知识和技术的能力。义务教育也是国民的基础教育，教育管理部门有责任提供、保证适龄儿童入学的各种条件及机会。在未来，除了要保证随迁子女接受九年义务教育外，还要着眼将来制定城镇务工人员流动子女高中阶段的义务教育实施方案。就目前而言，公办学校、民办学校和一些打工子弟学校，共同承担着国家的义务教育重任。当前，公办学校的硬件资源和师资等优势是民办学校和打工子弟学校所不具备的，公办学校在课程计划、教材使用、师资培训、图书、仪器等方面具有优势。就读公立学校的务工人员流动子女，可以享受到较为优质的师资队伍和教学设备资源所带来的好处，有助于他们进一步提高学习成绩、开阔视野。但是由于文化、语言等方面的差异，公立学校的流动学生常受到来自城市孩子的歧视和嘲笑，这种遭遇给他们的心理造成了很大的伤害，使他们逐渐变得沉默、自卑、不合群。城镇务工人员子弟学校给流动子女提供的学习环境，不论是从学校的硬件设施还是软件配备上，都与公立学校存在着一定的差距。从学校选址上看，受到资金的限制，大多数城镇务工人员子弟学校建立在郊区和城乡接合部，学校建筑相对陈旧，存在很大的安全隐患。从师资力量来看，大多数教师没有受过专业的训练，在教学能力、对待学生的亲和力方面都存在着一定的问题。这些民办学校和打工子弟学校的入学条件相对简单，因而大多数务工人员流动子女在这些学校就读，学校缺乏对孩子心理问题的关注，无法为其配备专门的心理辅导教师，加之兼职教师对心理课程的不重视，忽视了孩子心理的健康发展。并且，学校之间缺乏优质资源的交流与借鉴、互助与协作，学校各自独立发展。公办学校无法分享优势教育资源，民办学校和打工子弟学校也无法对孩子在学校遇到的困惑和心理问题给予及时有效的解决，以致形成恶性循环，长此以往，就拉大了务工人员流动子女与城市学生之间的差距，也直接影响了教育的整体质量。

务工人员流动子女更加需要心理上的辅导与心灵上的慰藉，他们更渴望得到社会的关心和认可。但学校常常没有心理老师可以咨询，也没有开设相关的心理课程，真正能够解决他们心理问题的行动并不多，因而导致他们产生被隔离、被抛弃、被边缘化的情绪，有些人在行为上出现了偏差，有些人持有自暴自弃的生活态度，有些人选择极端的行为方式，对社会产生不满乃至仇视的心理，用较为激烈极端的方式来反抗社会和他人，以致产生暴力犯罪的行为。

三　物资的匮乏

城镇务工人员从农村流向城市，其主要原因之一是他们在农村经济条件和生活条件较差，他们要借自己的能力获得相比农村而言更高的经济收入。相比城市居民而言，城镇务工人员在城市属于“不稳定”的一类群体，他们在城市漂泊、居无定所，家庭经济一般也比较困难。他们在城市的居住空间狭小、生活条件简陋，其中的一部分人也没有条件为其子女提供较好的生活空间和教育条件。在这种环境潜移默化的影响下，城镇务工人员流动子女在心底里时常会衍生出一种低人一等的感觉，由此产生了城镇务工人员流动子女的自卑心理，使得他们在与城市孩子的交往过程中无形中隔出一道无法逾越、自我封闭的屏障。

城镇务工人员在进城之后面对的是一个新的环境，在与城市居民相比的过程中，他们多数人发现自身的素质、地位、经济状况、能力水平等方面的差异使其虽然身处城市却难以被所在城市认同，这些被排挤的感受对于城镇务工人员有着潜移默化的影响。他们迫切想找到应对这种困境的路径和方法，但由于自身条件的限制，他们就把曾经的梦想和所有的希望都寄托在自己的下一代身上。他们有的不惜忍饥挨饿、节衣缩食，为的只是最大限度地省下钱来供自己的子女上学，接受好的教育。但是家庭经济的贫困使这部分父母不得不把更多的时间和精力放在养家糊口上面，很少有时间督促自己孩子的学习，只是给自己的子女定下在期中或期末拿到好成绩的要求，一旦成绩不理想就责罚子女，而忽视了子女的感受。

推进社会的全面发展，增强我国科教综合实力，需要我们进一步推进教育公平，实现教育资源的合理运用和有效配置，确保城镇务工人员流动子女充分享受到平等教育的权利。目前我国已经颁布了许多政策和相关的法律法规来解决城镇务工人员流动子女的教育问题，当前政策从宏观上指明了解决子女教育问题的方向。例如，2008 年《国务院关于做好免除义务教育阶段学生学杂费工作的通知》明确规定，“对符合当地政府规定接受条件的进城务工人员随迁子女，按照相关原则安排在公办学校就读，并且免除学杂费”等。① 但当前农村义务教育经费投入还相对较少，据国务院发展研究中心调查，在我国义务教育的投入中，“县乡两级负担的87%基本上都直接来自农村”②，因此，政府要在义务教育、提高全民素质方面，花大力气，投入更多的人力、物力和财力，推进城乡教育的均衡发展。需要打破传统的城乡二元户籍制度的藩篱，为务工人员流动子女接受平等教育提供重要的制度保证，使他们享受到更多的教育资源。

四 心理的扭曲

城镇务工人员流动子女往往缺乏家庭的情感呵护和父母的有效监管，也很难得到父母的正确引导，因此常常会产生强烈的挫折感、自卑感、孤独感与失落感，有的甚至会产生心理上的障碍。绝大部分城镇务工人员流动子女处在青少年时期，这段时期也是他们自身健康成长过程中的关键期。学业压力的沉重、城市社会的排斥、被期望值过高、理想与现实的落差，使城镇务工人员流动子女产生了自卑无助的心理困惑，他们心理状况明显要劣于城市的学生。“打工者之所以要流动往往是出于谋求生计的无奈。在孩子随父母流动的过程中，常常会看到父母劳动的艰辛、发现父母疲劳多病的身体、感知到家庭的负担等等，这些都直接影响着孩子的心理状态。”③ 面对农村和城市两种不同的环境、观念和文化，他们心理上的陌生感与孤独感就会油然而生，在城市的学习、生活、社会交往等方面也出现了一系列心理障碍。随迁子女在融入城市的过程中会遭遇到种种阻隔现象，感觉自己被“隔离”，产生了精神上和心理上的较大压力。“生活在城市的边缘，在本地儿童或者城市儿童

---

① 《国务院关于做好免除城市义务教育阶段学生学杂费工作的通知》，2008 年 8 月 15 日，http：//www. gov. cn/zwgk/2008 –08/15/content_ 1072915. htm。

② 袁振国：《中国进城务工农民随迁子女教育研究》，教育科学出版社 2010 年版，第 137 页。

③ 李凌霄：《社会认同视域下流动儿童发展教育的探索——以流动儿童社会融合项目为例》，硕士学位论文，西北大学，2013 年，第 10 页。

面前经常会显得自卑，乃至愈发地孤立自己，缺乏必要的社会交往，并时常面临孤独感的侵袭。作为子女的他们很难融入方言、地方文化都不相同的城市。"①

与城市儿童的差距会使城镇务工人员流动子女产生自闭、内向的性格，形成自卑感、孤独感、无助感和自暴自弃的心理。原本在城市读书的孩子随父母返乡后，会对农村的教育感到不满，也会形成巨大的心理落差，表现出对未来的迷茫，对社会的不信任。城镇务工人员流动子女常常自我评价较低，在人际交往上比较自我封闭与孤立，他们内心的苦闷难以向别人诉说，也严重影响着他们的社会交往。他们在社会交往过程中，由于社会对其的身份定位以及心理上的自卑与失落，内在和外在的双重压力使其心理倍感焦虑和困惑。如果学校没有起到应有的教导作用，没有心理教师对他们进行有效的心理疏通和教育，社会也缺乏对城镇务工人员流动子女的人文关怀，忽略了对他们心理问题的关注和疏导，他们最终只能沦为"被边缘化"的群体。心理学研究表明："边缘人心理和性格存在不同程度的扭曲，不仅有碍于个人的健康成长，同时成为影响社会稳定的'高危'群体。"②

由于转学与迁移，城镇务工人员流动子女从一种农村群体环境融入另一种新的城市陌生环境还存在着较大的困境。在城市出生的城镇务工人员子女一般对城市更有归属感，而在农村出身的城镇务工人员流动子女当中只有较少人认同自己作为城市人的社会身份。如果不能很好地融入城市生活，他们的身心健康发展将会受到重大影响，他们由此也会产生被隔离、被抛弃、被边缘化的情绪。有的可能会逐渐把自己给封闭起来，终日郁郁寡欢，产生厌学的心态和自卑、畏惧、逃避的心理。严重的可能会持有自暴自弃的生活态度，或选择极端的行为方式走上自绝的道路，有些或会对城市与社会产生不满，对城市产生消极抵触心理和与社会形成对立情绪，甚至产生报复社会的心理倾向，极易走上违法犯罪的道路。城市新环境的难以适应、理想与现实的冲突造成了他们较大的

① 郭冉：《接纳与排斥——流动儿童的教育绩效和心理健康问题研究》，《南方论丛》2013年第4期，第31—33页。

② 吴霓、张宁娟、李楠：《农民工随迁子女教育的五大趋势及对策》，《当代教育科学》2010年第7期，第11—13页。

心理落差与失衡，城市社会认同感和归属感的缺失、接受教育的弱化使他们人格的形成和发展存在一定的问题。他们渴望寻求心灵的慰藉，但又缺乏及时的心理辅导以及有效的沟通，这种无助情绪的体验严重影响了城镇务工人员流动子女的身心健康，也导致他们出现心理脆弱、性格孤僻、价值观偏差和道德行为失范。

此外，随着计算机、手机的普及，网络空间也常常成为城镇务工人员流动子女逃避现实的“温床”。由于网络载体信息内容的海涵性，各种信息良莠并存，虚拟空间真假难辨，一些淫秽、暴力、迷信、反动等负面的信息在网络中若隐若现，而城镇务工人员流动子女人生观、世界观、价值观尚未完全形成，自控能力、选择能力和是非判断能力都比较薄弱，很容易在网络面前迷失自我，思想道德观念出现扭曲。网络上游戏泛滥成灾，有些本来是品学兼优的好学生，因为沉迷于网络游戏，连续几天通宵达旦，吃喝全在网吧，前后判若两人，学业因此也一落千丈。城镇务工人员流动子女从网上获取的具有强刺激的暴力镜头，容易模糊其道德认识，分不清是虚拟还是现实，逐渐形成以行使暴力为乐，置人于死地而后快的思想和行为，因此在网吧丧命的城镇务工人员流动子女也屡见不鲜。网上大量的非正面信息对正处于青春萌动期的城镇务工人员流动子女来讲，充满着刺激和诱惑，令他们争相仿效，在一定程度上引发了城镇务工人员流动子女犯罪率的增加。

第三节　解决城镇务工人员流动子女违法犯罪问题的路径探索

解决城镇务工人员流动子女违法犯罪问题，需要夯实法律权威，增加法律意识；凝聚多方力量，构建联动机制；推进教育融入，塑造健康心态。

一　夯实法律权威，增加法律意识

应加强城镇务工人员流动子女的法治教育和法治建设，让法律成为预防和避免城镇务工人员流动子女违法犯罪问题的重要利剑。

依法治国是我国的基本国策，党的十八届四中全会提出“全面推进依法治国，建设中国特色社会主义法治体系，建设社会主义法治国家的总目标”①。减少和避免城镇务工人员流动子女违法犯罪问题，除了需要来自政府、社会、学校、家庭的共同努力外，还需要充分发挥法律职能，加强普法工作，严厉打击违法犯罪行为。

就法律方面而言，分析城镇务工人员流动子女犯罪率高的原因，一是城镇务工人员流动子女自身缺乏法律常识，法律意识淡薄。城镇务工人员流动子女以未成年人居多，未成年人仍然处于成长和发育阶段，在生理和心理方面尚未成熟，认知和判断力较差。在好奇心和客观环境的影响下，务工人员流动子女容易对不良现象产生模仿行为，从而导致违法犯罪行为的产生。二是城镇务工人员流动子女自控力较弱，抱着侥幸的心理，有时知法犯法。我们处在不断变化发展的新时代，各种新的现象和矛盾不断出现，城镇务工人员流动子女违法犯罪现象屡禁不止。为了预防和避免流动子女违法犯罪现象的产生和扩大，我们可以从以下两个方面进行努力。一是全社会成员动员起来，帮助城镇务工人员流动子女树立法律意识，增强法治观念。城镇务工人员要从小培养孩子对法律的尊重和信仰，家长要教导孩子增加法律意识，不做违法犯罪的事情，并身体力行；学校要开设有关法律教育的相关课程，积极开展各项普法活动，把法治教育纳入国民教育体系中；在全社会范围内充分发挥大众传播媒介的积极作用，积极报道和宣传法治的重要性，公开表扬守法护法的先进典范，对违法犯罪行为进行严厉的批评和抵制。这有助于在全社会范围内形成学法遵法守法用法的法律意识和良好风气。三是要养成遵纪守法的习惯，从小事做起，莫以善小而不为，莫以恶小而为之。此外，为确保城镇务工人员流动子女的正当权利，我们需要进一步完善城镇务工人员流动子女相关法律法规，加强法律法规的执行力度，充分保障和满足城镇务工人员流动子女接受教育的需求，营造安全和谐的环境，进一步保证城镇务工人员流动子女尽快融入城市的学习生活当中，无论在物质上还是在文化心理上都能适应城市社会的生活，分享新型城

---

① 《中共中央关于全面推进依法治国若干重大问题的决定》，《人民日报》2014 年 10 月 29 日。

镇化所带来的高品质的安居与幸福生活。

二 凝聚多方力量，构建联动机制

有效预防城镇务工人员流动子女违法犯罪问题，需要凝聚社会各方的力量，构建多方联动机制，促进城镇务工人员流动子女教育合力的形成。

教育是民族振兴和社会进步的基石。各级政府要把教育放在优先发展的位置，地方各级人民政府，作为地方各级的国家行政机关，要加快制定适合本地区的教育政策，积极推进和保证城镇务工人员流动子女享受平等教育的权利，推进教育现代化发展，促进城乡教育一体化，提升教学质量。各级政府部门要积极发挥监督作用，帮助各个学校贯彻落实关于流动子女入学的相关政策，为城镇务工人员流动子女创造平等的入学环境。要明确各级政府和教育部门的责任，完善城镇务工人员流动子女的教育信息转接服务，加强流出地与流入地信息的衔接，并且具体划分彼此之间的责任，流入地政府必须针对城镇务工人员流动子女教育拨付额外教育经费。还应当为外来务工人员提供充足的就业机会，开展对城镇务工人员流动人口的职业技能培训，提高城镇务工人员的劳动技能，让城镇务工人员家庭获得社会各种资源的支持。要加大对城镇务工人员子弟学校的支持力度和资金扶持，帮助其逐步完善、良性发展。着力从多渠道引进专业教师人才，引导城镇务工人员子弟学校向专业化、规范化迈进，为进一步培养学生的社会责任感、创新精神和实践能力，培养中国特色社会主义建设者和接班人贡献力量。尽力使每位适龄儿童都享受接受教育的权利，真正实现城乡教育公平，让每个人都有通过教育改变自身命运的机会。

平等、宽松、和谐的社会氛围，对避免城镇务工人员流动子女犯罪，促进其健康成长发挥着重要的辅助作用。首先，我们应积极呼吁和鼓励社会力量，加强对城镇务工人员流动子女的关注力度。继续鼓励有条件的社会团体对城镇务工人员流动子女进行教育捐助，建议成立城镇务工人员流动子女专项救助资金，对困难家庭的务工人员流动子女、城镇务工人员子弟学校进行相应的帮助。其次，各社会团体、慈善机构、志愿队伍可定期组织爱心团队对务工人员流动子女进行课程辅导和交流，通过各项活动增强对务工人员流动子女的关心，帮助其健康成长。城镇务工人员流动子女违法犯罪问题的解决离不开社会各界对城镇务工人员子弟学校的帮助、服务和支持，应整合企业和社会民间团体的辅助性作用，鼓励现有的社会力量办学，为城镇务工人员流动子女提供全方位的教育服务，解决他们“入学难”“城市融入难”的问题。对于返乡的城镇务工人员流动子女可以建立教师“代理家长制”，鼓励高校大学生志愿者做城镇务工人员流动子女的家教老师，以弥补城镇务工人员父母在家庭教育上的缺失。

学校作为一种特殊的社会组织，以培养和教育社会所需要的人才为目的。与其他教育形式相比，学校教育具有专业性、计划性、全面性等特点，学校教育有利于帮助学生德、智、体、美、劳的全面发展，在预防和避免城镇务工人员流动子女犯罪方面发挥着不可替代的作用。各级中、小学要积极认真贯彻落实政府的相关决策，坚持“以流入地政府为主，以全日制公办中小学为主”的政策①，确保更多的城镇务工人员子女走进学校走进校园，接受正规系统的教育。城市公立学校在入学和升学问题上应消除城乡身份的差别，平等对待每一个来自不同地区的学生，让每个城镇务工人员流动子女充分享有受教育机会。相关学校领导要积极推进城镇务工人员流动子女进入公立学校学习，不得以任何名义收取高额费用，为务工人员流动子女提供平等的入学权，确保教育起点的公平性。教师要主动关注城镇务工人员子女的情况，在传授文化知识的同时也要注重学生的心理疏导，增加师生间的沟通与交流，及时关注学生的异常行为，并且与家长保持有效沟通与交流。

注重家庭教育，提高家庭教育的实效性，是我们预防和避免城镇务工人员流动子女犯罪问题的关键所在。家长作为子女的监护人在预防子女犯罪方面发挥着基础性的作用。首先，家长要增加对孩子的关注度和责任感，及时发现子女在成长过程中的问题，积极加以引导和解决。基于城镇务工人员父母文化水平有限、工作量大的实际，各个家庭可以采取家庭互助合作小组的形式对孩子的成长进行监督教育。以两到三户家

① 国务院：《关于做好进城务工人员随迁子女接受义务教育后在当地参加升学考试工作的意见》，2012 年 8 月 30 日，http：//www. moe. gov. cn/jyb_ xxgk/moe_ 1777/moe_ 1778/201208/t20120831_ 141376. html。

庭为一组，挑选出文化程度相对较高的家长进行课程辅导，根据不同的休息时间，轮流对孩子进行监督和引导，并且每周开展家长内部交流，以及时掌握孩子近期的发展状况。通过这种相互帮助、相互交流的方式，及早发现孩子的错误和不适宜行为，及时进行劝解和使其改正。其次，城镇务工人员家长要注重孩子的人格培养，加强道德教育和价值观教育。在当今竞争激烈的时代背景下，技能教育固然重要，但如果缺失了做人的基本道德素质，高学历、高技能反而成为危害社会稳定发展的阻力。因此，我们要加强务工人员流动子女的人格塑造与道德教育，让孩子明白是非对错与善恶标准，自觉远离身边不正当的人和事，自觉向身边的先进模范和光荣事迹学习。最后，城镇务工人员家庭要塑造良好的和谐环境，传递父母的关怀之情，提供充足的相处时间，更多地关注随迁子女学业的发展以及他们的道德品质状况，培养孩子的学习兴趣，建立良好的家庭关怀关系。城镇务工人员家长对其孩子的教育有着直接的影响，对其孩子的学习与生活要主动多关心一点，多花点时间及时与孩子进行交流沟通，要从情感上感化孩子，竭尽全力满足孩子的正当学习需求。

三 推进社会融入，塑造健康心态

城镇务工人员流动子女的违法犯罪问题不仅涉及学校的教育，还包括随迁子女的家庭教育以及他们的社会融入等问题。“城镇务工人员子女始终会认为自己是城市学校的‘局外人’或‘边缘人’，很难以主体性的身份融入城市学校。”① 融入是共同发展、相互调适的一个过程，城镇务工人员子女的社会融入是一个城镇务工人员子女与城市行动主体多向互动的过程。社会应重视城镇务工人员流动子女群体城市生活的融入、文化的适应以及教育的衔接等问题，促进城镇务工人员流动子女的城乡社会适应、融合与发展，使他们能够顺利地融入城市的教育体系中被城市所接纳和认同。学校应积极组织各种课外活动，增强城镇务工人员流动子女与城市孩子的亲切感、融入感。教师可以通过组织各种形式

① 于新红：《随迁农民工子女教育融入问题研究》，硕士学位论文，华东师范大学，2012年，第36页。

的课外实践活动，来拉近流动子女与师生、同学间的感情，提高务工人员流动子女学习的积极性，增强他们的自信心与获得感。

城镇务工人员流动子女普遍存在着社会融入程度低、借读费较高、入学程序复杂、教材难以衔接、教学环境差、家庭贫困、公立学校的藩篱、城市的排斥、义务教育后失学等方面的困境，这些都可能引发他们的心理自卑与行为偏差，导致他们极易被困难所击垮，这对他们健康人格的形成有着重要影响。从整体上说，城镇务工人员流动子女一般自我评价偏低、自信心不足、压力过大，有的城镇务工人员流动子女甚至被一些素质不高的教师和同学所歧视，这也造成他们关怀的缺失与心理的脆弱。因此，亟须为他们提供必要的人文关怀和心理疏导，帮助他们塑造健康心态。人文关怀体现了“对人的命运、尊严、人格、价值等的维护和关切”①。城市应坚持以人为本，消除社会排斥，悦纳每个城镇务工人员流动子女，为他们提供平等教育的机会与更多切实有效的帮助，满足他们在城市的受教育权，让他们感受到国家的关爱和社会的温暖。教师要改变“唯分数论”的观念，尊重每个学生之间的差异，以解决城镇务工人员流动子女的教育衔接，促进他们全面发展问题为宗旨，从点滴小事入手，主动了解他们的生活情况、思想状况和心理动向，消除他们学习上的障碍，强化对他们的全方位支持，为他们提供物质上和精神上的帮助，给予他们最需要的、最有利于他们成长的关怀。要教会他们如何做人、如何与人交往的道理，教给他们一定的社交技能，通过交往活动来增强彼此的友谊，拉近师生之间、同学之间的距离。学生只有“亲其师”，才能“信其道”，教师应从随迁子女的成长需求出发，挖掘每一位学生的特长，抚慰、接纳、欣赏、信任、赞美每一位学生，让他们看到自己的闪光点，更多地关注城镇务工人员流动子女的身心健康发展，以爱心滋养他们的情感，促使他们形成良好的习惯和健全的性格。城市应设立心理咨询部门，建立心理健康档案，更多地关注城镇务工人员流动子女的思想及心理发展历程，使他们感受到集体的温暖、城市的关怀。还应加强媒体对城镇务工人员子女困境的宣传，

① 胡恒钊：《农民工随迁子女人文关怀的缺失与重塑》，《教学与管理》2018 年第 1 期，第 19—21 页。

发挥当今各种媒体舆论宣传的积极作用，构建全社会的关怀网络，营造人文关怀的社会氛围，促进社会的和谐与教育的公平。爱心能够滋润他们的童心，城市中的每个人都应及时伸出温暖之手，做城镇务工人员流动子女的引导者、帮助者、指引者，走进他们的心灵世界，给予他们更多的呵护和关心，让他们重拾自信与拥有更多的幸福感，培养他们健全的人格与健康阳光的心态，让每一个角落都感受到幸福的温情，城镇务工人员流动子女违法犯罪问题也会迎刃而解。

第五章

城镇务工人员流动子女教育环境问题研究

人的思想品德的形成与发展会受到环境的制约与影响，良好的环境对人的教育与全面发展具有积极的促进作用。环境的变化影响和决定着人的思想和观念的变化，人的思想观念的形成是外部客观环境影响的结果。“观念的东西不外是移入人的头脑并在人的头脑中改造过的物质的东西而已。”①

第一节　城市融入环境：城镇务工人员流动子女教育环境的优化

近些年来，随着城镇务工人员的话题受到关注，其子女的受教育环境问题也备受重视。在城镇务工人员流动子女受教育的过程中，针对教育环境的优化，可以从宏观和微观两个层面对随迁子女城市融入的受教育环境进行深度探讨，并提出优化教育环境的对策，积极为城镇务工人员流动子女的城市融入与健康发展保驾护航。努力推进城镇务工人员融入企业、子女融入学校、家庭融入社区、群体融入城镇。

一　宏观教育环境的优化

（一）优化经济环境

对城镇务工人员流动子女教育的经济环境优化，重点应在城镇务工

① 《马克思恩格斯选集》（第2卷），人民出版社1995年版，第112页。

人员经济地位的提升上发力，父母的经济能力直接影响着流动子女的受教育程度及教育环境。这需要在实行效率优先的前提下，重视城镇务工人员在城市的公平分配，最大限度地缩小务工人员与市民的贫富差距。首先，城镇务工人员作为城市的建设者，是城镇化建设中的重要参与力量，在城市中生活，理应享受到城市所赋予的相应的权利、待遇和尊重，因此我们要逐步实现农民的市民化，提高他们的经济地位。同时，加强相关法律的监督与执行，确保城镇务工人员的合法权益受到保护。其次，面对拖欠民工工资与工资难讨的困境，社会各管理部门应加强对务工人员工作单位的严格监管与负责意识，防止恶意克扣城镇务工人员工资行为的发生。面对城镇务工人员的投诉案件，劳动执法部门要及时高效处理，尽快解决城镇务工人员群体的权益问题，维护他们的根本利益。最后，应丰富城镇务工人员的知识涵养，提高其技术能力。可以成立城镇务工人员技术培训单位，通过这种方式提高城镇务工人员就业选择岗位的录用率，也可以通过培训单位帮助城镇务工人员找到合适的职业，促使城镇务工人员更快地适应城市的生活，缩小城镇务工人员与城市市民的就业差距。提高生活水平，改善家庭经济状况，可以让务工人员随迁子女更好地融入城市生活，缓解他们因经济压力而产生的自卑感。

（二）优化政治环境

首先，我们必须加快原有户籍制度的改革，推动城乡教育一体化发展。“自流移民因不具备居住地户籍而被排除在公共服务之外，在生产生活、社会保障与社会融合等方面存在诸多困难。自流移民成为当前脱贫攻坚的人口盲区，不利于扶贫工作的继续推进，并间接引发农村社会治理的各种矛盾。可见，移民的流动性不见融于现阶段的户籍制度，户籍制度改革应当回应现实挑战，灵活处理移民问题。”① 目前，各地已经纷纷启动户籍制度的改革。推动原有的户籍制度改革，逐渐减弱甚至取消二元户籍制度，可以从源头上保证城镇务工人员在外出务工的过程中地位上的平等。各类城镇要统筹考虑本地区综合承载能力和发展潜

---

① 王海侠、张徐丽晶：《宁夏易地扶贫安置点的“自流移民”问题研究》，《社会治理》2017 年第 8 期，第 30—37 页。

力，以城镇社会保险参保年限、居住年限、就业年限等为基准条件，制定具体的落户标准。其次，应完善务工人员随迁子女入学教育政策体系。自1989年开始到目前为止，从中央到地方先后颁布了一系列进城务工人员随迁子女教育的相关政策和法规，务工人员随迁子女教育政策制度也随着时代与时俱进，形成更为实用、有效的政策方案。地方教育政策要根据国家教育政策制定更契合于本地的教育政策，着力解决务工人员随迁子女教育难题。最后，形成有效的政策监督执行体制。政策能否有效实施是政策良好运行的关键，必须严格监督国家政策的实施过程。同时实行地方管理问责制，明确政策实施的主体责任和义务，以强有力的手段保证国家政策的顺利落地生根。

（三）优化文化环境

文化是社会的核心灵魂，是一个国家综合国力的重要体现，是实现中华民族伟大复兴的强大精神动力。随着我国农村居民生活水平的提升，农村群众的精神文化生活需求和对美好生活的向往不断增强。优化城镇务工人员文化环境，首先，应大力弘扬社会主义主流文化、革命传统文化、新时代先进文化等，发挥社会主义核心价值观的思想引领作用，使社会主义文化建设始终坚持正确的政治方向，着力全面提高我国每个公民的综合素质。其次，加强家国情怀与爱农业、爱农村、爱农民教育，可以建立爱国主义与关爱农村教育基地，让全社会成员免费参观。要坚持把社会效益放在首位，多举办一些有益于城镇务工人员流动子女身心健康与社会关爱的活动，这有利于提高全社会的乡村情怀，以及对促进务工人员流动子女思想品德水平的提升与心理健康发展都具有重要的意义。最后，要对文化市场进行规范管理。在经济发达、文化多元的城市有时会出现与社会发展不和谐的负面文化，如黄色书刊和音像制品、电子游戏厅、歌舞厅、酒吧、夜总会等，损害了广大青少年及务工人员流动子女的身心健康，对他们的身心健康产生恶劣影响。因此，必须加大力度对文化市场进行规范管理，取缔不法的违规经营场所，对合法经营商进行有序监督与引导，明确主体责任。还应优化大众媒体环境，有效控制电视、广播、电影、报刊等传播媒体，弘扬主旋律，加强正面宣传与正面教育。尤其要净化网络环境，维护网络安全。城镇务工人员流动子女对于网络世界充满着好奇与幻想，由于辨别能力较弱，也许会盲目地相信一些网站散播的虚假和诈骗信息，这对他们的世界观、人生观、价值观会有极大的影响。因此要规范网络空间秩序，健全网络道德规范。应提高网络媒体从业人员的思想政治素质和职业道德素质，加强红色网站建设，避免偏离正确舆论导向，积极引导务工人员流动子女健康上网，为务工人员流动子女创建良好的成长环境，提供有益的精神食粮，营造清朗的网络空间。

二　微观教育环境的优化

（一）优化社区教育环境

社区教育不同于学校教育，它是一种社会教育。社区教育是构造学习型社会、实现终身教育的基础，也是我国实现教育现代化的重要标志之一。随着外来城镇务工人员的增加，社区出现了成员复杂、房屋出租户增多、合租户增多等特点。由于成员们的背景复杂与各种生活陋习，户外垃圾成堆，社区生活教育环境堪忧。

良好的社区文化环境能够激发人的内在活力、陶冶人的情操、净化人的心灵。社区应大力净化教育环境，发挥社区的教育功能，营造关爱城镇务工人员流动子女的和谐的社会氛围，通过创建良好的环境，为随迁子女提供一个健康的成长环境。在社区的各类活动中要积极宣传“生态环保”理念和知识，用居民日常生活中的点滴事例来讲解如何保护环境与采行低碳生活，进行社区生态文明教育，开展“垃圾减量回收”等公共行动，普及垃圾减量、分类回收的相关知识，培育与提升社区居民的公共性。社区应投入一部分资金来完善教育环境，努力打造良好的文化育人环境，改观社区居民的精神面貌，形成互相尊重、互相帮助、团结互助的良好氛围。可在社区设立文化馆、图书室、活动室等，作为社区居民学习的场所，为务工人员流动子女创造一个良好的社区教育环境，挖掘随迁子女自身的潜能，帮助他们健康成长。

社区还应举办各种类型的培训，为社区居民多样化的生活需要提供各种教育服务，针对失业问题可以开展相关的就业创业教育和失业者心理健康教育等，充分满足社区居民的个体多样化需求。可以成立社区教育委员会，争取社会多方力量的教育支持。例如，开设“六点钟学校”，让务工人员流动子女在放学后能待在一个安全的场所，组织孩子放学后完成家庭作业或者参加有意义的活动。社区要发挥社会的融合功能，促进务工人员家庭融入城市生活，与城市居民和谐共处。应经常组织城镇务工人员流动子女参加一些公益活动，激发务工人员流动子女主动参与各项活动的热情，增强他们的信心，提升他们及其家庭的社区融入度。要加大对他们受教育权利保护的力度，严厉查处向未成年人提供不健康娱乐的服务机构，为流动儿童开展形式多样、内容丰富的社会工作服务，为城镇务工人员流动子女的教育营造一个健康安全的社区环境。

（二）优化家庭教育环境

家庭在城镇务工人员流动子女的思想、道德、品质、观念的形成和发展中有着举足轻重的作用，家庭的作用是其他环境所无法取代的，家庭为子女提供了必要的物质条件和情感依赖，为其随迁子女提供了归属感和安全感。城镇务工人员家长应大力改善随迁子女的家庭教育环境，营造良好的成长氛围，让他们在充满温暖和阳光的环境中快乐学习、健康成长。

首先，家庭成员之间应保持和谐正常的关系，父母之间、家长与子女之间、兄弟姐妹之间的和谐，是家庭关系温馨和稳定的基础。亲情的抚慰和关怀有助于孩子的成长，如果家庭发生“冷战”“内战”，家庭成员之间感情不和，会直接影响孩子的情绪。城镇务工人员家长要与子女建立亲密友好的关系，营造宽松的家庭环境，关怀和照顾其随迁子女的衣食住行。其次，务工人员家长要坚持言传身教，为子女树立良好的榜样。“正人必先正己”，家长应该从自己做起，做身体力行的身教者，做孩子的表率。父母的一言一行都会对孩子产生潜移默化的影响，父母的道德行为、生活习惯、价值观念、社会判断、言行举止等会不断作用和影响其子女的成长和教育，反之，家庭教育功能的缺失，也会对孩子产生深远持久的影响。要求孩子必须做到的，自己应当首先做到，通过自身的良好言行给予子女积极的影响。城镇务工人员还应树立正确的教育观念，教育孩子不仅仅是把孩子送到学校即可，家庭也承担着重要的责任。改善城镇务工人员自身的教育水平和教育能力是优化家庭环境的重要层面。最后，城镇务工人员家长应该加强与学校老师的联系，重视家校育人的合力，在家庭和学校之间建立起相互沟通、配合的渠道，架起心灵沟通的桥梁，及时了解孩子的学习、心理情况，进行及时有效的教育。可以建立学校家长委员会，定期对家长进行系统的培训和相关知识的学习，提高他们对教育的认识水平和自身的教育能力。教师可以通过家访的形式，深入随迁学生家庭，与家长沟通、了解随迁学生的情况，让家长也及时了解其孩子的学习动态，帮助务工人员随迁子女教育工作的顺利开展。对于务工人员流动子女犯下的错误，务工人员家长不应该完全靠"训诫"的方法，而应先体会孩子的感受，再以理解的态度说服他们。城镇务工人员家长"在教育子女的观念、态度和方法上进行革新，要摒弃传统的伦理训诫的管理方式"①，要"为子女创造一个相对宽松民主又体现一定权威的教养氛围，使子女充分体验到家长对自己既不放纵又不过分要求"②。

（三）优化学校教育环境

学校教育环境指校园自然环境和精神文化环境。优美的校园教育环境对学校整体工作有积极的推动作用，要想提高教学效果，就必须为学生营造一个温馨、丰富、健康、向上的教学环境。

健康的育人环境对学生健康成长、积极向上，起着推动、导向和熏陶的作用，优秀的校园文化能感染、凝聚、激励学生。学校可以开展丰富多彩的教育活动，营造良好的校园精神文化环境。让务工人员流动子女在亲自参与的实践锻炼中接受教育，使其树立远大理想。可以组织务工人员流动子女参观爱国主义教育基地，祭扫烈士墓，利用传统节日组织社会实践活动，为老师老人父母做一件好事，参与社区公益劳动等培养学生的家国情怀与社会责任感。教师是学生成长过程中的引路人、促进者，教师要尊重和关爱每一个学生，为学生的成长成才创造最佳的机会和环境，最大限度地满足学生的学习需要，使他们在学校产生愉悦的情绪。要加强民办学校和打工子弟学校教师队伍的建设与管理。强化民办学校的师资配备，注重教师的培训，提高教师的综合素质，为城镇务工人员流动子女提供良好的师资。学校教师要有高尚的人格魅力，做到

---

① 黄图伦：《农民工子女家庭教育问题的反思与改进》，《中国成人教育》2015 年第 5 期，第 158—160 页。

② 张苹、胡琪：《农民工子女人际交往与家庭支持》，《当代青年研究》2015 年第 5 期，第 99—104 页。

教书育人、诲人不倦、敬业爱生、学为人师、行为世范，树立好的教风，带动校风、班风和学风的改变，形成一种关爱流动子女的良好校园氛围，为务工人员流动子女提供一个优美、清静的学习环境。同时要加强整治民办学校和打工子弟学校的周围环境，学校要营造适合学生健康成长的校园周边环境，积极开展校园及周边环境治理、网吧专项治理、赌博专项治理等，如可以通过关闭影响学生学习和校园安静的歌舞厅、校园周围200米以内的网吧，严禁校门口摆摊设点等方式，绿化、净化、美化校园，让环境教育学生。

（四）优化同辈群体教育环境

同辈群体环境是指由相同或相近的年龄、地位、兴趣、爱好、家庭背景、价值观等个体组成的关系较为密切的非正式同伴群体环境。同辈群体环境对城镇务工人员流动子女的思想品德的形成和发展有潜移默化的影响，它既可以满足务工人员流动子女的心理需求，也可以改变他们的学习态度、人生观、价值观等。同辈群体的影响有时甚至可能超过老师和父母的影响。同辈群体之间具有平等性、渗透性、自由性和独特性。同辈群体环境对城镇务工人员流动子女的成长发展既有积极作用，也有消极影响。同辈群体间的相互理解、关心、帮助与尊重，可满足彼此之间情感交流的需求，促进他们的身心健康发展。在学习上互相启发、互相帮助，一起切磋和探讨，进一步养成其兴趣爱好，还可以从对方处获得丰富的文化知识、生活经验等，这是学校教育、家庭教育的重要补充。通过同辈群体，务工人员流动子女还可以学会如何与别人相处，如何沟通合作与团结协作，体验团队精神，与别人建立良好的人际关系等，这些对他们成长成才的意义重大。然而，同辈群体易趋向于反对权威，他们缺乏理性的指导，易导致意气用事，他们时常与社会主流文化相背离，甚至出现反社会行为，如结伴打架、抽烟、酗酒、泡网吧、偷窃、抢劫等，一些具有不良行为的人会对整个同辈群体的健康成长带来消极影响，一旦群体核心人物的言行出错，同辈群体成员也会随之误入歧途。

优化同辈群体教育环境，需要重视同辈群体对城镇务工人员流动子女成长的影响，引导务工人员流动子女群体树立正确的群体意识，用社会主义、集体主义教育同辈群体，弘扬社会主义集体价值观，增加群体的凝聚力和向心力。应积极鼓励承载社会主流文化的同辈群体的建立，创造条件发挥它的功能，扩大其积极影响，帮助身边的人走正确的道路，促进务工人员流动子女的健康成长；对于与主流文化背道而驰的同辈群体要用强制手段予以管理，要用法律手段制裁那些传递反社会主流文化的不良群体，如有悔改之意的，可以加以引导和改造，避免同辈群体对务工人员流动子女的不利影响。同时，我们同样也应关注同辈群体中的核心人物，核心人物的言行可能会影响整个群体的行为选择。因此要加强对群体核心领导人物的教育与培养，发挥群体核心领导人物的表率作用，使其以先进、积极的姿态参与教育活动，传播社会主流核心价值观念。

第二节　农村文化环境：农村公共文化服务体系的构建

城镇化不是“去乡村化”，如果农村文化消失了，那么城镇化将是单调的。文化是人们价值取向的坐标，是新农村建设的灵魂。随着我国农民生活水平的提高，农村文化消费水平逐步上升，公共文化服务的效能不断增强，广大农民群众对于美好生活的需求也与日俱增。然而，农村公共文化服务产品有效供给明显短缺，各种农村文化资源缺乏有效整合，村民的期待与现实之间还有较大的差距。我国农村文化的繁荣与决胜全面建成小康社会的实现迫切需要摆脱农村公共文化服务体系建设的困境，提升农村基层公共文化服务的质量，重构农村公共文化服务的新体系。优化农村文化环境，构建农村公共文化服务体系，不仅可以解决农村文化贫乏之困，而且有利于满足务工人员流动子女精神文化的需求，有利于提升他们的文化素养，使他们真正感受到文化服务所带来的红利，分享到文化发展所带来的成果。

一　我国农村公共文化服务体系建设的背景与意义

为了提升农村基层公共文化服务的质量，促进农村地区的文化繁荣，党和国家一直高度重视农村公共文化服务体系的建设。2007 年党的十七大将“覆盖全社会的公共文化服务体系基本建立”作为全面建设小康社会的目标要求。2012 年党的十八大将公共文化服务体系建设作为全面建成小康社会的重要内容，并提出到 2020 年“公共文化服务体系基本建成”的战略目标。

当前我国公共文化服务水平不断提高，文化事业与文化产业蓬勃发展，中华民族的文化自信得到了彰显。我国农村公共文化服务体系的建设也取得了一定成果，呈现出整体推进、蓬勃发展的良好局面。农村用于公共文化服务方面的政府财政支出有较大增长，农村文化基础设施不断健全，文化活动日趋丰富。然而，农村的公共文化服务依然是全面建成小康社会中的一块短板，农村公共文化服务出现了文化基础设施比较薄弱、设备闲置、经费紧张、公共文化产品供给不足、人才队伍发展滞后、文化活动阵地缺失等问题，农村文化建设还相对滞后，还存在较多需要改进和提升的空间。

社会的发展不仅需要文化的精神支撑，也需要文化服务体系的保障。农村文化建设的落后势必会阻滞农村社会的发展，因此我们要深刻认识文化建设在新农村建设中的重要性与必要性。农民问题是关系到全面建成小康社会的根本性问题，农村公共文化服务体系建设的水平关系到农村群众文化权利的实现，关系到我国全面小康社会的建成。农村公共文化服务体系的重构有利于实现好、维护好、发展好农村群众的公共文化权益，不断满足农民的基本文化权利需求与期待；有利于推进城乡文化一体化发展，创造农村的新文化，构建农村积极的文化氛围，促进乡风文明，营造健康向上的乡村文化生态环境；有利于弘扬社会主义的核心价值观，摒除迷信落后思想，丰富农村农民群众的文化生活，提升农民的文化素养，激发农村群众的文化自信，让民众拥有更多的获得感。

二　我国农村公共文化服务体系建设的困境

文化是一个国家与民族的根与魂，是凝聚人心、推动社会发展的精神支柱。当前我国农村公共文化服务供给与需求不相适应、服务机构不够健全、设施陈旧落后、专业技术人才匮乏、投入资金薄弱等弊端已成为制约农村文化发展的瓶颈。

（一）服务供给与需求不相适应，难以体现公众的意愿

当前农村公共文化产品服务供给与需求不相适应，供需失衡。供给的质量与数量相对滞后，与百姓需求存在一定的距离，供给的主体单一，主要由政府单方面供给，而农村群众自身“种文化”能力不足。我国农村文化产品整体上供给单一，有效供给不足，而且供给与需求相脱节，文化资源未能有效使用与科学配置，有些农村地区仍处在文化饥渴状态。当前城乡区域文化发展还存在较大差距，城乡享有的文化发展成果并不均衡，农村的公共文化消费水平相对低下、活动匮乏，而对农村文化事业的资金投入也远远落后于城市，为农村群众提供的文化服务还十分有限，农村地区鲜见有高质量的文化娱乐活动。农村文化场馆往往缺乏农民急需的实用技术培训，思想引领、科技种植、就业创业、农技推广方面的书籍也相对较少，文化场馆难以发挥文化对农村群众思想意识、价值观、生计问题的引领作用。从整体上说，农村公共文化产品的供给数量不足、质量不高，服务精品效应不强，提供的服务与群众需求不相匹配，脱离了农民的生活实际，难以体现农民的意愿。“这种僵化的文化服务是对文化服务的能动性作用与地方文化特质的漠视，严重忽视了村民对于他们亲身参与农村公共文化服务设计的积极性和主动性，抹杀了地方文化结构对于文化服务的作用。”①

农村文化的供给缺乏有效的监督管理机制，公共文化服务难以反映群众的意愿与期望。农村群众的文化需求表达能力也有待提高，农民不善表达、淳朴内向的性格导致其不知道如何表达自己的文化需求，他们缺乏对于公共服务的诉求。农村文化服务的产品还比较短缺，送文化下乡活动以及群众自发的文化活动满足不了农村的文化需要。例如江西省农村公共文化服务体系发展水平总体偏低，位于全国中下等水平线，江西乡镇文化资产较少，文化站的站均面积远低于市县，农村群众看戏、看书、看电影都比较困难，农民迫切需要的农业科学技术方面的书籍也相对较少。因此农村公共文化服务供给与需求常常错位，供需矛盾也随之加剧。

---

① 颜玉凡、叶南客：《我国现阶段农村公共文化服务困境解析》，《艺术百家》2014 年第 6 期，第 23—29 页。

（二）服务机构不够健全，缺乏有效的协调机制

"改革开放以后一段时期内没有把农村文化事业建设当作主要工作任务的一部分来对待，农村文化建设始终是走走停停"①，农村公共文化服务机构不够健全，缺乏有效的协调机制，效率偏低、服务效能不高。首先，服务意识淡薄，服务机构仅仅看到公共文化建设的负担，忽视了公共服务的责任。"服务意识不到位导致政府农村公共文化服务职能弱化，公共文化服务设施利用率低"②，农村公共文化建设与发展并没有被真正纳入地方的经济社会发展规划中，服务机构对建设后的服务设施使用状况也较少关注。其次，在管理上不够到位、服务保障机制并不健全，在执行相关法律制度时也存在不到位的现象。农村公共文化服务的规章制度还不够系统完善，在相关的法律规章制度中还存在传统城乡二元对立的结构内容，城乡文化服务的质量有明显的差异，影响着农村公共文化服务的公平。在资源配置上，基本实行"自上而下"的供给配送模式，并且以政府部门评估为主，缺乏有效的反馈与评估机制，难以体现农民的需求意愿，农民的基本公共文化权利难以得到充分保障。

当前农村公共文化服务机构管理文化的职能还有待完善。基层文化部门主动服务的意识不强，创新意识欠缺，组织管理的效率也偏低。在地方相关管理政策法规的制定上还有待完善与细致，过于陈旧与笼统，没有充分考虑当地的民俗风情、社情，有些偏离了农村的实际，没有充分体现农民的实际需求与倾听群众的诉求，也较少征求与采纳民众的意见；有些地方政策缺乏相应的法律制度的支持与保障，有些地方文化管理部门时常过分重视经济的发展，搞所谓的政绩工程，因而忽略了对文化的追求、建设、创新和发展，脱离了农民的具体生活实际。在城乡协调发展资源配置上对乡村建设还不够重视，存在城乡不均衡现象。对基层文化建设重视不足，缺乏长远规划与统筹安排，其中缺乏有效的绩效评估机制、监督机制、管理机制与协调机制，也较少考虑送文化下乡的

---

① 王富军：《农村公共文化服务体系建设研究》，博士学位论文，福建师范大学，2012年，第12页。

② 袁婷婷：《政府提供农村公共文化服务的现状、问题与对策》，《四川行政学院学报》2014年第6期，第16—19页。

效果，因此农村公共文化服务的效率不高。

（三）服务设施陈旧落后，闲置“空壳化”现象严重

农村公共文化服务基础设施陈旧落后，难以有效运转，许多地区农村公共文化服务设施仍旧匮乏，总体质量不高、数量不足。有的农村公共文化服务设施闲置，成为摆设；有的设施设备比较陈旧，在农村备受冷遇。如建成的文化主题公园、文化服务场所长期无人管理，设备老化；农家书屋的利用率总体较低，书屋图书陈旧、内容简单，很少有人问津；文化产品形式单调、内容陈旧，农民渴求的种植养殖类、就业指导类图书资源匮乏，优秀文化产品供给还比较短缺。有些农村公共图书馆数字化建设并没有达标，还相当缺乏电子文献资源及场所，文化服务设施的功能没有很好地发挥出来，无法满足农民的实际需求。农村的基础文化设施使用率较为低下，“空壳化”现象也较为严重，有些乡镇文化站、文化场所、文化活动室资金缺乏、负债沉重，常处于关门的状态，甚至有些还被挪作他用。这些文化设施人气不旺、收效甚微，缺乏对群众的吸引力，形同虚设。

从整体上说，农村文化建设相对滞后，设施设备比较缺乏，文化基础设施难以发挥主要依托和载体的作用。全国许多地方“市区的图书馆已经达到国家一级馆标准，而县级图书馆、文化馆还处于规划阶段，乡村的文化馆长期处于挂名阶段没有具体的房子，偏远地区根本没有图书馆”①。许多农村地区文化基础设施既不够健全也不达标，设备落后短缺，文化资源匮乏，陈旧老化的居多，如农家书屋、文化大院、图书馆等藏书量不足，较多的图书资料内容陈旧，书刊没有及时得到更新，有些还是市场上淘汰的书籍杂志，并不适合农民阅读。因此到这些地方去看书和读书的人很少，门可罗雀、鲜有人问津的现象屡见不鲜，失落的农家书屋、寂寥的借阅室和沉默的图书馆也随处可见。许多文化场馆利用率偏低，长年关门，甚至许多人不知道农村还有文化大院、农家书屋等。农村电影院闲置的现象也较严重，有些设施只是一种摆设，常常是尘土覆盖、年久而破旧。农村电影院现代媒体运用率不高，甚至里面

---

① 周效柱、胡雪芳：《构建江苏现代公共文化服务体系的思路》，《河北广播电视大学学报》2016 年第 1 期，第 95—98 页。

连供暖降温设施都没有，有些被送到乡下的影片还是十几年前拍摄的，观影的也只有寥寥数人，所以较多的农村电影院已经被废弃或被挪作他用。经费投入不足、设备陈旧老化，导致农村文化场馆未发挥出其功能作用，基本处于闲置的状态。

（四）专业技术人才匮乏，群众缺少参与热情

人才的缺乏是制约农村公共文化服务体系建设的关键，当前农村的人才队伍建设还不够完善，专职服务人员还十分缺少，在人员配备上难以满足农村的实际需求，真正能为农村服务的相关的专业技术人才十分稀少。当前农村文化精英、管理人员和专职人员队伍数量偏少，农村公共文化服务人才队伍建设有待加强。农村文化服务从业人员的专业系统知识还相对缺乏，学历偏低，高学历人才尤为欠缺，文化工作者难以紧跟时代的步伐，他们现有的业务技能亟待提高。农村公共文化服务人才流失的现象也比较严重，导致专业技术人才匮乏，许多乡镇文化服务站常常只是一个空架子。由于农村许多优秀人员最终进入了城市，导致农村文化服务精英外流、人才缺乏、队伍不稳，出现了专业人才结构性匮乏问题，农村文化场馆的工作人员综合素质相对偏低、人员老化，高水平的服务人才紧缺，甚至有些志愿群体也很少进入农村。

农村群众总体参与文化建设的热情并不高，大多数村民仅局限于眼前的物质享受，鲜有人关心农村的文化建设。农民自身参与文化活动的积极性总体上不够，农村群众的业余时间主要被用来看电视、打麻将和纸牌，高雅一点的娱乐活动不过是学跳广场舞等，农村群众的文化生活还显得十分贫乏。农村赌博风气还十分盛行，算命占卜、烧香拜佛等封建迷信活动以及大操大办丧事现象也司空见惯，许多村民沉迷于打牌、看电视、打游戏、喝酒、娱乐当中，对国家大事、对乡村振兴表现得漠不关心。在农村地区封建迷信观念还比较浓重，求神拜佛的现象屡见不鲜，农村群众参与高雅文化的激情与积极性并不高，有些艺术人才仅处于一种自娱自乐状态。还有些农村文化表演艺术由于青年农民外出打工而参与者较少、无人继承，文化遗产面临失传的危险。民间的许多优秀文化也时常因青壮年外出打工而断链，农村基层文化服务面临人才紧缺、民间艺人断层的尴尬局面。人才队伍储备不足、流失现象严重，专

业文化人才紧缺，农村群众的社会参与度不高，已严重影响了服务供给的有效性，导致农村公共文化活动难以有效开展。

（五）资金利用效益不高，投资渠道单一

“基层公共文化站点因缺乏专职管理人员和技术人员，设施的运营和管理不规范，存在着设施利用率不高的现象。”① 农村文化部门中的有些管理人员过度重视经济建设而轻视精神文化的发展，过分强调对经济 GDP 的追求，更多关注经济指标的考核和经济收入的改善，进而弱化了农村公共文化服务的投入。有些人甚至认为“文化建设不能带来直接经济利益，难以看出政绩，是费力不讨好的事情”。因此我国农村文化建设常常滞后于经济的发展，农村文化消费也远远落后于全国平均的文化建设费用。投资于文化部门的资金极少，许多地方出现了农村公共文化“贫血”现象。例如从送电影下乡来看，农村群众的观影率并不高，放映和观看难度大，这在很大程度上与地方配套资金的匮乏密切相关。此外，农村公共文化服务的投资渠道也比较单一，社会赞助和捐赠的比例较小，并没有充分调动起社会力量参与公共文化服务的积极性。活动经费的缺乏最终导致活动的质量不高、活动的整体数量较少以及农村公共文化服务建设的动力不足，有限的资金投入难以发挥出较大的效益。

“农村公共文化服务体系就是面向农村的公共文化服务提供及其相关制度系统，主要包括服务的提供主体、服务对象、基础设施、文化产品和服务的供给、财力人力土地等农村公共文化资源配置、服务绩效考核和政策法规等内容。”② 当前乡村振兴背景下我国农村公共文化服务体系建设发展相对滞后，文化服务难以满足农村群众需求。我们应当积极构建制度保障体系，增强服务的效能，提高文化自觉意识，建立多元化的投资机制，加强文化服务基础设施的建设，以解决当前文化服务体系建设中所存在的困境。

---

① 蒋淑媛：《北京现代公共文化服务体系构建研究》，《北京社会科学》2015 年第 1 期，第 118—122 页。

② 刘淑兰：《政府创新与新农村公共文化服务体系的构建——以福建省为例》，《福建农林大学学报》（哲学社会科学版）2008 年第 2 期，第 22—24 页。

三　新时代农村公共文化服务体系建设的路径选择

当前中国农村公共文化服务还难以满足农村群众日益增长的美好生活需要。在新时代全面建成小康社会需要积极探索我国农村公共文化服务体系建设的有效路径，可以通过构建多元投资机制，不断完善服务供给制度与反馈机制，增强农村自我“造血”的功能，提升公共文化服务的效能，培育高素质的乡村人才队伍，利用互联网资源传播先进文化、传承乡村记忆、打造农村文化品牌等路径，不断提升农村公共文化服务的质量与水平，重构我国农村公共文化服务的新体系，以不断满足农村群众对美好生活的新期待。农业农村农民问题是关系到国计民生的重要问题，2017 年党的十九大提出“满足人民过上美好生活的新期待，必须提供丰富的精神食粮。要深化文化体制改革，完善文化管理体制，完善公共文化服务体系，深入实施文化惠民工程，丰富群众性文化活动”①。中国特色社会主义已经进入新时代，然而，当前我国公共文化服务城乡差异较大，农村整体水平偏低，政府服务与农民期待还存在较大差距，资源与农村群众的文化需求并不匹配，农村群众日益增长的美好生活需要和不平衡不充分的发展之间的矛盾日益突出。“农村公共文化服务是指由政府主导，其他部门和个人自愿参与，面向农村居民提供精神文化产品，保障和满足广大农村群众基本文化权益的服务行为。”②“农村公共文化服务体系是指以政府组织及其投入为主导，以社会力量参与为补充，以服务农民和提高农民素质为目的，为农村提供公共文化产品和服务的体系。”③ 新时代乡村振兴需要积极探索中国农村公共文化服务体系建设的路径，重塑农村公共文化的空间，解决农村当前文化服务的瓶颈，不断满足农村群众日益增长的文化需求。

（一）构建多元投资机制，保障农村文化基础设施建设的需要

公共文化设施是向农村提供公共文化服务的物质基础与载体，然

---

① 习近平：《决胜全面建成小康社会 夺取新时代中国特色社会主义伟大胜利——在中国共产党第十九次全国代表大会上的报告》，人民出版社 2017 年版，第 44 页。

② 宋超：《试论山东省农村公共文化服务体系的建设》，《中共济南市委党校学报》2010 年第 4 期，第 5—9 页。

③ 付春：《新农村公共文化服务体系建设及其基本思路》，《农村经济》2010 年第 4 期，第 105—109 页。

而，“从文化部门的统计数据来看，我国文化事业经费占国家财政总支出的比重仅为0.40%左右，占GDP的比重仅为0.10%左右”①，而针对农村的文化事业财政支出则更少。因此，农村公共文化服务质量的提升必须完善资金投入机制，加强基础设施的建设与使用。

1. 优化资源配置，建立多元资金投入机制

优化资源配置，需要完善财政体制，建立多元的资金投入机制。可以适当加大对农村公共财政资金的投入，完善农村公共财政体制，设立农村文化发展专项资金，保证农村公共文化服务的投入。坚持以效益为导向，促进资金的科学合理流动，力求资金使用的最大化。同时要建立多元化的投入体系，培育社会和市场资源力量，拓展服务资金的来源渠道，建立有效多元筹资机制。对进入公共文化服务领域的营利性组织要加强监管与引导，也要吸引家庭、个人及各种非营利组织提供的“微捐”资金，对非营利组织进行鼓励和支持，发挥非营利组织的积极作用，最大限度地调动社会多样资源参与到农村公共文化服务体系的建设中。例如“宁波市财政每年设立250万元农村文化基础设施建设经费，250万元‘万场电影千场戏剧’进农村活动补助经费，318万元数字电影进农村专项经费，1200万元广播电视‘村村通、村村响’工程和文化资源共享工程经费等”②，有效解决了农村文化建设资金的困境。

应建立多元化的投资机制，形成完善的农村财政保障体系。推进农村文化的发展应当形成政府主导、社会参与、多方共建的多元化的供给方式与高效运行机制。政府要建立科学合理的财政制度，设立农村公共文化服务建设专项资金，建立农村公共财政，规定资金投入比例要超出当年财政收入增长率，以充分保障农村公共财政投入。政府的投资是农村公共文化服务建设的重要来源与保障，同时也应当建立社会资金的吸纳与投入机制，鼓励社会各类资本投入农村公益性文化领域，争取社会资金的广泛参与。要善于利用农村民间资本和闲置资源对农村公共文化服务事业的投入，鼓励社会力量投资于公共文化服务，努力解决农村公

① 张云峰：《黑龙江省建设农村公共文化服务体系研究》，博士学位论文，东北农业大学，2010年，第112页。

② 张英：《推进农村公共文化服务的“现代化”转型》，《江南论坛》2015年第2期，第21—23页。

共文化服务资金投入的不足问题。要整合各方资源，形成政府主导、多元投入的农村文化服务融资机制，建立多元化的文化服务资金供给体系，实现财力的最大化与资源的最大共享。开拓多元的投资渠道有利于吸引民间资本、发挥民间组织的供给力量，因此农村公共文化服务建设必须扶持和发展民间非营利文化机构组织，鼓励农民自发创办文化团体，并出台一定的补贴资助政策，建立稳定的经费保障机制与长效投入机制。同时要加强资金的绩效管理工作，增加资金使用的透明度和公开化，科学合理运用农村公共文化服务的资金，把资金积极投资于农村公共图书馆、电子阅览室、村文化大院等基础设施建设。例如，2011 年江西省投资 3. 7 亿余元在全省规划建设了 1373 个乡镇综合文化站，成为当地农村思想道德教育的重要阵地，2014 年试点建设主题图书馆，通过某个领域专藏和服务来满足人们对不同专类知识和信息的需求。

要科学配置与优化农村文化资源，建立我国农村公共文化资源共享平台。政府应坚持城乡共建、优势互补的原则，统筹城乡文化资源，保证城乡之间服务水平的均衡，加强城乡资源的整合。要鼓励城市对农村的文化帮扶，建立城市农村文化的对口帮扶模式，形成城乡帮扶机制，以城带乡、促进城乡公共文化资源的交流与共享。应大力保护与开发农村文化遗产和加强对乡村已有设施的利用，从本地实际出发，根据不同地区不同乡村的文化特质，充分利用当地文化资源，把文化、教育、科普、体育等部门联合起来，尽可能多渠道地挖掘资源，实现文化资源的共享与优化配置，达到优秀文化资源利用的最大化。

2. 多方协作、共建共享，加强农村公共文化服务基础设施建设

必须建设城乡全覆盖、高标准、功能完善的公共文化服务基础设施，满足农村群众的文化需求。经费的投入要更多地向农村地区倾斜，为农村兴办公共文化事业，提供完善的农村公共文化基础设施，构建覆盖全部农村的服务网络。尤其要大力建设农村图书馆、艺术馆、农家书屋等文化设施，以及实现广播电视村村通，着力保障基层文化机构的正常运行。还须大力推进农村文化信息共享工程、体育健身工程建设，打造农民的文化乐园，如举办农村踩高跷、扭秧歌、舞狮子、读书会、书画展览、戏曲表演、综艺演出、征文比赛等有益身心健康的各项活动。浙江省苍南县从 2007 年起将农村祠堂改建为文化中心，使每一个中心

村都有一个文化活动中心。2014 年浙江省还建成了 1000 家具有示范意义的文化礼堂。2015 年海南省基本建成 212 个乡镇综合文化站和文化站基层服务点以及 695 家农村书屋，共建成文明生态村 16448 个，并实现了县、乡镇、村三级公共文化服务网络全覆盖。这些都有力地促进了新农村文化建设，真正做到了“文化惠民”。大力完善农村公共文化服务设施需要加强专门的相关场地建设。“文化设施是实施农村公共文化服务的基础保证”①，农村公共文化服务体系的发展需要积极建设农家书院、健身广场、名人故居、陈列馆、农村文化活动室、流动文化车、农村阅报栏、业余剧团、农民书社，打造农民文化乐园、文化大院、乡村图书流动站、乡镇综合文化站等文化设施。有条件的农村要建成非遗展示馆、博物馆、图书馆、文化馆、美术馆，达到“五馆”齐全。还应积极兴建农村网络设备，推进农村公共文化服务数字化，实施广播电视互联网宽带“村村通”“自然村免费 WIFI 村村通”工程，做到广播电视农村全覆盖。如河南省兰考县积极鼓励社会各界力量，“投资 8000 万元建设了兰宝图书馆、文化馆、体育馆、体育场和文化广场等，初步实现了基层文化设施全覆盖，还建成了 1 个文化信息资源共享中心、16 个乡镇综合文化站、340 个农家书屋和 458 个基层服务点”②，比较好地解决了群众的文化需求。

要加大政府对非营利组织的扶持力度，大力发展文化类非政府组织，激励社会力量参与，鼓励个人举办免费开放的面向农村群众的公共文化服务活动，大力培育和资助民间文化团体组织，并对捐赠的机构和个人给予一定的奖励，对免费开放的公共文化服务场所给予一定的补助。要努力形成多方协作、共同参与、共建共享的机制，争取全社会各类文化基金的支持，最大限度地整合和挖掘农村丰富的文化资源。

（二）完善服务供给制度与反馈机制，提升农村公共文化服务的效能

文化服务“自上而下”的供给模式则会绑架农村群众的文化需求，

---

① 康月敏、刘静：《河北省新型城镇化公共文化服务体系建设研究》，《河北经贸大学学报》（综合版）2016 年第 1 期，第 47—51 页。

② 李孝敏：《脱贫攻坚：推进河南贫困地区公共文化服务体系建设》，《中州大学学报》2016 年第 1 期，第 6—9 页。

直接导致供需结构的失衡以及资源配置与民众需求的脱节。因此，必须完善服务供给制度与反馈机制，不断满足农村群众日益增长的文化需求。要创新农村公共文化服务的方式与服务供给的机制，利用好政府供给、市场供给与社会供给方式，形成多元的供给格局，增强文化的供给能力，实现文化供给的最优化与最大化。

1. 以文化需求为导向，构建有效的供给与反馈机制

第一，健全农村民众需求表达机制，畅通需求表达渠道。构建农村群众的参与表达机制应对农民群众的实际展开调查研究，要充分尊重民众的意愿，更多地听取来自民众的声音，了解农村群众的文化需求和广大农民的期盼，反映民意、体现民情，畅通沟通渠道，使民众的需求偏好得以有效快速地表达出来。可以通过入户调查、网络平台调查等方式，对农村群众精神文化生活的状况进行摸底，了解人民群众的真正需要，反映农民的各种利益诉求，搭建农民群众意愿、文化权利和对公共文化产品的需求表达与诉求机制。应当以民生需求为导向，科学合理的文化诉求表达机制的设计需要符合民意、贴近农村，充分考虑农民的意愿与需要，广泛听取农村群众的意见，把群众的利益放在首位，要把农民赞成不赞成、高兴不高兴、愿意不愿意作为衡量服务高低的标准。

第二，积极构建农村公共文化服务的反馈和纠偏机制，提高农村公共文化服务供给的效益和质量。要坚持有效性原则，根据农村群众的需求做到有的放矢，避免无效供给。应不断健全农民需求回应机制、动态监测机制与纠偏机制，充分了解农村群众的文化需求信息，使政策的制定更“接地气”。通过建立有效的意见反馈机制，可以及时了解文化服务的效果是否真正符合农民的文化需求意愿，充分知悉不同层次、不同年龄、不同群体对文化服务需求的偏好，从而为农村提供更多更好更有质量的服务。建立高效可行的农村群众公共文化需求的反馈与纠偏机制应实行信息公开制度，使民众获得更多的知情权，使他们及时了解国家政府所公布的文化政策，并乐于参与农村公共文化服务的决策，来表达他们的文化诉求。此外还应努力完善农村公共文化服务的供给制度，建立以需求为导向的供给机制，增强需求与服务之间的有效对接，解决农村文化产品和服务供给不匹配等问题。

通过建立与完善农民文化需求的表达机制与反馈机制，来分析他们有关公共文化服务的供给与需求状况，使群众的需求能顺利地传达到决策部门，使决策能精准对接农村群众的文化需求，从而有针对性地提供优质的文化服务，不断提高农村文化服务的供给能力，优化服务供给机制，提升农村公共文化服务供给质量。

2. 建立考核、评价与激励机制，提升服务的效能

首先，要科学规划、建章立制，构建科学合理的农村公共文化服务考核、评价与激励的长效机制。政府“应切实担负起公共文化产品生产和供给服务的统筹规划、组织协调职能，探索建立政府采购、投入保障、产品内容监督的相关政策制度”①。要不断完善政策法规、加强农村公共文化服务法律制度的建设，在各个层面做到有法可依、有章可循。还应积极构建农村公共文化服务管理部门的问责制度和监督机制，建立政府自评与社会参与的公共文化服务绩效和文化监督评估体系，增加“自下而上”的评估，明确评估主体、执行部门以及后续的管理，抓好考核相关政策与法律制度的落实，要把考评结果与政绩直接挂钩，把农村的文化建设纳入地方领导和管理人员的政绩考核之中，并实施必要的奖惩措施。同时着力建立科学有力的评价指标体系，引入绩效考评机制，设计合理的测评指标，详细规定文化经费支出、文化设施建设、文化服务质量、文化队伍建设等内容，进行科学考核。

其次，应以群众满意度作为服务的标准，提高农村公共文化服务的能力。政府应积极发挥提供农村公共文化服务的主导作用，“实现政府文化管理部门由管治型向公共服务型转变、由全能型向有限型转变、由权力型向责任型转变”②。要不断增强农村公共文化服务的意识与动力，创新服务的方式与改进服务的条件，把政府建设成为农村公共服务型政府。应充分考虑农村群众的需要，满足其利益愿望，消除城乡服务不均衡的“二元供给”，消除文化支持和服务的城乡差别，促进城乡公共文化服务资源的均衡配置与区域、城乡文化的协调发展。同时应鼓励农村

---

① 周青：《对完善四川公共文化服务体系的思考》，《中华文化论坛》2014 年第 11 期，第 129—130 页。

② 张良：《政府主导、社会参与、市场配置：农村公共文化服务体系建设的理想模式》，《理论与现代化》2012 年第 4 期，第 25—30 页。

民间文化组织建设，并将其活动纳入规范化与制度化管理之中，不断拓宽服务的渠道，统筹协调各种力量，从而提高农村服务管理工作的效率。政府应当发挥农村公共文化服务体系建设的主体作用，满足农村公共文化服务供给需求，把公共文化服务体系建设纳入农村经济社会发展的总体规划中，“应当秉持公正、公益、均等、普惠的公共价值取向”①，坚持城乡统筹、均衡发展的原则，突破传统城乡二元对立的公共文化结构思维模式，建立城乡统筹机制，进行合理的资源配置，彰显公平正义。着力建立农村公共文化服务体系建设的协调与保障机制，进行科学管理与机制上的创新，提升农村公共文化服务的效能，为农村提供多层次、多样化的文化服务。应不断完善农村社会保障体系，构建开放高效、充满活力、服务优质的农村公共文化服务体制机制，保障农村群众的公共文化权益。政府要发挥主导作用，提升农村公共文化服务的治理能力，促使自身转变成为经济建设与公共服务相结合的政府。应强化考评机制，把农村公共文化服务建设纳入政府工作目标考核体系当中，建立起权责明确的目标管理责任制度，加强对公共文化产品的审查与监督，并且鼓励农村群众共同参与监督。

文化管理部门应出台农村公共文化服务体系的政策措施与相应法规，建立科学合理的法律制度体系，推进法治文化的建设，让农村公共文化服务在法律制度的规范下依法办事。还应增强服务意识和参与意识，创新服务的方式，改进服务的品质，使农村公共文化服务更加便捷、高效。要积极构建农村文化援助机制，组织开展各项文化服务活动，不断完善农村公共文化服务，提高服务的效能。尤其要加大对农村贫困地区的扶持力度，加快边远贫困农村公共文化服务体系建设，做到精准扶贫。

（三）培育乡村文艺骨干，建设高素质的乡村人才队伍

人才是构造农村公共文化服务体系建设的保障与关键，是农村公共文化服务体系建设的宝贵资源。文化管理部门应当实施人才兴农兴文战略，精心打造一支素质优良、结构合理的农村文化服务队伍。

---

①　张瑜：《论公共文化服务体系构建中的政府职能与角色定位——基于城乡统筹发展的愿景》，《广西社会科学》2014 年第 12 期，第 153—156 页。

1. 坚持以文化人，建设一支农村基层公共文化服务的精英队伍

首先，农村基层公共文化服务的精英队伍需要广纳英才，招募那些熟悉文化市场的运作规律、职业道德高尚的德艺双全文化能人到农村基层服务，发挥他们的引领示范作用。要加大对农村公共文化人才的培育与引进，为农村文化服务配备专业技术人员和专兼职文化工作人员。可以通过加强农村文艺骨干队伍的培训，提高文化从业人员的素质与服务的技能，为乡村文化建设注入新的活力。同时需要优化人才发展环境，文化人才的培养、评估与考核机制，改善基层文化工作者的福利待遇，吸引优秀的文艺工作者投身到农村的文化服务工作中，发挥志愿者的作用，为农村基础文化单位输送新鲜血液。例如，“在 2014 年 7 月 8 日，河北省人社厅和财政厅联合发文，全年免费培训农村劳动力 2 万人，所需资金全部由省财政拨付，培训补助标准为每人 725 元”①。

其次，要整合人才资源，造就一支懂农业、爱农村、爱农民的“三农”工作队伍。队伍是文化服务的基础，一支优秀的农村文化服务队伍能够为农村文化繁荣发展提供智力支持，因此必须加强与完善农村公共文化服务队伍的建设，同时还需加强文化志愿服务，建立自愿组织与队伍，培育业余文化队伍，充分挖掘农村具有特殊艺术才华的能人，鼓励有较高文化艺术修养的人才到农村基层从事文化工作，形成多方参与的人才合力。此外，还要不断完善岗位管理制度，建立吸引人才及其干事创业的环境与制度，安排好文化服务人员的配置，不断优化农村文化人才的工作环境和工作待遇，为他们提供更多的发展平台与机会以及公正公平的发展环境。例如，广东东莞采用“村用、镇聘管、市指导”文化管理员的模式，积极推进村级公共文化服务队伍建设，有效解决了农村文化管理服务队伍人才缺乏的难题。

文化人才队伍的塑造要坚持农民群众文化需求的价值取向，满足不同农民的文化需求偏好。文化服务人才队伍应有服务的意识，推进服务的创新，积极主动为农村群众提供公共文化设施、公共文化活动等一系列公共文化产品和服务。应大力繁荣和发展我国社会主义的先进文化，

① 熊英：《新型城镇化视域下农村公共文化服务体系的构建》，《农业经济》2015 年第 11 期，第 45—46 页。

抵御外来不良文化的侵蚀与影响，为农村现代公共文化服务体系的健康发展提供优质环境，供给更多更好的符合农民意愿又符合农村本地区特色的文化精品，不断满足农村社会成员的精神文化生活需求。总之，要打造一支关心农村文化事业的“三农”文化服务人才队伍，共同推动我国农村群众文化的大发展大繁荣。

2. 唤醒文化自觉，培育农村文化的自生机制

要加大人才的培训力度，把“送文化”转变成“种文化”，提高农村自我“造血”的功能，形成农村基层文化的造血机制。要把文化舞台交给农村本土文化人才甚至农民自己，培育农村文艺创作与表演人才，壮大农村民间文化队伍。鼓励农村群众自编自演，组建秧歌表演队、书画研究会、业余剧团、戏迷俱乐部、戏剧社、民间曲艺团等团体。要动员农民自主组织起来参加公共文化服务活动，变“被动接受”为“主动参与”，鼓励农民自办文化，培养农村文化骨干和业余演出队伍，尤其要大力吸引技艺精湛的民间艺人来充实农村文化服务队伍。这样可以让农村群众在参与活动中体现自己的价值，从而调动他们参与公共文化服务的积极性，激发他们热衷于农村文化事业的创新活力，增进他们文化参与的“获得感”。推进乡村文化服务人才队伍的塑造，应当更新民众的思想观念，培育他们的文化自觉意识，促进他们的文化认同和文化自信，不断激发农村文化发展内生动力，把“输血”变为“造血”，增强农村群众自我服务的能力。应积极鼓励农民自己“种文化”“创文化”，充分调动群众参与的积极性，发挥农民群众的主体作用，提高群众参加农村公共服务治理的参与度，推动农村群众自我服务、自我表现与自办文化。

提升广大农民的文化素养，需要启发农民自身的文化自觉。通过对农村公共文化服务技能的培训、服务的宣传等路径来激发农民农村文化建设的自觉性、使命感、责任感以及热心农村公益文化事业的积极性，培育农村群众的公共文化意识和精神，激发他们喜欢文化、参与文化、创造文化的情感，唤醒他们内心的文化自觉，并形成对乡村文化的认同，从而不断提高农民群众自身的文化修养、文化鉴赏能力和水平。应当积极举办引导专业人才对口培训和指导农村基层文化活动，通过技能培训、文艺演出、养生讲座等形式，培养高素质的新型农民，提升他们

的职业素养、职业道德、专业技能和基本文化艺术修养等，尤其要大力支持农村创建表演团队和文化团体，如业余剧团、戏迷俱乐部、书画研究会、秧歌表演队等，充分挖掘农村有特长的优秀文化人才、文化名人、文化能人、业余文体骨干，激发农村群众的文化表演欲和自豪感。

乡村的振兴需要加强乡村文化人才队伍的建设，对人才资源进行合理配置，既应加强村文化基层干部与文化管理员队伍的建设，也应采取扶持民间业余文化团体、激励农村公共文化人才、推进文化志愿服务、发挥“乡贤”作用等举措。还应培育文化志愿者队伍，提升他们的文化底蕴。可以在高校中招募、选拔和引进优秀大学生人才，给予志愿者更多展示其才能的舞台，激发他们积极投身于农村公共文化服务体系建设的热情。例如，江西省实施文化“引进来”和“走出去”战略，打造了一支江西本土和引进外援高端优秀人才队伍。

（四）利用互联网平台，弘扬社会主义先进文化

在网络技术日新月异的新时代，互联网有利于推进农村生活多样化，逐步缩小城乡文化差距，促进城乡资源的共享。当前需要推进有线电视数字化，并由“村村通”向“户户通”逐步转变，基本实现农村全覆盖。

1. 建立数字化的服务平台，推进农村网络信息化服务

文化管理部门应该树立现代媒体意识，建设农村互联网络，启动“宽带村村通”工程，搭建公共文化网络、微信平台，开通文化配送、资源共享、信息服务等功能，建立农村公共电子阅览室、农村公共文化资源共享数据库等，为农村群众免费提供上网服务，丰富他们的现代文化生活。

第一，推进乡村文化的网络化、数字化、信息化建设，不断增强农民使用互联网的能力。上网将越来越成为未来农村群众重要的文化娱乐形式，但农村群众对现代信息技术的使用能力欠缺，因此，亟须将碎片化、分散化的资源、要素通过虚拟网络的形式进行体系化组织与整合，促进服务与科技的融合，搭建公共文化服务平台，建立标准化、网络化的农村社区文化活动室，营造网络空间全民阅读、科学文明的氛围。还需优化整合农村公共文化服务资源，盘活利用好现有资源，实现资源增值，避免资源闲置浪费。

第二，利用多种“互联网+”形式，搭建农村公共文化服务与教

育的平台。农村文化管理部门要适应网络信息时代的发展，做好“互联网＋农村公共文化服务”与农村公共文化服务信息化、数字化服务，要善于利用QQ、微信、微博等网络新媒体技术手段，为群众提供免费或优惠的文化活动。通过农村公共文化服务网络信息平台的建立，形成政府与农民之间沟通与反馈机制，使公共文化建设的开展情况、农民民意状况、资金使用情况等全部暴露在阳光下。也可以利用互联网技术不断积极创作格调健康、农民群众喜闻乐见的网络文化产品，使他们充分享受到现代网络信息技术所带来的便利。江西赣州“挖掘赣南农村本土文化资源，使‘客家文化’、‘苏区文化’、‘赣南采茶戏’、‘赣南山歌’等具有赣南地方特色的优秀传统文化得到有效传承发扬”①。

2. 传播正能量，引领农村群众形成正确的思想观念与价值取向

第一，占领农村群众的思想文化阵地，弘扬社会主义先进文化的主旋律。需要加大网络新媒体对正能量思想的宣传力度，保证文化产品的质量和正确的思想方向。应大力弘扬社会主义核心价值观，不断扩大我国文化的国际竞争力和影响力，提升农村文化软实力，摒弃和抵制低级庸俗的不良文化、低俗文化和腐朽落后的文化，杜绝迷信、低俗、落后的文化资源进入农村，减少对农村群众的精神侵染。要用优秀先进的文化武装农村群众的头脑、占领他们的闲暇时间，使他们在不同文化的激荡中能够站稳脚跟。

第二，立足农村农民群众的实际，培育正确的价值取向。农村文化服务管理部门可以利用网络技术大力弘扬中华民族的传统美德，革新农村现代文明，培育农村进步的、反映时代精神的本土独特的艺术文化，使中华传统文化与乡村的田园风光结合起来，不断丰富农村群众多样化的精神文化生活，营造“乡风文明”的良好环境。要立足于农村农民的实际，继承地方优秀的传统民俗文化，弘扬现代优秀的文化艺术，传播具有积极向上、充满正能量的文化艺术作品，发展和繁荣社会主义的具有艺术性与思想性的先进文化，这些都有利于社会主义意识形态的增强，有利于我国农村社会主义先进文化的弘扬与发展。

---

① 李荣华：《赣州农村公共文化服务体系建设探讨》，《合作经济与科技》2017年第6期，第181—183页。

（五）传承乡村记忆，打造农村文化品牌

城市文化应当反哺乡村，为农村提供便利、多样的文化服务和文化产品，不断改善农村群众精神文化的生活状况，满足广大农村群众的基本文化需求。

1. 发掘农村地区的本土文化资源，继承与发扬乡村优秀传统文化

地方文化管理部门应当加强乡村文化遗产保护，不断塑造农民的乡村记忆。要传承和利用好农村群众中的优秀文化资源，深入挖掘民间的“草根文化”以及乡村淳朴风俗中宝贵的精神面貌，促进乡村优秀文化的传承、创新与弘扬。要坚持以民为本，注重激发村民的文化创造力，发现和挖掘乡村艺人，调动民众参与公共文化活动的积极性，让村民自演主角，发挥他们的聪明才智，释放农村群众文化创造的活力。

第一，注重利用农村丰富的传统文化，提供与乡土气息相一致的公共文化服务，塑造农民的乡村记忆。要充分发掘有特色的乡村传统文化，传承和发展优秀民间民俗文化，不断挖掘乡村文化资源，给予农民公共文化需求以深切关怀。要坚持以人为本、惠民优先的原则，以村民为中心，充分保障农民的文化权益，保障农村群众文化的参与权、话语权与创造权。坚持“以文育人”“以文化人”，增强服务的效能与活力，以文化造福百姓，不断满足民众的文化诉求，提高农村群众的满意度，让村民尽享丰盛的文化大餐。

第二，构建科学合理的制度保障体系，加强对乡土文化的传承和保护。当前乡村传统文化面临着日渐式微的困境，许多古村落文化、名镇文化、传统的扭秧歌、舞龙狮等文化活动常因青壮年外出打工而无人继承与发扬。因此亟须加强对传统文化的保护，积极构建城乡联动机制与农村文化遗产保护体系，要充分保护与管理好农村传统文化资源，促进乡土文化的管理由传统管理型向现代服务型转变，把农村公共文化服务体系的建设作为民生工作的一项重要内容来抓，构建和谐美丽的乡村文化生活环境。如山东烟台市“完善并落实文化发展配套政策，从财政、土地、投融资等方面支持文化建设”①，推动了农村公共文化服务体系

---

① 王占益：《创新机制：推动现代公共文化服务体系构建》，《山东农业工程学院学报》2015年第2期，第132—136页。

的有效构建。

2. 创新当代的文化产品，打造地方特色文化品牌

要树立品牌意识，打造文化品牌，创造深受群众喜爱、具有时代精神的文艺精品力作，培植地方特有的享誉全国的公共文化品牌。文化品牌要在形式与内容上贴近农民的实际生活需要，满足不同人群的喜好与品位，要激发“草根”的文化积极性，能够让群众方便参与、乐于参与。

第一，要提升农民的综合素质，塑造农村高雅艺术的殿堂。农村文化的繁荣发展需要搭建高效的农村公共文化服务体系，提升为农村服务的水准，促进农村公共文化服务的有效供给。如山西省长治县政府买单每月推出 6 场戏曲大餐；海南省打造风情小镇和咖啡文化馆，2016 年就吸引了 100 万游客。江苏省太仓市从 2008 年起举办“百团大展演”，打造公共文化服务品牌，激发了农民的文化创造热情，取得了显著成效。河南省宝丰县利用底蕴深厚的民间文化，大力发展魔术、曲艺等农村特色文化产业，探索出一条“农民创造文化，文化造福农民”的特色文化之路。此外还需要不断提升农民的综合素质，培育农村群众的人文情怀与人文精神，丰富农民群众的文化生活，要结合本土文化，形成高雅文化、群众文化、乡土文化的需求表达机制，形成具有当地特色的农村公共文化服务体系，如“一村一年一场戏”“百场演出下基层”等文化服务活动。

第二，凸显地方特色文化，打造具有地域特色、文化积淀的乡村文化精品。可以组建民间剧团、农民歌会、文娱活动队、秧歌队、健身舞团等，让农民在劳动之余在农村的舞台上尽显自己的风采。打造地方特色文化品牌应当紧贴中国农村的实际，也可以依托重大节日庆典活动，举办能反映当前农村时代风貌的民俗文化活动，并结合各农村自身的地理特点以及经济发展状况不断推陈出新，创造出农民群众喜闻乐见的农村优秀文艺作品与文化活动，如成都大庙会、成都国际非物质文化遗产节等深受广大农民群众的欢迎，也推动了农村文化焕发出艺术的光彩。农村文化的发展繁荣需要继承优秀传统文化，传播中国精神与先进高尚的社会主义文化，大力弘扬中国社会主义核心价值观，增强我们的文化自信心和民族自豪感，还要打造深受群众欢迎的、反映农村时代风貌

的、风情各异、性质独特的地方文化品牌，增强世界各国对中国新丝绸之路的文化认同。例如，江西省历史悠久，拥有丰富的历史文化资源，江西充分挖掘了陶瓷文化、茶文化、客家文化、稻作文化、道教文化、禅宗文化等丰富资源，使景德镇的陶瓷、婺源的茶叶、铅山河红茶、袁州夏布和茧丝等远销海外。江西省进贤县前坊镇西湖李家村充分利用和挖掘山水资源和古村神韵的优势，极大地提升了村容村貌、生态环境和文明乡风等，并于2011年1月被评为中国幸福村；江西永新县打造了盾牌舞文化村，兴建了三湾改编纪念馆、三湾公园、贺子珍纪念馆、三角班艺术研究会等；目前江西省已建成了八一南昌起义、江西旅游文化资源库、江西特色之乡、江西地方志、江西革命文献、江西企业等10个地方文化资源数据库，还建设了江西省图书馆学会网、江西古籍保护网、江西文化信息资源网；新余市现在已建立了1个群众艺术馆、2个县级文化馆、33个乡镇综合文化站。“江西省安福县精心打造的‘激情泸潇·最美樟乡’系列广场文化、‘一村一品’农村特色文化活动、国学经典诵读和民间民俗文化活动已逐步趋向成熟，创造出了群众既熟悉又充满活力的文化氛围，培育了具有浓郁地方特色和享誉全省乃至全国的文化活动品牌。”① 这些都有力地宣传了以江西文化为主题的文艺精品，繁荣了江西的文化市场。

2013年习近平主席提出“一带一路”即“新丝绸之路经济带”和“21世纪海上丝绸之路”的伟大构想，这不仅对于实现世界的共同繁荣发展、构建共建人类命运共同体具有重大的意义，也对我国农村公共文化服务体系的建设有着深远的影响。为了促进长江经济带建设和江西在中部地区的崛起，2015年2月12日“江西省商务厅出台了《关于积极参与‘一带一路’建设的措施和意见》，要将江西省打造成为‘丝绸之路经济带’和‘21世纪海上丝绸之路’的连接点和内陆开放型经济战略高地”②，并提出33条举措来对接“一带一路”建设，“海上丝绸之

---

① 陶国根：《农村公共文化服务体系建设的现实困境与路径选择》，《沈阳干部学刊》2017年第1期，第41—44页。

② 江西省商务厅：《省商务厅出台33条措施积极参与“一带一路”建设》，2015年2月16日，http：//www. jiangxi. gov. cn/xzx/jxyw/tjyw/201502/t20150216_ 1125732. html。

路又被誉为海上陶瓷之路，而江西正是海上丝绸之路的起点”[①]。江西省是一个文化大省，也是海上丝绸（陶瓷）之路的一个重要源头，它已经成为“一带一路”倡议内陆腹地的一个重要支撑点，起着不可或缺的作用，因此江西充分发挥独特的地缘、人文、生态、旅游等资源优势，打造美丽江西。江西省赣州市掀起了农村公共文化送政策、送温暖、送服务“三送”工作，输出农村的特色文化，引进优秀的文化文艺产品，推动江西农村公共文化服务体系建设向纵深发展。

第三，打造具有核心竞争力的文化知名品牌，应重视城乡发展的均衡与城乡文化的融合，优化配置城乡文化资源，推进城乡文化一体化的发展，尤其应补齐农村发展的“文化短板”，保护农村的资源优势，推进农村地区文化的可持续发展。要增强优秀文化供给的数量与质量，采用多元化的供给模式，提供多样化的服务，做到供给内容丰富多样。文化服务要贴近百姓的生活实际，不断推进农村公共文化服务的效益与质量的提高，创造更多具有乡村特色的品牌文化产品，并对这些特色品牌进行适当保护与鼓励，“努力形成‘一乡一镇一品牌’的格局”[②]。

“同心山成玉，协力土变金”，新时代农村公共文化服务体系的建设需要克难攻坚的奋斗精神，需要政府、社会、团体以及每个人的共同努力。全面建成小康社会的理想和乡村振兴的实现需要我们携起手来共同补齐农村文化发展的短板，把优秀的公共文化带给农村，推进农村文化的大发展、大繁荣，开拓我国农村公共文化服务体系建设的新局面，最终把农村公共文化服务体系建设成记忆乡愁、凝聚乡情、富有乡韵、老百姓喜闻乐见的阵地。提高我国文化吸引力、竞争力、聚合力和影响力，推动农村文化的繁荣发展，提高农民的文化生活水平，这是全面建成小康社会与实现文化强国战略目标的必然趋势和要求。我们需要构建一个结构合理、发展平衡、网络健全、运营高效、服务优质的覆盖全社会的农村公共文化服务体系，发挥农村文化资源的优势，打造农村特色文化，不断提升我国乡村文化的底蕴，绘制农村文化美好蓝图，使农村

---

① 毛小明、尹继东等：《“一带一路”背景下江西出口贸易增长分析》，《江西社会科学》2015 年第 3 期，第 74—78 页。

② 胡恒钊：《我国农村公共文化服务体系建设的困境与重构》，《中共天津市委党校学报》2018 年第 2 期，第 1—5 页。

群众充分享受到公共文化服务的恩泽，沐浴着先进文化，丰富其精神文化生活，逐步满足他们过上美好生活的新期待。

第三节　农村教育环境：乡村振兴战略背景下我国农村教育现代化的推进

农村教育现代化是我国教育现代化进程中必不可少的一部分，新时代党和国家实施乡村振兴战略，为农村教育现代化提供新的发展机遇。如何推进并实现农村教育现代化，是当今一个值得研究的重大课题。优化农村教育环境，实现农村教育现代化，也是推进城乡教育一体化、做好城镇务工人员流动子女教育衔接工作、破解其教育困境的必由之路。

进入21世纪，我国首份教育规划纲要《国家中长期教育改革和发展纲要（2010—2020年）》将教育的战略目标确定为2020年基本实现教育现代化，并且国家采取多种措施来改善农村教育状况，使我国农村教育逐步实现现代化。党的十八大再次明确了2020年“教育现代化基本实现”的战略目标。党的十九大报告提出“实施乡村振兴战略”，强调要建立健全城乡融合发展机制，并在2018年发布中央“一号文件”《中共中央国务院关于实施乡村振兴战略的意见》（以下简称《意见》）①，以解决农业农村农民这个关系着国计民生的根本性问题。党和政府关于农村发展的一系列顶层设计为农村教育现代化发展带来了新的机遇。在此背景下，探讨“乡村振兴战略”与“农村教育现代化”的关系也成为学术界的一个热点。农村要发展，关键靠教育。乡村振兴亟须大力发展农村教育，培育农村人才，涵养文明乡风，推进农村教育现代化。农村教育作为我国教育现代化的薄弱环节，它“弱”在哪里？学者们是怎样看待农村教育现代化发展进程的？在进一步推动农村教育现代化过程中遇到的难点又应当如何解决？鉴于此，本节着力于优化农村教育环境，拟从农村教育现代化的内涵、特征、现状、在农村教育现

① 《中共中央国务院关于实施乡村振兴战略的意见》，《人民日报》2018年2月5日。

代化过程中出现的一些问题和困境以及学术界对于农村教育发展方向的争议来进行剖析，对乡村振兴战略背景下我国农村教育现代化研究展开思考，探索推动我国农村实现教育现代化发展的可行之路。

一　农村教育现代化的内涵、特点与意义

乡村振兴战略是新时代引领中国乡村社会教育发展方位和破解“三农”问题的战略部署。实施乡村振兴战略离不开振兴农村教育这一关键环节，乡村教育是乡村振兴的基础，教育兴则农村兴。农村教育现代化是响应乡村振兴战略的应有之举，是推进乡村全面振兴的题中之义。

（一）农村教育现代化的内涵界定

要把握农村教育现代化的内涵，有必要从教育现代化入手。有的学者从字面意义上强调从传统的教育到现代教育的转变过程就是教育现代化，与现代社会的发展同步，比如教育技术、教育管理的科学化；有的学者则侧重于教育现代化的动态性和过程性，认为它是随着教育形态的改变而变迁的不断增长和实现的过程，需要配合社会的发展和需要；还有的学者认为，第二次世界大战以来新独立的落后国家学习和借鉴西方发达国家的教育活动——教育国际化，这也是教育现代化的一个过程。在党的十九届四中全会召开之后，教育治理现代化又颇受人关注。这些思考都是对于“教育现代化”内涵的积极探索。现代化是一股具有全球冲击力的浪潮，科学技术的发展是其重要组成部分，所以从狭义上讲，教育现代化是指办学设备设施等硬件以及教育方法和手段的技术化、信息化的过程；从广义上分析，教育现代化是利用一切现代科学技术、思想和成就去改进教育并使其顺应时代发展需要的“集大成”过程。

教育现代化具有全面性、深刻性、战略性及引领性，突出强调了信息技术在教育中的重要作用。著名学者顾明远认为：“教育现代化是指建立在先进科学技术基础上，与社会生活密切联系的，能够满足全民学习需要的教育。”[①]“教育现代化是以先进教育观念为指导，科学运用先进技术变革教育，教育整体达到具有适应和引领现代社会发展要求的思

① 顾明远：《试论教育现代化的基本特征》，《教育研究》2012 年第 9 期，第 4—10 页。

想、观念、体系、管理、制度、队伍、内容、方法、手段、评价、环境、质量以及普及度、公平度的状态，达到促进人在现代社会的全面发展、个性发展、特色发展、创新发展、终身发展、智慧发展和全体发展的水平，达到培养具有国际竞争力的创新型人才水平的教育现代化”①，是由传统教育向现代信息化智慧教育转变的过程。

结合教育现代化的内涵，农村教育现代化内容至少包括三个层面：一是思想层面，即观念现代化，包括教育思想、教育理念、教育目标等一系列内容在内。我们需要思考社会对于农村教育现代化的合理期望，它的社会基础和自身的内在逻辑以及任务使命是什么，其价值如何体现等等，这是制定相关农村教育政策的前提。二是制度层面，即制度现代化。教育政策需要一系列的制度、措施把教育活动体现出来，所以农村教育现代化不应该仅仅是一个理念，它更应该是一个系统的制度，比如国家将相关教育政策贯穿在农村教育现代化组织、管理、评价等机制和举措上来实现农村教育的调整与变革。三是实践层面，即物质现代化。农村教育要通过什么途径、方式与实践活动来实现现代化，农村教育现代化的现实力量从哪里来。总的来说，农村教育现代化就是以教育现代性为依归，以农村现实性为核心，通过农村教育实践活动实现农村教育价值向现代转型的过程。

农村教育现代化的最终目的应充分体现立德树人、培养德智体美劳全面发展的社会主义现代化建设接班人的发展诉求。农村教育现代化可以有效满足农村现代化发展的需要，提升农村人口的综合素质，培育提高农村人力资源质量，促进乡风文明建设，加速农村现代化进程。可以借助现代科学技术手段，打造具有农村特色的现代化的教育体系，以农村教育现代化为契机，在形成符合农村特色的教育实践中助力立德育人，以解决农村现代化进程中体现突出的教育困境。

（二）农村教育现代化的时代特点

农村教育现代化是农村现代化的有机组成部分，在当前乡村振兴背景下农村教育现代化的特点可以从教育理念、教育目的、教育手段三个

---

① 陈琳、陈耀华等：《走向实现的教育现代化定义研究》，《中国教育学刊》2015 年第 11 期，第 33—37 页。

维度进行分析。

第一，教育理念以村为根。当前，城市化和城市教育现代化冲击着农村教育的发展，农村优秀生源流失，或是升学，或是外出就业，农村教育面临着精神贫瘠与文化失根的被动局面。基于以上农村教育的窘境，新时代乡村振兴战略为农村教育摆脱困境提供了指导。“农村教育不能沦为城市教育的附属品，而应拥有农村自己独具魄力的特色品位。”① 在教育理念上更加注重本土文化特色与现代教育理念的结合，将本地优秀传统文化融入农村教育现代化的教育理念之中，秉承以村为根的理念，让更多的学子记得住乡愁，记得住农村文明。

第二，教育目的以人为本。当前农村正在加紧推进农村教育现代化进程，着力于提高学生的人文关怀和综合素质。教育所面对的主体是人，人是施教者，同时又是接受教育的对象，新时代的农村教师队伍在教学方面更加注重学生的实际需求，教学做合一，使学生亲其师，信其道。因此，当前农村教育现代化进程中，农村教育的目的应坚持以人为本，求真务实，推进农村教育现代化的实现，不断促进人的全面发展。

第三，教育手段以新为体。首先，教育装备要新，体现在教学设备的现代化和信息化上。其次，农村教育现代化教学不仅包括显性教具，还包括学校制度、教师队伍和教师管理等隐性的现代化因素。促进城市教育现代化中科学的、贴近农村教育实际的现代化教学手段的不断更新，适应新时代的新要求，为农村教育现代化注入新的动力。

（三）农村教育现代化的战略意义

教育作为对社会经济发展有重要制约力的因素，农村教育现代化发展对实现乡村振兴具有重要意义。农村教育现代化发展是乡村振兴战略的题中之义。习总书记一直把“三农”工作牵挂于心，把满足人民群众日益增长的美好生活需要放在治国理政的突出位置。新时代乡村振兴战略是立足于广大人民的需求，提高人民综合素质，促进人的全面发展的重大决策部署。农村稳则天下安，农民富则国家强。建设全面小康社会最艰巨最雄厚的基础在农村，最大的潜力和后劲也在农村，在决胜全

---

① 于衡：《关于我国农村教育现代化的几点对策》，《农业经济》2019 年第 7 期，第 104—105 页。

面建成小康社会、全面建设社会主义现代化国家的伟大航程中，农村教育现代化必然是国家乘风破浪的压舱石，是对中华民族伟大复兴具有决定性意义的重大战略部署。《中共中央国务院关于实施乡村振兴战略的意见》明确提出，要优先发展农村教育事业，推进农村教育现代化发展是其题中应有之义。在现今中国农村地区的教育教学体系中，已经存在的并且比较完善的是农村义务教育。随着我国各项事业的发展，城市化浪潮的兴起，社会的不断发展更需要有知识、有文化、受过专业培训的人才，人民群众在满足大多数物质需求的情况下将更多的目光投向了精神文化的追求。学前教育、素质教育、成人教育、职业教育等各种教育形式纷纷涌现，满足着人民群众更加多样化的需要。但这些教育形式更多的是在城市里存在，在农村地区则寥寥无几。即使是 20 世纪七八十年代城乡差距较小、较为完善的农村基础教育，现今也远远落后于城市。所以，农村教育现代化与农村教育振兴是乡村振兴的重要组成部分，是新时代党和国家对农村教育问题的战略部署和新要求，农村教育现代化发展有利于我国农村教育的进一步深化，是乡村振兴战略的题中之义。

农村教育现代化发展为乡村振兴战略提供智力支持。乡村振兴的关键在人才。习近平总书记明确要求，要打造一批强大的乡村振兴人才队伍。培养一批爱农村、懂农业、学识广博的教育现代化人才对于破解“三农”问题具有基础性和关键性的作用，这支队伍是农村发展的重要人才来源。农村教育现代化的建设有利于焕发乡村文明新气象，挖掘延续乡村根脉，为社会主义新农村建设和乡村振兴提供人才支撑。农村教育现代化发展必将推动乡村振兴战略的有效实施。《中共中央国务院关于实施乡村振兴战略的意见》指出，到 2035 年乡村振兴取得决定性进展，农业农村现代化基本实现。也就是说，乡村振兴的实质是实现农村的现代化，涉及农村经济、文化、生态等领域的全面振兴，究其实质是“培养什么人”的问题，是人的现代化，否则社会的现代化就无从谈起。而人在知、情、意、行等方面由传统性到现代性的转变，教育的作用举足轻重，它直接决定着一个人所能转变的程度。只有推进和实现农村教育现代化，改善农村教育的薄弱方面，提升农村教育质量以突破城乡二元对立的教育机制，受其影响的农村生态环境、乡风文明也会得到改善。没有教育的现代化就没有人的现代化，社会的发展亦会缺失

“人才”这个重要因素。推动并实现农村教育现代化，能更好地为乡村振兴提供智力支持，有效推动乡村振兴战略的顺利实施，在乡村振兴中使小康之路越走越宽。

二　乡村振兴战略助力农村教育现代化的价值追求

“乡村振兴的要义是从过去以城市为中心的发展战略向城市与乡村并重、城市与乡村真正平等的战略转变。”① 乡村振兴战略是以习近平同志为核心的党中央高瞻远瞩，深刻把握党和国家当前社会主义现代化建设及城乡关系的实际，提出蕴含产业、人才、文化、生态、组织五大乡村现代化的深刻内涵的全方位战略规划。

农村要发展，关键靠教育。然而，当前农村教育面临着留守儿童教育、师资力量薄弱、经费短缺、教学设施落后等问题。在乡村振兴战略实施背景下我国农村教育日益走向现代化，这给农村地区的发展带来了新的契机。乡村振兴战略是新时代引领中国乡村社会教育发展方位和破解“三农”问题的战略部署。在中国共产党十九大会议报告中，习近平总书记站在治国理政全局的战略高度提出了乡村振兴战略，并把它作为全面建成小康社会决胜期的七大战略之一。2018 年的中央农村工作会议对乡村振兴战略的实施做出了更加具体的战略规划部署。在新时代乡村振兴战略的提出和实施有利于我国进行新农村建设，对于做好“三农”工作至关重要。同时，乡村振兴战略的实施也让农村教育迎来了新机遇，开辟了农村教育发展的新天地。乡村振兴战略符合新时代、新形势下新农村建设的要求，顺应了广大农民的期待，是农民们的共同心声和价值诉求。

乡村振兴战略是推动农村教育振兴与提升农村教育平等权利的重要举措。乡村振兴战略提出的初衷是改善当前城乡发展不平衡，即通过乡村的发展，改善人居环境，促进乡村经济、人文等各方面的发展。当前，我国农村教育资源与城市教育资源之间还有一定的差距，许多务工人员子女选择逃离乡村教育，选择教育条件更好的城市就读。因此农村

---

① 杜育红、杨小敏：《乡村振兴：作为战略支撑的乡村教育及其发展路径》，《华南师范大学学报》（社会科学版）2018 年第 2 期，第 76—81 页。

持续性的生源流失造成了“三方压力”和“一缺失”现象，“三方压力”即城市资源人均占有量少、家庭经济压力大、学生升学压力大，“一缺失”指农村发展缺少动力。实施乡村振兴战略有利于扭转当下农村教育羸弱的局面，助力农村教育良性发展，进而推进农村教育的现代化。

乡村振兴战略是传承乡村文明的有效途径。农耕文化深深地滋养着中华文明，农村是中华五千年乡村文明的基本载体，因此乡村振兴重在振兴农村本体。要做到从根本上振兴农村本体，离不开学校教育这一关键载体。实施乡村振兴战略振兴农村教育有利于将农村特色文化即所蕴含的优秀思想观念、人文精神、公序良俗等通过学校教育让学子深入了解家乡的风土人情，给学生心灵埋下真善美的种子，建设美丽乡村。同时，农村教育工作者可以通过多种形式赋予农村特色文化以时代特色，在保护传承的基础上实现创造性的实践活动和创新性授课，让更多的农村孩子记得住根，记得住乡情。乡村振兴战略使新时代的农村焕发出乡村特色文化的新气象，进一步丰盈和传承中华优秀文化。

乡村振兴战略是实现农村教育现代化的有效支撑。教育现代化的薄弱地区在农村，实现乡村振兴不仅仅是乡村经济的发展，而且是政治、经济、文化、生态等全方位的振兴。农村产业兴旺拉动乡村经济发展，农村文化影响着乡村凝聚力和向心力。实现农村现代化尤其要在乡村文化建设上下功夫，优先发展农村教育，营造良好的文化氛围，增强农村文化软实力，借助乡村振兴战略背景下的教育现代化推动政治、经济、生态等方面的长足发展，促使农村内部各个领域达到相互和谐、相互促进的动态平衡，最终用乡村振兴战略引领广大农民安居乐业、农村社会安定有序，推进农村全方位实现现代化。

三　我国农村教育现代化进程中的现实困境

1986 年 4 月，《中华人民共和国义务教育法》颁布，首次用法律的形式把免费的基础教育形式固定下来，标志着我国基础教育发展到一个新阶段。农村教育作为教育现代化的重要组成部分，从 20 世纪 80 年代初期的“一无两有”，即无危房、班班有教师、个个有课桌的基本要求，发展到现在基础设施、师资力量较为完善，人们自觉地追求更加优质、更加科学的教育，从时代对比以及个人受教育程度上看，农村教育取得了长足的进步。但我们要认识到，在实际的农村教育现代化进程中，我们依然面临着较多问题。当前农村教育现代化动力明显不足，还存在教学设施落后、教育理念陈旧、优质生源流失、师资力量薄弱等困难，需要持续发力，精准发现问题，对症下药。

（一）办学模式单一化

教育发展从纵向的教育层级来看，包括学前教育、义务阶段教育、高中阶段教育以及高等教育；从横向的教育类别来看，包括基础教育、职业教育以及成人教育。但目前，农村教育在结构类型和教学模式上却非常有限，从总体上看，基本上是单一的普通教育，也就是义务教育阶段实行统一的课程设计和教学要求，职业教育、成人教育、继续教育等教育类别则没有在农村形成系统化教育。即使有存在，在办学效益和办学质量上也大大落后于城市。农村教育办学结构高度单一，以学科课程为主，国家规定的其他综合实践类课程寥寥无几，更没有结合农村实际去开设活动课程……这大大加剧了学生培养模式的单一化。

在教学理念上，农村教师还存在着拘泥于传统教学观念，把升学率作为唯一衡量教学质量的取向与目标。乡村教育理念事关农村教育发展的全局，“当下，农村教育出现了不可遏制的‘教育城镇化’和‘复制城市教育’的行为特征”①，干扰了农村教育现代化的正常发展。学校的办学理念应当以学生为本，关爱学生，全心全意推进农村学生身心的全面发展。当前亟须着力制定与当前农村学校自身教育发展的实际情况相符合的办学制度，不断满足农村学子成长成才的迫切诉求。中国农村教育正经历着教育生源流失的窘境，当前农村学生的流动态势呈现出明显的城市取向，即“单向度螺旋式流动”②，追究农村教育生源流失的原因，对广大家长来说，城市学校的教学设施强、教育管理水平高、教学质量好、人文环境优等都是吸引农村家长竭尽全力将孩子从农村学校转到城市学校的动因。虽然国家实行的“两基”攻坚计划和“两免一补”政策深入人心，但农村优质生源流失的现状依旧难以得到有效

① 陈国华：《城乡等值：破解农村教育难题的关键》，《人民教育》2016 年第 12 期，第 28—30 页。

② 胡俊生：《农村教育城镇化研究》，中国社会科学出版社 2014 年版，第 49 页。

改变。

（二）学校条件弱质化

学校条件弱质化主要包括两个方面。一是在硬件方面办学条件差。1986年义务教育法颁布以后，农村义务教育阶段的学杂费被免除，政府渐渐加大了对农村教育经费的支持力度。但因农村教育投入历史性欠账，农村学校仍然在一个较低的保障水平上运行，存在着“办学用房紧张、功能场室配备不足、教育教学设施设备短缺、公用经费短缺以及缺乏教研和教师继续教育费用等现象”①。学校教育的发展离不开教学设施这一基础载体，对于农村学校来说，教学设施落后一直是学校提升教育水平的难点。虽然现在农村经济发展越来越好，但农村的教育设施建设还依旧相对薄弱，与城市的教育设施相比还存在一定的差距。近年来，用于改善农村办学条件的财政资金投入逐年增加，学校的硬件设施在政府及教育相关部门的关注下较之前普遍有所改善，但在乡镇及以下学校依旧存在着教育资源匮乏与没有合理使用并存的困境。目前农村地区教学设施整体水平不高，尤其是“数字资源”、多媒体教学资源与城市之间存在较大的差距，难以跟上教育现代化的发展步伐。二是在学校教育管理方面有待加强。教育管理，不仅包括将人的全面发展作为衡量教育质量的根本标准，还包括一系列的评估体系和检测机制，比如学校实际运行过程中的办学、管理、招生、收费等行为是否符合法律、政策规定；学校在一定的办学年限内是否发生过重大安全责任事故；群众在社会评价方面对学校满意率是否达标……在农村教育现代化实施过程中，我们也易偏重于教育设备现代化，而忽视教育思想、内涵、管理等软实力的提升，这样就难以使有限的教育资源发挥出最大的效率。

（三）教师人才流失化

首先是农村教师的身份认同与教师职业信仰的“冲突”。从原则上看，无论是城市教师还是乡村教师，都应该受过相同或相似的教师职业培训。但随着城乡地域差距的扩大以及生存压力的加剧，农村教师对“教师”这个职业或文化身份依然认同，但“情感上对‘农村’的抗拒

① 孙志河：《教育为农村转型服务——2003年国际农村教育研讨会综述》，《职教论坛》2003年第5期，第32—33页。

心理以及地缘上的‘出逃’倾向却愈加强烈”①。其次是农村教师的利益诉求与制度设计的“冲突”。改革开放以来，中国教育改革所进行的制度设计安排及其变迁主要是“城市中心”的，即使是一些专门面向农村的教育制度设计也难以真正“关照”农村群体，农村教师成为利益资源分配的边缘群体，身份流动、退出保障、生活资料积累等权利难以得到保证，造成很多教师就业往往先选择城市，即使到了农村也可能只是将其作为一个跳板。比较优秀的教师容易被城市吸引，从而使农村地区整体教师队伍水平偏低，使农村教师队伍的实力普遍弱于城市。农村师资在学历方面比较薄弱，乡村学校的老师大学学历占多数，高学历人才偏少。师资力量薄弱是制约乡村学校教育质量提升的最大瓶颈。从整体上说，农村师资队伍结构偏老龄化，教学方式老套，教学内容陈旧和教学理念落后。那些综合素质高和业务能力强的教师更愿意前往城市发展，在城市寻求更大的发展空间。虽然我国现阶段正在针对农村教育师资短板出台相关政策，也加大了农村教育的投入力度和乡村教师的培训力度，但主动前往农村地区执教的人员相对偏少。

在农村教育现代化进程中所遇到的种种问题当中，较为直观和突出的问题是农村教育政策落地难以及资金投入不足，农村教师上升空间等教育保障制度受限，在办学思想上片面追求升学率，城乡教育发展失衡等，这些问题成为探讨我国农村教育现代化的现实基础。

四　我国农村教育现代化发展的问题归因

（一）历史原因：中国乡村社会的非重心地位

中国自古农业发达，鸦片战争前夕农村人口数量更是突破4亿人，乡村看似“繁荣”，但其实它从不曾是经济、政治或文化的中心。封建社会国家政权的建立，为城市赋予了政治中心的职能，但其自身并不是社会财富的主要创造者，城市发展所需的物资大部分依赖于乡村。社会的重心仍然在城市，表面繁荣的乡村逐步沦为政治、经济、文化、军事中心城市的“造血机器”。而中国古代学校教育在诞生之初，便实行

① 李金奇：《农村教师的身份认同状况及其思考》，《教育研究》2011年第11期，第34—38页。

“学术官守”制度，“文化教育同政治、经济密切联系，服务的是统治集团所在的城市而不是广大农民所在的乡村社会”①。及至近代，西方国家为了打开中国市场而发动侵略战争，当时中国还是自给自足的小农经济，无论是社会发展的动力还是战争所造成的损失，主要由农村承担，乡村社会更加凋敝。即便是后来民族资本主义得到一定的发展，也难以反哺农村。20 世纪二三十年代，在晏阳初、梁漱溟和陶行知等人的带领下，掀起了一股乡村教育改革和实验的热潮，一批进步知识分子对农村教育进行了理论思考和实践探索。

（二）现实原因：工业化发展之下乡村的边缘化

新中国成立以来，土地改革实现了中国人几千年来“耕者有其田”的梦想，农民的生产热情和农业生产力极大上升。但之后实施的以社会主义工业化建设为中心的发展战略以及与之配套的针对农村的经济体制的确立则阻断了农村迅猛发展的势头。1953 年至 1978 年改革开放，依靠工农业“剪刀差”，财富向工业转移，使得工业化初级阶段顺利完成，支撑了第一代工业经济框架的形成。改革开放后制定的财政税收安排则使农村资源向城市聚集的程度进一步加深。尤其是党的十二届三中全会后，改革的中心开始由农村向城市转移。“在逐利本性的驱动下，资本越来越向城市中富集起来”②，资源虹吸效应初见成效。长期的城乡发展不平衡形成了城乡二元对立结构，农村教育无论是资源配给还是发展水平都与城市存在着较大差距。随着农村与城市的差距越来越大，各种问题和危机开始被人意识到，解决“被冷落了”的农村教育问题，逐渐进入了公众视野。在工业化初期，我国没有西方国家原始积累的历史条件，所以采用让农村做出一些牺牲的方式来积累工业化发展所必备的资源条件。工业化发展之下整个中国乡村都被边缘化，由经济基础决定的农村教育更是远远落后于城市，成为现今教育现代化的薄弱之处。

---

① 葛新斌：《乡村振兴战略：农村教育究竟能做些什么？》，《华南师范大学学报》（社会科学版）2018 年第 2 期，第 82—87 页。

② 葛新斌：《农村教育——现代化的弃儿及其前景》，《教育理论与实践》2003 年第 23 期，第 37—40 页。

五　关于我国农村教育现代化发展方向的争议

（一）“为农”倾向：农村教育乡土化

农村教育乡土化价值取向可以追溯到20世纪二三十年代乡村教育运动的倡导者们，主张社会发展应是“先农村后城市”。当时农业是国家的经济支柱，生产力比较低下，首先考虑的是如何养活更多的人口，所以农村教育是一种“为农”教育，认为应该按照农村生活生产的实际来对农村人口实行针对性教育，以此服务于农村社会发展。农村农业发展依然是国家和社会的重大关切，因此，培养职业农民的想法被继承了下来。农村教育乡土化提倡教育对象农民化与教育内容农村化，注重教育内容联系农村实际以满足农民与农村社会的现实需要。这种农村教育期望通过割裂农村与城市的大部分联系来扭转农村的附属地位，使农村现代化在其自身范围内自发形成。也就是说，农村儿童通过“为农”教育成为农村社会的主要劳动者——职业农民，这种经过专业培养的职业农民将成为农村现代化建设的主体，以此达到农村教育服务于农村社会发展的目的。

（二）“离农”倾向：农村教育城市化

工业化是现代化的起始，制约着社会现代化的发展。中国是一个后发型的现代化国家，相较于西方一些国家来说，工业化起步较晚，基础也比较差，一个国家要想在国际上达到较高的现代化水平就必须保证工业发展的高效率。工业化过程必然导致人口集聚和城镇化。因此，政府必须有意地将资源向城市倾斜，城市文化教育蓬勃开展，呈现出生机勃勃、文化繁荣之景象。此外，农村社会也逐步向工业社会转变、农村人口逐步向城市转移，有学者就认为，农村教育可以“移植”城市教育，可以“复制”城市教育的发展模式，也就是在城市取得发展成就之后将其中的过程、方式方法原原本本地运用到农村发展之中。这样农村可以通过产业结构调整和技术变迁以实现城镇化，农村人口可以通过教育这个上升渠道脱离农村进入城市，以此在城镇化进程中慢慢消解农村和城市的差距。

（三）对“为农”“离农”两种发展倾向的反思

首先是“为农”倾向，农村教育就是要为农村社会的经济建设服务，侧重于促进农村资源开发和提升农业生产力，旨在培养适应新时代发展要求的"新型农民"，有学者称其为"务农"教育。但实际上，这里预设了农村可以远离城市而发展的假想，在如今社会转型尤其是城镇化进程中，"农村教育乡土化"这种主张无法适应工业化所拉动的城市化的社会转型趋势，与现在经济社会和文化发展有着明显的冲突之处。另外，农村教育面向农村，其对象主要是农村人口，如果"一味要求农村教育培养热爱农村、扎根农村、适应农村的乡土化人才，难免有'社会地位再生产'之嫌"①，也与教育的本体功能——促进人的全面发展相矛盾。农村教育"为农"价值取向试图纠正农村教育脱离生产生活实际的偏差，却也容易陷入一种狭隘的实用主义倾向中。

其次是"离农"倾向，它主张农村教育是服务于学生未来进入城市生活和发展的需要，因此能否"考出去"成为检验农村教育实效性的标准，一方面，农村学校教育成了一种促进农村学生市民化的人口城市化输送机制。另一方面，"升学无望"也会催生出一批游离于城乡之间的"教育性"社会边缘群体，他们受过一定的教育，不满足于在农村务农，却又达不到进入城市生活的条件，以至于产生"眼高手低"的现象，无助于推动农村社会的发展。陶行知曾批评说："中国的乡村教育走错了路，他教人离开乡下往城市里跑，他教人吃饭不种稻……看不起务农。"②

无论是"为农"还是"离农"的农村教育发展主张，要回答好农村教育现代化的发展路向，还有一个更大的前提，即中国社会未来将走向何方？我国正处于社会转型的现代化进程的大势中，针对农村发展问题，习近平总书记在党的十九大报告中提出乡村振兴战略，2018 年中央"一号文件"《中共中央国务院关于实施乡村振兴战略的意见》发布，李克强总理也在《政府工作报告》中说要大力实施乡村振兴战略，乡村振兴将为农村教育现代化提供新的机遇和指明农村教育发展的方向。

---

① 葛新斌：《关于我国农村教育发展路向的再探讨》，《中国农业大学学报》（社会科学版）2015 年第 1 期，第 99—105 页。

② 陶行知：《陶行知全集》（第一卷），四川教育出版社 1991 年版，第 100 页。

六　乡村振兴战略背景下我国农村教育现代化发展方略

实施乡村振兴战略的总要求涉及农村经济、政治、文化、社会、生态“五位一体”的系统建设，这个工程离不开人才的支撑，更离不开教育的支持。农村教育的发展牵涉着半数以上国人的福祉，有必要加快农村教育现代化进程，助力乡村振兴。要从观念、物质、制度现代化入手，加强农村基础教育，落实优先发展举措；着重农村幼儿教育以及新型职业农民培育，推进农村各项教育事业的多元化发展；重视通过政策调整，利用综合性智能平台，以城促乡、实行城乡教育融合发展等，寻求农村教育变革，可为振兴乡村积蓄力量。

（一）高效配置资源，落实农村基础教育优先发展

农村教育该如何发展以应对社会转型变迁的问题历来为各界所关注，但就基本价值功能定位来说，它终究属于基础教育范畴。基础教育是“向每个人提供并为一切人所共有的最低限度的知识、观点、社会准则和经验的教育”[①]。但受制于观念、政策、师资等因素，农村教育为农村学生提供的基础教育与城市相比仍有很大差距，直接影响着学生未来的发展。所以在农村教育现代化发展中，加强农村基础教育，落实优先发展，提高农村教育质量显得尤为重要。

首先，在观念上我们要打破以城市教育为中心理念的束缚，重视农村基础教育。农村教育与城市教育同样是国家现代化的重要制约因素，两者不可偏废。农村教育不可过于“乡土化”，否则会使城市教育与农村教育割裂、对立；也不可过于“城市化”，否则农村教育会沦为城市教育的附庸。两者具有不同的历史基础和生存现实，在教育政策、模式、内容和方法等方面应该有所差异，但我们对于两者的重视程度应该是平等的，甚至在如今农村基础教育势弱的情况下，更应该优先发展和完善农村的基础教育。对于教育政策的制定者来说，基础教育要格外注重教育公平。尤其是对于社会经济条件处于弱势的农村群体而言，其占地面积广，人口基数大，更应对其在教育方面进行积极的支持和补偿。

---

① 陶西平：《重新认识基础教育“独立价值”》，《中国教育学刊》2012 年第 1 期，第 6—7 页。

实现我国农村教育现代化需要立足农村教育实际，转化教学理念，推进农村教育现代化的创新发展。科技飞速发展、形势急剧变化，人们的思想变动不居，特别是我们正处在世界百年未有之大变局之中，各种观念与新鲜事物层出不穷，这对乡村振兴的实践主体提出了严峻的挑战。因此农村教育工作者要破除旧观念，正确认识当前农村教育现代化，牢固确立农村文化育人意识，让农村孩子健康成长。走中国特色乡村教育振兴之路需要加强农村教育工作队伍的建设，“国务院办公厅印发的《乡村教师支持计划（2015—2020 年）》明确要求全面提高乡村教师思想政治素质和师德水平”①，充分说明了提高农村教师素质的必要性和紧迫性。作为乡村教育者要学懂弄通做实习近平新时代中国特色社会主义思想与乡村振兴战略的核心要义，担负起新时代所赋予的构建中国美丽乡村的崇高使命，让乡村“壮”起来、“富”起来、“美”起来。不断学习习近平新时代中国特色社会主义思想，认真学习乡村振兴的有关政策文件及相关书籍，深刻领会乡村振兴战略所蕴含的核心要义、丰富内涵、重大意义，深刻把握乡村振兴战略对乡村工作的指导意义。把习近平新时代中国特色社会主义思想贯彻到乡村振兴的各个领域、各个环节，以引领农村教育现代化的发展。

其次，在物质上要突破财政体制的瓶颈，增加农村教育投入。1985 年《中共中央关于教育体制改革的决定》提出把发展基础教育的责任交给地方、分级管理。“分级办学”制度在具体实践上就形成了“县办高中、镇办初中、村办小学”的模式，造成了教育资源分布的不平衡。2003 年，《国务院关于进一步加强农村教育工作的决定》出台，提出要落实农村义务教育“以县为主”管理体制的要求。但实际上地方政府可以投入大量资金进行各种招商引资和经济开发活动，却难以补上农村义务教育的经费缺口。再加上大部分农村地区本身经济就不甚发达，地方财政就更加会把大部分资源投入经济建设当中，即使有限的教育资源也会优先投向城市。因此，除了中央财政对各地教育的补贴之外，需要进一步明确各级政府的农村教育投入责任，在区分不同单位现有财力的

① 《国务院办公厅关于印发乡村教师支持计划（2015—2020 年）的通知》，2015 年 6 月 1 日，http: //www. gov. cn/zhengce/content/2015 - 06/08/content_ 9833. htm。

前提下分别由省、市、县按照一定比例负担每一县域内的农村教育经费支出。优化健全乡村教育投入机制是振兴农村教育标本兼治之策，在乡村经费投入过程中应实事求是地满足当前教育者、受教育者对教育资源的合理需求。

在农村教育现代化进程中，保障农村教育的基础地位和优先发展，需要完善基础教育投入的运行和管理机制，保证投入资金的合理、有效使用。农村基础教育发展落后，尽管与投入不足有很大关系，但也与教育经费的使用有关。教育中如果存在资金他用则会使本就不足的农村教育经费更加缺乏，而经费的使用不当更是会导致有限教育资源的浪费。所以还应该建立合理的监督机制，各级政府相关部门要加大对教育支出的监督力度，同时监察、审计部门应和新闻媒体等各个部门相配合，监督农村教育筹资拨款情况，各项经费是否及时到位、是否予以合理使用等。各级财政部门、计划部门应与教育行政部门相互配合，形成有效管理机制。为了统筹安排、科学管理和有效利用教育经费，必须完善基础教育事权和财权相统一的制度，保证教育经费的专款专用。

（二）加强队伍建设，推进农村各项教育事业的多元化发展

农村教育发展领域包括幼儿教育、义务教育、高中教育、职业教育、成人教育等。现今提到的农村教育，常常指农村义务教育阶段的普通教育。从义务教育阶段的普通教育在农村教育发展领域中所占比例来看，其他类别的教育是难以望其项背的。农村教育现代化不仅仅是指教育质量的提升，也包括教育类别和形式的多样化。农村教育现代化发展应该包含各个教育层级和教育类别的全面提升，针对中国乡村的现实情况，其中比较紧迫也更具可操作性的是发展农村幼儿教育（学前教育）和职业教育。

受农村以及农村家庭经济地位的影响，农村人口虽然为数众多，但其幼儿教育发展则一直十分滞后。比如农村幼儿园办学数量少、区域差别大、城乡差别过大、园际处境殊异、师资水平差异明显、幼儿受教育代价和机会不等……很重要的一个原因是对于幼儿教育公共投资分担主体的重心过低，幼儿教育过于市场化，使得学前教育资源的区域分配、园际分配日益加大。因此，农村幼儿园不但数量少且质量低，有的甚至干脆就是“托儿所”，幼师也成了“高级保姆”。但近年来，随着农村

受教育人口的增多、二胎政策的放开以及相当一部分农村地区经济取得较大发展等一系列原因，农村幼儿教育越来越引起关注。《国家中长期教育改革与发展纲要》也明确提出要着力发展农村学前教育，并设计了重大项目来促进农村学前教育的发展。农村幼儿教育要发展，除了需要政策性的支持，比如教育投入的增加，办学数量的增长，还需要幼师观念的转变，提升他们的职业认同感——幼师不仅是“看”孩子的人，而且是“教”孩子的人。与此同时，幼师也需要经过专业培训，具备相应的专业知识和技能，提升文化素养，不断成长。

在城镇务工人员流动子女的学前教育问题上，首先应该完善政府的“两为主”政策（即以流入地区政府管理为主，以全日制公办中小学为主)，确立政府在此中的政策主导作用。其次，发展“普惠性幼儿园”是我国普惠性社会福利发展的需要，也是我国目前学前教育改革的需要，这项举措有利于解决我国城镇务工人员流动子女群体较为突出的两个问题，即“入园难”和“入园贵”问题。最后，应该对城镇务工人员流动子女实行部分补偿机制，要解除户籍制对城镇务工人员流动子女入园的限制，在教育机会和教育资源的提供上，应该适当地向城镇务工人员流动子女实行倾斜，允许城镇务工人员流动子女无条件地进入城市公办学校。

在实施乡村振兴战略的背景下，新型职业农民的培育是一个讨论热点。“三农问题”历来受政府和社会各界的关注，尤其是在提出乡村振兴战略以后，这种关注呈现出爆发式的增长。党的十九大报告指出，农村要“培养造就一支懂农业、爱农村、爱农民的三农工作队伍”。农村经济社会发展得怎么样，关键在人，在于培育农村人才，人才是一切制度和政策的制定者和执行者。经费问题一直是农村尤其是落后地区职业农民培育的主要瓶颈，需要加大财政投入力度，并促进各种专项资金、社会资本等共同参与；要不断拓宽职业农民培育融资渠道，构建以政府为主导的多层次立体式融资体系；要充分利用农村现有教育资源，比如闲置校舍场地、教学资源等开展培训工作；不但要进行农业技术培训，还要进行相关政策的培训，比如土地流转制度、农产品补贴政策等。要大力培育职业农民这个新型农业经营主体和服务主体，推进新时代农业农村现代化与振兴乡村。

（三）重视以城促乡，实行城乡教育融合发展

农村教育现代化的最大难题是教育资源不足所导致的发展滞后，面向未来，我们不能只局限于“农村”这个地域来谈农村教育，而是要思考如何在城镇化进程这一盘“大棋”中统筹城市、农村教育的发展格局。城乡教育融合发展是破解乡村发展滞后的重要举措，其中教育是帮助乡村脱贫致富、促进人的现代化的关键，使社会走出“城挤、乡弱、村空”的困局。

首先，要制定政策来消解城乡二元结构，促进城乡学校文化建设一体化。面对传统的城乡二元教育结构与发展差距，有必要制定补偿性教育政策，利用财政的二次分配功能，对农村义务教育发展提供政策和资金支持。更重要的是提升农村的经济地位，提高农村地区经济发展的能力，加强农村教育发展的内驱力。学校培养目标的实现在很大程度上取决于学校文化的发展程度。要树立城乡学校文化观念同一、文化地位平等、文化资源共享的理念，并且在软硬件、经费配置、信息资源等方面实现城乡学校教育平等共享。在校本课程方面，构建城乡师生学习共同体，在教育理念、课程模式和评价反馈各个教育过程中进行沟通和交流。在城乡学校文化一体化建设中，还要保持农村一定的本土化和特色化发展，以丰富其发展内涵。推进城乡一体化发展，重塑城乡教育关系，是我国基于工业化、城镇化、农业现代化及教育现代化发展的必然要求，同时也是破解我国当前城乡发展不平衡、不协调和城乡二元对立结构难题的现实需求。城乡融合应该是建立在城乡平等地位上的融合，“城乡融合的关系，应当是城市问题需要通过乡村来解决，乡村问题也需要通过城市来化解的农村城市各有特色的均衡发展的关系”①。为了更好地实现城乡教育均衡发展，应不断健全城乡教育融合发展体制机制，不断强化体制机制的规范引领作用，赋予农村教育更多的自主权，推进城乡教育要素平等交换和公共资源均衡配置。

其次，要大力培养乡村全科教师，实现城乡师资交流、合作。可以利用政策优势，采用订单式培养乡村教师，由相关学校或地区提出用人

---

① 温铁军、张孝德：《乡村振兴十人谈：乡村振兴战略深度解读》，江西教育出版社2018年版，第30页。

要求或推选合适人才，通过政府统一组织或者与师范类高校合作进行定向培养，并适当进行教育补助，以改善乡村教师待遇和上升渠道，吸引更多的优秀人才从事农村教育工作，尽快补充农村师资；适当培养全科教师，利用师范院校的教师培养体系，按期或者按实际需求为边远地区定向培养一定数量的全科教师。对于城乡教育层级相同的学校可以多渠道地进行交流合作，增加农村教师的自我提升空间。针对乡村教师教育教学中的薄弱环节由培训部门实施有针对性的培训，提升他们的综合教学能力和水平。在乡村振兴战略背景下应当积极构筑城乡师生发展共同体，让城乡教育融合发展，构建相互协作的新型城乡互动关系。要让农村学校留得住教师，引得进生源，与城镇共筑城乡教育融合发展之路。在推进城乡教育融合的过程中要坚持“以人为本”的价值取向，以促进人的全面发展为出发点和落脚点，通过构建城乡师生发展共同体，促进校际学生交流与合作，使广大师生共享城乡教育资源。

再次，要建立综合性智能平台，利用大数据助力城乡教育融合发展。在如今信息化时代，现代化进程的推进已经完全离不开计算机互联网技术。大数据、云计算、人工智能技术的兴起更是为整个现代化的推进提供了技术支持和智能平台。利用这些现代化技术大力建设覆盖城乡学校、教师、学生、家长等所有教育行为主体的综合性智能平台，及时全面获取教育相关信息，调整相关政策，科学分配城乡教育资源，使优质教育资源突破时空限制，可以快速弥补城乡教育学校的资源差距，并实现区域城乡教育均衡发展由群体到个体的转变，为学生提供相对均等的教育服务机会。大数据还可以在分析地方资源和生源特点的基础上，对农村教育资源进行历史性、系统性地挖掘和整理，并根据各个学校具体情况“量身制作”发展方案，以帮助实现农村教育现代化发展。新时代我们要不断推进教育治理能力现代化，广大农村地区要创新农村教育治理体系，走乡村教育信息化之路。乡村振兴战略规划明确提出了增加农村公共服务供给，优先发展农村教育的战略举措。要不断创新农村教育治理体系，使管理水平适应现代化的发展需要。教育的现代化离不开信息技术化的发展，教育部在《面向21世纪教育振兴行动计划》中指出，要提高教育信息化在农村教育精准扶贫中的地位和作用。当前各种网络媒介的出现为农村教育现代化教学水平的提升带来了契机。大数据、互联网、多样化的自媒体为家庭教育及学校教育提供了便利，乡村教育可以基于综合性智能平台，为农村学生的发展提供更加精准的服务。农村教育应当充分利用大数据全面、及时地获取教育方面相关资讯，为农村的每一个学生提供更加个性化、精准化的服务，实现城乡学生服务均等化。可以充分利用多媒体平台，打造内容生动化、题材多元化、形式趣味化的学习板块，让农村教育变得更加时尚生动，更加接农村的地气。

最后，要着力传承农村文明香火，走乡村文化兴盛之路。随着中国城市化和现代化速度的不断加快，城市吸引了大量农村人口进城，乡村则出现了“空心化”和“空壳化”现象，乡村传统的优秀文化深受影响并出现失落、失传的现象。乡村振兴战略为传承乡村文明注入新的活力，新时代乡村振兴战略是基于习近平总书记长期以来的乡村本位思想所形成的繁荣乡村文明、振兴乡村的重大战略。在农村教育建设过程中应充分体现农村特色、乡村风格和时代精神，不断推进农村文化教育的发展，走乡村文化兴盛之路。要立足中国农村的实际，坚持中国特色社会主义乡村文化发展之路，不断培育和践行社会主义核心价值观，推进农村文化的繁荣与发展。培养有智慧、有担当、记得住乡愁的一流人才应是实现农村教育现代化的最根本价值追求，因此要以乡村振兴战略为契机，大力开展乡风文明创新活动，传承乡村优秀文化，积极培养一批懂农业、爱农村、爱农民的“三农”工作队伍来传承农村文明香火。伴随着乡村振兴战略的深入推进，乡村发展的机会也不断增多，乡村必将成为广大农民大有作为的“希望田野”。

总体而言，当前我国农村教育在教育现代化进程中处于后发地位，这既是由传统乡村社会的非重心地位和工业化发展下乡村边缘化的历史与现实双重原因所决定的，又与教育这个上层建筑本身受经济基础的制约有关。在多重因素的作用下，乡村社会的凋敝和农村教育的困境在当前我国社会转型时期就成为我国现代化发展的一个桎梏。农村教育的落后与乏力是我国实现教育现代化的一个“短板”。农村教育现代化的发展关系着乡村的振兴，关系着农村人才的培养，关系着我国决胜全面建成小康社会与脱贫攻坚目标的实现。目前我国农村教育现代化在乡村振兴战略的支持下虽然取得了一些可喜的成效，但农村教育在走向现代化过程中仍存在许多困难，需要不断进行优化。在实现乡村全面振兴的进程中只有补齐农村教育现代化这块短板，才能最终实现农村地区的跨越式发展，把小康之路越走越宽。当前农村教育现代化发展的关键在于广大乡村地区自身的发展，实施乡村振兴战略，就是要改变乡村在工业化社会中不断被边缘化的境况。在乡村振兴战略实施的背景下，整个乡村社会都迎来了一个崭新的机遇发展期，农村教育现代化的内生动力将会更加强大，其作为空间也将更加广阔。

第六章

城镇务工人员流动子女思想政治教育

“少年兴则国兴，少年强则国强”，城镇务工人员流动子女是祖国的未来、民族的希望，乡村的振兴、社会主义现代化建设的伟大事业离不开农村的未成年人。加强和改进城镇务工人员流动子女的思想政治教育，是一项长期而艰巨的系统工程，如果教育不当，他们就很容易走上弯路或邪路。我们不能仅把它看成是农民家庭或学校的事情，而要把它看成是关系到我们国家和社会不断兴旺发达的重大任务，必须齐抓共管，促进城市与农村教育的协调发展，积极引导城镇务工人员流动子女的健康成长，进一步增强思想政治教育工作的针对性、主动性和实效性，使他们能够更好地担负起时代所赋予的建设社会主义现代化事业的重任。

第一节　城镇务工人员流动子女思想政治教育的困境与破解

我国是一个农业大国，从总体上看，当前城镇务工人员流动子女的思想政治状况的主流是积极的、健康的。他们具有热爱祖国、艰苦朴实、刻苦学习、团结友爱、积极上进、诚实勇敢、尊敬长辈等优良品质，有较强的社会责任感，大部分人具有爱国主义情结，关心国家的前途与命运。虽然我国农村这几年在思想政治教育方面取得了一定程度的提高和成就，但是由于农村经济发展的相对缓慢、滞后，教育经费的短缺，学生受家庭、地域、文化氛围等特定因素的局限，流动儿童能力素质的培养常常处于劣势地位。城镇务工人员流动子女这一弱势群体的思想政治教育问题尤为突出，进入城市后犯罪率有逐年递增的趋势，不少城镇务工人员流动子女的思想政治状况也令人担忧，在教育的效果上还难以尽如人意。

一　城镇务工人员流动子女思想政治教育的困境

（一）学校德育工作的偏离

学校的思想政治教育课堂是城镇务工人员流动子女思想道德教育的主渠道、主阵地，在学校里，校园环境、教师言行、规章制度、课堂气氛等无不对学生的政治观、价值观和道德理念等产生着重要影响。思想政治课教学的效果如何，对于我国务工人员流动子女思想品德的培养和发展有着重要的影响。但是部分学校的领导和教师对思想政治教育的地位重视不够，分数、成绩、升学一直以来都是中小学思想政治教育的目标，学校重智育轻德育的观念一直没有改变，应试教育思想丝毫没有改变，这常导致学生产生高分低能的现象。有些打工子弟学校在教学工作中难以做到教书与育人并重，思想政治课的地位不高，常常被排在语文、数学、外语之后，课时安排不够，而且理科的学生常常是不学政治的。我们传统的学校教育只重视知识传授和智力的提高，教学活动都是围绕分数的提高、追求升学率而展开的，许多教育部门把考试分数作为评价教学质量优劣和学校管理水平高低的主要标准，城镇务工人员流动子女思想道德品质的培养被放在次要的位置上。这种评价方式使学校把主要精力放在应付考试而忽视了学生德、体、美等的发展。我们还应该改变思想道德教育只是政治课与德育工作者的任务的错误观念，充分发挥各学科在德育中的作用，实施全面发展的教育。在方法上，有些务工人员子弟学校简单沿用旧有的道德教育模式，没有把握住网络时代道德教育变化的新特点。道德教育仍然采用传统的“说教式”“命令式”方法，比较强调外部管理的作用，而忽视学生的内在需要动机和自我教育。

此外，有些务工人员流动子女所在学校的思想政治理论课教师的整体素质还有待提高，部分思想政治教育工作者需要提高令学生敬仰的人格魅力与知识魅力，需要提高教学方法的实效性。有些中小学的思想政治课老师高高在上，经常采用讲授法，运用单向的灌输方式，其思想较为守旧，只是一味地要求学生死记硬背课本上的知识点，仍运用“讲条条，背框框”的教学模式，在方法上采用简单的、机械式的灌输教学，难以调动学生的积极性和发挥学生的主体性，学生只能成为接受理论知识的容器和背诵的机器。有些学校缺少图书资料，甚至没有网络设施，在课堂教学中，思想政治课老师很少运用现代教学手段，很少运用多媒体设备上课。部分教材内容不是十分贴近城镇务工人员流动子女的生活和心理感受，许多学生认为，思想政治课所涉及的内容乏味，形式刻板、内容单调，没有从学生实际需要出发，脱离了城镇务工人员流动子女的实际。这些都导致学生产生逆反心理，使其不爱上思想政治课，有的甚至排斥老师在课堂上所讲的思想政治理论知识。

（二）家庭中父母道德教育的缺失

家庭是对未成年人进行思想道德教育的第一课堂，父母是孩子的首任教师。但是由于城镇务工人员家长平时为谋生计，一直忙于工作，无暇顾及孩子的学习与生活，缺乏与子女之间情感的交流和心灵的沟通，忽视了孩子的心理成长。有的家长自身有抽烟、酗酒、赌博甚至偷盗等陋习，难以成为孩子道德学习的表率；有的家长对子女寄予厚望，给孩子太多的压力，导致孩子心理失常；有的家长教育方法简单、粗暴；有的家长尽力满足子女的物质需要，而忽视了他们的精神需求，这些做法有可能导致孩子心理失衡、道德滑坡。在务工人员流动子女家庭道德教育中父母的角色时常处于缺失状态，有的务工人员家长把孩子交由自己的父母代为抚养，造成相当普遍的“隔代教育”“单亲教育”。而务工人员流动子女的爷爷、奶奶对孩子一味迁就、溺爱，孩子要什么，就给什么，忽视孩子的情感需求与思想品德教育，更多的则对孩子疏于管教，听之任之。他们认为孩子不用管，“树大自然直”，有的甚至还帮助孩子欺骗学校、欺骗老师，有的干脆把子女道德教育的重任全部推给了学校，导致孩子形成自私、软弱、懒惰、任性、骄横、冷漠、无责任感等不良品质。

家庭问题更是导致城镇务工人员流动子女犯罪的帮凶，许多离异、单亲家庭的孩子缺少父母健全的爱，缺乏亲情的抚慰与关心，孩子体会不到家的温暖，在成长过程中出现的问题也得不到父母及时有效的纠正，导致孩子因缺少安全与归宿感而变得压抑、孤僻、亲情观相对淡薄等，孩子的思想品德状况堪忧。务工人员流动子女在家庭教育中如果缺乏父母的有效监护、缺乏亲情关爱，导致缺乏家庭道德教育而引发的社会问题也日益凸显。家庭教育方式不够恰当，不够到位，则将城镇务工人员流动子女推向网络，而网络能够使他们暂时逃避现实，摆脱现实的困扰，同时又能使他们的情绪、情感得到宣泄。但如果长期沉溺于其中，则容易产生冷酷、凶残、欺骗、信任危机等不良品德，从而使家庭关系更加紧张。

（三）社会不良思想的污染

城镇务工人员流动子女的可塑性很大，社会环境对他们良好的思想道德品质的形成产生着潜移默化的影响，起着至关重要的作用。“染于苍则苍，染于黄则黄”“蓬生麻中，不扶自直，白沙在涅，与之俱黑”。而城镇务工人员流动子女的模仿性和可塑性极强，缺乏一定的辨别和判断能力，极易受社会环境的影响。在纷繁复杂的各种社会思潮的影响下，在西方资本主义“和平演变”的渗透下，城镇务工人员流动子女在人生观、世界观、价值观等方面极可能出现一些偏差。不良的社会思潮常使城镇务工人员流动子女的思想观念产生混乱，易对马克思主义的信仰、对社会主义的信念产生动摇，对党和人民失去信心。各种大众传播媒体的负面影响也较大，各种不良信息无时无刻不在影响着城镇务工人员流动子女的思想和行为，侵蚀着他们幼小的心灵。

社会不良现象也对城镇务工人员流动子女的思想造成了巨大冲击，“金钱万能”的思想直接影响着城镇务工人员流动子女思想道德水平的提高，使城镇务工人员流动子女的动机趋向功利化，对金钱的崇拜日益明显。这些不良社会环境因素的影响，会导致城镇务工人员流动子女精神文明素质差，思想道德滑坡，人文精神失落，导致其缺少奉献性、趋向功利性，有的甚至走向犯罪的深渊。此外，还有一些“黑网吧”在学校附近依然存在。为了吸引那些城镇务工人员流动子女的光顾，一些网吧的经营者甚至派专人在门口“把风”，以防检查人员的检查。“黑网吧”的存在严重侵害着城镇务工人员流动子女的身心健康，也有可能导致务工人员流动子女在网吧或网络空间沾染上社会不良习气。

（四）城镇务工人员流动子女自身道德水平的局限

城镇务工人员流动子女正处于身心健康成长、良好道德品质塑造和世界观、人生观、价值观形成的关键时期，这也是他们人生中最富于变化、身心发展不稳定的时期。城镇务工人员流动子女的社会生活经验较少、阅历浅，他们的思想还未成熟，正处于“心理断乳期”和“心理危险发展期”，他们的人生观、世界观、价值观尚未完全形成，自控能力、选择能力和是非判断能力都比较薄弱，自身的心理发展还不成熟，自我保护意识不强，对道德行为的判断能力差，对于经过伪装的言语和现象的识别能力较弱，他们会比较容易被错误的思想和行动所蒙蔽。

在城镇务工人员流动子女道德倾向尚未定型的时候，他们的自控力差，容易凭主观意志和感情行事。再加上他们所特有的好奇心、猎奇心，容易将虚拟的东西当成真实的存在，把错误的道德倾向带到现实生活中，对现实世界的道德标准产生排斥心理。“现在学生群体的整体道德水准在全社会范围内处于相对较高的层次，但就务工人员流动子女群体看，其道德行为与这个目标要求尚有一段较大的距离。”① 他们中有的人政治思想观念淡漠、政治信仰模糊、对马克思主义的立场不够坚定，受拜金主义、享乐主义、极端个人主义思想的影响严重，集体主义感不强，过分注重个人的索取与享受，忽视了对社会的奉献。他们中有些人道德认知模糊，缺乏辩证思考的能力，在稀里糊涂中做出许多不良举动甚至违法犯罪行为，有的知行背离，在知与行之间时常不一致。有些务工人员流动子女时常会出现人际交往能力差、人格障碍、心理脆弱，易孤独、羞怯、自卑，他们对自己的前途感到迷茫和失措，甚至有些人会产生仇恨、报复等心理，他们的道德认知和道德行为时常相互脱节。

二　城镇务工人员流动子女思想政治教育困境之破解

（一）坚持以人为本，促进城镇务工人员流动子女的全面发展

我们要树立育人为本、德育为先的观念，加强对城镇务工人员流动

① 胡蕾：《刍议农村中学思想政治教育中的问题》，《青年文学家》2011 年第 16 期，第 160—161 页。

子女的人文精神的培养，关注他们当中的弱势群体，给予他们更多的人文关怀和心理疏导。要尊重他们、信任他们，要以平等的观念来善待他们，善于发现和发展他们思想道德品质的闪光点，培养他们拥有健康积极的学习和生活态度。要尊重城镇务工人员流动子女的主体地位，激发他们的主体意识，引导他们树立正确的人生观、世界观、价值观。每个人都要有宽容博爱之心，能真诚地关心他们的学习和生活，尊重他们的需要、尊严和价值，要在情感上关爱他们，做到“晓之以理、动之以情”，运用情感教育，使他们在情感上产生亲切感与亲近感。这有利于学生敞开心扉，自觉自愿地接受教育，从而增强思想政治教育的针对性与实效性。还要教会他们如何做人，怎样做人，注重培养他们勇于交往、愿意交往、善于交往的能力，将他们培养成具有独立创新精神的人。要注意启发和尊重他们的自觉性和主动性，帮助他们树立正确的思想道德观念，提高其道德认知、评价和选择的能力，引导他们正确认识社会中的消极现象，保持清醒的头脑。同时要关注他们的个体差异，满足其不同需要，要循序渐进，做到层次性与阶段性的统一。思想政治教育工作应当贴近实际、贴近生活、贴近社会，对城镇务工人员流动子女进行感染和熏陶，使他们如沐春风，在愉快的氛围中接受思想政治理论的教育。道德认知来源于实践，并接受实践的检验而逐步完善。我们应鼓励城镇务工人员流动子女多参加一些有益身心健康的社会活动，积极参加社会实践，唤起他们的生活体验，激发其内心的情感共鸣。“教师可在具体工作中设置道德观念，引导学生把问题带出课堂，带向生活，带向家庭，带向社会，让学生带着问题到生活中践行，磨炼意志，积累生活经验，完善道德行为。”① 要紧密联系社会和城镇务工人员流动子女的实际，从城镇务工人员流动子女的认知、心理规律出发，开展丰富多彩、生动形象的实践活动、群体活动、思想政治教育系列活动，促进他们的思想道德品质的提升，积极探索专业知识与社会实践的结合、知与行的统一。既注重他们的学习，又要关心他们的思想品德修养，这样就可以避免他们产生逆反心理。只有坚持以人为本，才能增强思想政治

---

① 黄尧：《未成年人思想政治教育的现状及对策》，《基础教育参考》2008 年第 11 期，第 49—51 页。

教育的吸引力与亲和力。

（二）建立思想政治教育的育人共同体

城镇务工人员流动子女的学校、家庭、社会应当相互联系、相互渗透、相互促进，形成三者之间思想政治教育育人共同体。学校要彻底改变传统的应试教育模式，改革教育方法，更多地采用互动式和隐性教育方法，避免“我讲你听，我打你通”的权威训导。平等的双向互动式的思想政治教育方法，有利于拉近师生双方的心理距离，隐性教育方法有利于学生在不知不觉中接受思想政治教育的内容。要加大对农村学校思想政治课教学的投入和支持力度，采取多种形式，进行师资培训工作，加强学校思想政治教育教师队伍的建设，鼓励教师出去进修与接受培训，提高教师自身的素质，与时俱进地丰富其知识，不断研究和更新教学方法，提高思想政治工作者的工作水平和工作效率，从而增强思想政治教育的实效性和战斗力。“没有一支业务过硬、强有力的思想政治工作队伍做组织保障，加强城镇务工人员流动子女思想政治教育就是一句空话。由此可见，提高思想政治教育工作队伍的素质，是我们做好城镇务工人员流动子女思想政治工作的关键。”① 互联网已经成为人们生活、工作和学习必不可少的工具，网络教学拓展了思想政治教育的发展空间，为传统的思想政治教育提供了更为广阔的发展前景。教师只有积极利用现代信息技术，运用现代化教学手段和改进教学方法，发挥学校思想政治教育的主渠道作用，丰富课堂思想政治教育内容，增强教学的形象性、生动性、新颖性及趣味性，利用多媒体教学方式来活跃课堂气氛，寓教于乐，才能真正增强思想政治教育的感染力和吸引力。要重视和加强学生的心理健康教育，特别是加强对单亲家庭的学生、残疾学生、贫困生等的心理疏导。学校应设立专门的心理咨询室，提供心理咨询服务，并尊重学生的个人隐私。要重视校园文化环境的建设，营造好的校园文化氛围，“如重视每周一次的升旗仪式，培养学生的爱国主义情感；充分利用校舍墙面张贴名人画像、名人名言、古典文化箴言等；让学生积极参与对花圃、树木的命名阐释感言活动，培养学生亲近自然

① 高美莲：《加强未成年人思想政治教育的几点思考》，《江西教育》2010 年第 12 期，第 23—24 页。

的情感；开展学风、校风、教风的征集建言活动等等。”① 务工人员家庭要弘扬家庭美德、树立优良家风、重视家庭文明建设。务工人员家长的一言一行、一举一动都要为子女做出榜样，既要注意“言传”，又要注意“身教”，身教是一种最有说服力的直观教材。务工人员家长仅仅关心孩子的学习成绩是不够的，还要加强与子女的交流与沟通，应当因势利导，改进思想道德教育方法，帮助孩子免受各种不良思想的影响。社会应充分重视城镇务工人员流动子女的思想道德教育，形成对城镇务工人员流动子女进行思想道德教育的良好环境，陶冶务工人员流动子女的公民道德情感，提高其公民道德认知。要加大对网吧、游戏厅的监督与管理，净化社会风气，加强对黄、赌、毒等丑恶现象的查处力度，防止城镇务工人员流动子女违法犯罪现象的发生。要加强与当地政法机关部门的联系与沟通，促进教育环境的治理与优化，把学校思想政治教育工作向社区延伸，向家庭辐射，保证发挥整体教育的作用，以取得良好的教育效果。要努力动员社会各方面的力量，整合各方面的资源，将思想政治教育进行全方位渗透，以达到“润物细无声”的效果，共同营造和优化城镇务工人员流动子女健康成长的环境，由政府主导，以家庭为基础，学校、社区共同参与，形成育人共同体，推进城镇务工人员流动子女的全面发展。

（三）促进城镇务工人员流动子女的思想观念、政治觉悟、道德修养的升华

我们要积极引导城镇务工人员流动子女的自我教育，引导他们形成正确的自我认知、自我约束、自我批判、自我增强意识，自觉抵制各种错误思想的影响与腐蚀，提高学习和接受先进理论和思想的自觉性、主动性，高举马克思主义、社会主义的伟大旗帜，坚持正确的政治方向，用马列主义、毛泽东思想以及中国特色社会主义理论等武装和提高其思想觉悟。让他们养成自我教育、自我完善的品质，点燃他们主动探索的欲望，激发其创造的潜能，培养他们健全的人格和高尚的道德情操，提高其道德修养，消除其思想障碍，使其能够自觉地抵制不良行为的诱

---

① 刘日帮、钮秀渠：《对加强农村中学思想政治教育有效性的思考》，《改革与开放》2009年第5期，第163—164页。

惑，增强其自身的“免疫力”。必须对他们加强法律制度教育，不断提高城镇务工人员流动子女的法律意识，使其知晓日常的社会活动的礼仪和交往知识。注意启发和引导学生积极奋发向上、自强不息，用先进人物的事迹和文化魅力启发和感染他们，不断提升其道德境界，使其树立远大的理想和人生目标，自觉产生爱国的动力，促进他们在丰富的实践活动中自我体验，增强其社会责任感，促使其道德提升、情感升华；使其自觉排除干扰，主动调控自身的心理和行为，养成“内省慎独”的道德修行法，加强道德自律，告诫其自身应该做什么，不应该做什么。倡导“慎独自律”的网络道德，即在无人监督的情况下，也能够保持非常高的道德觉悟，以自觉的态度进行自我监督、自我控制、自我反省、自我批评，从切身的小事做起，将社会规范内化为自我要求，提高自身的辨别能力，自觉抵制各种不良因素的影响。慎独精神的培养需要良好习惯的养成，“学生养成良好的习惯是做人的基础，是学习的动力和保证，它使学生健康成长，终身受益”①。城镇务工人员流动子女应主动了解国情、党情和世情，坚持社会主义核心价值观，提高思想政治素质和道德素质，培养良好的个性品质，实现自我发展、自我完善，养成道德自律，提高个人修养，形成正确的世界观、人生观和价值观，实现由“他律”向“自律”的转变，最终达到情操的陶冶、思想的升华。

总之，当前城镇务工人员流动子女这一弱势群体的思想政治教育问题主要表现为学校德育工作中的失效、家庭中父母道德教育的缺失、社会不良环境的污染、城镇务工人员流动子女自身的局限等方面的困境。我们只有坚持以人为本，让他们感受到温情，促进城镇务工人员流动子女的全面发展，建立学校、家庭、社会三位一体的思想政治教育机制，促进城镇务工人员流动子女的自我教育与道德修养的升华，这样才能破解这一难题，进一步增强城镇务工人员流动子女思想政治教育的针对性、主动性和实效性。

---

① 赖怀超：《未成年人思想政治教育问题的分析与工作对策》，《三峡大学学报》（人文社会科学版）2008 年第 6 期，第 172—174 页。

第二节 网络空间城镇务工人员流动子女思想政治教育

随着网络技术应用范围的不断扩大，网络使用时间、空间的不断延伸，互联网载体对人们，尤其是我国城镇务工人员流动子女的影响日益增加。它开阔了城镇务工人员流动子女的眼界，丰富了他们的生活。它使学习资源更加丰富、信息资源的共享更加容易、人与人之间的交流合作更为便捷，互联网对广大城镇务工人员流动子女的学习和生活方式乃至世界观、人生观、价值观，都产生了广泛而深刻的影响。然而，互联网是一把双刃剑，它具有深刻的双重性，它给城镇务工人员流动子女的成长带来了前所未有的希望与机遇，给其思想政治教育提供了现代化的手段，但同时也潜伏着前所未有的危机，对城镇务工人员流动子女思想政治教育带来了严峻的挑战。面临这样一个没有国界、充满诱惑力的网络“虚拟世界”，如何有效地利用网络对城镇务工人员流动子女进行思想政治教育显得尤为重要。对城镇务工人员流动子女出现网络道德问题的成因进行分析，并提出解决的策略，对他们的健康快乐成长具有极其重要的意义。

一 网络空间城镇务工人员流动子女研究现状

互联网技术的发展，使得网络空间成为一种新的空间形态，与社会生活的联系越来越紧密，网络空间作为一个区别于陆、海、空、天之外人们进行交流互动的新兴空间对其进行研究和分析的意义重大。当前互联网已经成为人们重要的学习生活空间，尤其对于城镇务工人员流动子女而言，互联网极大地影响了他们的生活方式和行为习惯，网络空间对城镇务工人员流动子女具有极大的吸引力。

互联网的发展使广大网络研究者逐渐将研究方向聚焦到对网络空间相关领域的分析上。有研究者聚焦于城镇务工人员流动子女网络空间的研究。邓志强认为，“可以通过时空转换下当代青年社会认同的新特征及影响来阐释网络空间青少年呈现出的新特征及社会认同感”①；王艳通过以“提高青年群体在网络空间的自我约束为代表对提高青少年网络空间约束进行相关对策研究”②；王华从“青年网络道德的失范与引导”③，郑忠梅从“网络社会的青少年道德教育路径新选择”④，黄少华和朱丹红从“网络游戏对青少年的负面影响及其引导策略对青少年网络道德的规范进行探究”⑤；雷雳则认为“莫让不良短视频污染青年学生”⑥，郭亮和王永贵认为“网络流行语产生、传播流变对青少年主流意识形态认同有重要影响及启示”⑦；针对城镇务工人员流动子女的网络选择，学者们对表情包文化的传播意义、城镇务工人员流动子女学生网络阅读模式的选择、网络的匿名性与城镇务工人员流动子女宣泄的新选择等专题进行了探究，并且多方位多角度地对城镇务工人员流动子女的网络空间进行了研究。学者们一致认为，城镇务工人员流动子女正值世界观、人生观、价值观形成的关键时期，对于互联网背景下城镇务工人员流动子女这一群体进行研究具有重要的理论意义和实践价值。

综上所述，对于城镇务工人员流动子女网络空间的研究虽然较多，但大部分是关于如何规范城镇务工人员流动子女网络空间行为的对策研究，对于城镇务工人员流动子女的网络活动与教育路径虽有提及但仍然需要不断深化，还需进一步研究城镇务工人员流动子女的网络空间选择偏好，探索优化网络空间思想政治教育引领的现实路径，从而推进网络

---

① 邓志强：《时空转换下当代青年社会认同的新特征及影响》，《中国青年社会科学》2018 年第 4 期，第 56—62 页。

② 王艳：《提高青年群体在网络空间的自我约束力》，《人民论坛》2018 年第 32 期，第 108—109 页。

③ 王华：《青年网络道德的失范与引导》，《人民论坛》2018 年第 11 期，第 116—117 页。

④ 郑忠梅：《网络社会的青少年道德教育路径新选择》，《黄冈师范学院学报》2010 年第 5 期，第 119—122 页。

⑤ 黄少华、朱丹红：《网络游戏对青少年的负面影响及其引导策略》，《中国德育》2017 年第 12 期，第 30—33 页。

⑥ 雷雳：《莫让不良短视频污染青年学生》，《人民论坛》2018 年第 32 期，第 104—105 页。

⑦ 郭亮、王永贵：《网络流行语产生、传播流变对青少年主流意识形态认同的影响及启示》，《思想教育研究》2019 年第 4 期，第 103—107 页。

空间建设工作和维护城镇务工人员流动子女网络生活的安全和全面发展。

二　城镇务工人员流动子女网络空间选择偏好的特点分析

在现代社会里互联网已经成为人们日常生活工作不可分割的一部分，城镇务工人员流动子女可以通过互联网获取各种各样的信息，同时也会接触到各种各样的新理论、新思想。互联网时代城镇务工人员流动子女的网络选择偏好是网络思想政治教育空间建设的重要导向。要探究城镇务工人员流动子女网络空间选择偏好特点，需要对城镇务工人员流动子女选择互联网产品及参与相关活动的特性进行分析。

（一）主体性与互动性凸显

城镇务工人员流动子女更倾向于选择主体性和互动性强的网络空间资源。随着互联网时代的到来，越来越多的城镇务工人员流动子女喜欢在网络空间进行学习交流，网络空间为城镇务工人员流动子女搭建了一个主体性和互动性强的平台。城镇务工人员流动子女在这个发展阶段倾向于追求个性发展，渴望被理解，渴望学习更多的知识，而网络空间则成为他们学习交流的必然选择，在网络空间内容的选择上他们更倾向于选择主体性和互动性强的网站。网络文化产品琳琅满目、丰富多彩，充分满足了广大青少年网民的市场需求，其中包括线上娱乐项目、线上学习产品及课程、线上交流互动 APP 等，日益丰富的网络产品充分凸显了主体性和互动性，为城镇务工人员流动子女的学习生活带来了无可比拟的便利。

（二）服务性与发展性贯通

互联网具有通信、社交、网上贸易、云端化服务、资源共享等主要功能，微信、电子邮件、QQ、微博、抖音、淘宝、购票、网盘等工具深受网民喜爱，网络课堂成为教学的重要辅助形式，如慕课、微课、学习通、钉钉等网络教学平台为广大师生所熟知并能熟练适用，互联网具有较强的服务功能。网络空间内资源的日益丰富，为城镇务工人员流动子女打造了一个全方位追求自我个性发展的平台，城镇务工人员流动子女可以方便快捷地进行网络交际学习。他们进行网络交流学习的最根本目的是提高自身能力，促进自我发展。因此在网络空间选择上还会根据自己的兴趣倾向选择有利于发展自我爱好的网络资源。

（三）开放性与包容性相连

网络空间是开放与包容相连并存的。网络空间是虚拟的空间，更是现实空间的映射，它打破了传统上人类生存的地域阻隔，转换了时空，模糊了全球性与地方性之间的界限，使在场与缺场交织在一起。网络已经把整个世界联结成了一个“地球村”，地理距离已经不再成为交流的障碍，与世界、与他人的联系变得十分便捷，人们足不出户，就能指点江山，就能知天下事，实现“观古今于须臾，抚四海于一瞬”，纵然远隔千山万水，只要手指轻轻一点，世界尽在眼前。只要具备上网的条件，任何人只要愿意，随时都可以融入其中，可以在网上浏览、上传和下载信息，也可以随时把自己的快乐与悲伤告诉远在千里之外的亲人与朋友，随时把自己的心情与远在天涯海角的网友分享，享受天涯咫尺的感觉。互联网海纳百川，形成一个巨大的信息海洋，有着取之不尽、用之不竭的信息，为我们提供了一个巨大的信息资源宝库。网络空间为城镇务工人员流动子女进行思想政治教育开辟了新的路径，网络空间开放包容的环境，使城镇务工人员流动子女可以更加便利地享受到多样化的网络服务，同时自我主体性得到了极大的彰显。

三　城镇务工人员流动子女的网络空间思想政治教育面临新机遇

城镇务工人员流动子女的网络空间选择偏好，可以从侧面折射出网络空间建设与发展离不开国家对科学技术的高度支持，也离不开规章制度对网络行为的规范。

（一）国家对网络空间建设工作的高度重视

党中央对于网络空间建设工作高度重视，习近平总书记在网络安全和信息化工作座谈会上的重要讲话中强调：“网络空间天朗气清、生态良好，符合人民利益。网络空间乌烟瘴气、生态恶化，不符合人民利益。”① “党中央本着对社会负责、对人民负责的态度，依法加强网络空间建设，加强网络内容的建设。”② 为了更好地规范网民的上网行为，

① 习近平：《习近平谈治国理政》（第2卷），外文出版社2017年版，第336页。

② 张彦：《论网络空间的精神治理与青少年网德教育》，《思想理论教育》2007年第7期，第13—21页。

广电总局公布《互联网视听节目服务管理规定》《关于加强网络视听节目直播服务管理有关问题的通知》，网信办发布关于《移动互联网应用程序信息服务管理规定》，国家互联网信息办公室发布《互联网群组信息服务管理规定》，进一步营造风清气正的网络空间。党中央对网络空间安全及服务的大力重视及相关制度的配合，充分体现了网络为务工人员流动子女服务的功能，使他们在天朗气清的网络空间里自由翱翔成为可能。

（二）全社会呼吁网络空间的治理与建设工作

网络空间治理与建设一直是全社会关心的话题。近年来，相关部门狠抓网络空间治理工作取得显著成效，社会各界对网络空间安全给予极大关注，并以多种形式开展规范青少年上网活动。因为在互联网时代，网络空间内充斥着良莠不齐的信息，城镇务工人员流动子女难以辨别真伪，虽然这个时期他们在生理上趋于成熟，但在心理发育方面尚不成熟，容易受到不良信息的诱导，或进行模仿或逐渐上瘾。对自我约束力差的城镇务工人员流动子女来说，他们对网络游戏、色情、暴力、恐怖画面等容易过度迷恋，这将严重损害他们的身心健康与人生的发展方向，严重的甚至会走上违法犯罪的道路，这对其自己、对其家人、对社会都是严重的伤害。城镇务工人员流动子女是祖国的未来，全社会应当呼吁为他们建设风清气正的网络空间，筑起网络空间安全防护带，架起心连心的沟通交流桥梁。近些年来，随着我国互联网网民的迅速增加，国家规范网络行为的法规也相继出台，我国在网络空间不断着力于提高主流意识形态的话语权与抵制各种不良社会思潮的渗透，相关媒体与教育工作者也不断进行着网络宣传治理与建设工作。

（三）科技提供了网络空间建设原动力

科技是网络空间建设的原动力，互联网时代的到来离不开科技的不断进步，互联网技术不断影响着人们的日常交流沟通，网络技术的迅猛发展极大地提高了人们互联网的使用频率，几乎是“无人不网”。“据中国互联网络信息中心（CNNIC）的调查，中国青少年在1997年使用互联网的人数仅有3.5万人，而截至2018年12月，我国网民人数达8.29亿人，普及率达59.6%，全年新增网民数量5653万人。我国手机网民规模已经高达8.17亿人，网民通过手机连接互联网的比例高达98.6%。"① 网络的更新速度快、信息量大、时效性强，立体逼真、动静结合、声像交融、图文并茂，集文字、图像、声音、视频、动画等多种形态于一体，充分利用人的视觉、听觉，能够把报刊、广播、电视的优点集于一身。科技让更多的人享受到网络的便利，同时我国在运用科技增强互联网效用时也不断优化着网络环境，创新研发新技术，打造清朗的网络空间。

（四）城镇务工人员流动子女自身成才需要网络空间提供培养沃土

网络图、文、声并茂，将课堂空间大大延伸，为师生的交流互动开辟了新天地，为务工人员流动子女思想政治教育提供了新的平台。广大务工人员流动子女愿意而且乐于花大量的时间上网，这为网络思想政治教育提供了宝贵的机遇。网络的诞生激发了他们的求知欲和想象力，容易充分调动人的积极性、主动性和创造性，避免了传统思想政治教育形式使他们容易产生逆反心理的弊端，使他们以积极乐观的方式接受以往感到比较单调的思想政治教育。教育者与受教育者之间的对话、互动可以超越时空的限制，在网络平台上教育者与受教育者可以进行平等的双向互动交流，这有利于充分发挥他们教学相长、自主学习的主动性、创造性与主体性。网络日新月异的发展为城镇务工人员流动子女成长成才提供了教育基地，在人际交往方面，网络的使用有利于扩大城镇务工人员流动子女的朋友圈，增进彼此的友谊和朋友之间的亲密关系，建立良好的社会身份认同和自我归属感；在情绪情感方面，可以给城镇务工人员流动子女带来积极的心理体验，可以在互联网中寻求安慰和满足。在道德发展方面，城镇务工人员流动子女通过使用网络、观看新闻或者浏览其他的正面信息可以提高他们自我积极的道德修养和明辨是非的能力，树立正确的价值观。

四　城镇务工人员流动子女网络空间思想政治教育面临新挑战

随着互联网时代的到来，在网络空间人人都有话语权，任何人都可

---

① 中国互联网络信息中心：《2019年第43次中国互联网络发展状况统计报告》，2019年2月28日，http://www.199it.com/archives/839412.html。

以对当前社会现象和问题发表个人看法。我们要清楚地看到，一方面网络给城镇务工人员流动子女的发展进步提供了平台，另一方面我们也要认识到网络空间还有些“灰色地带”。互联网是一把双刃剑，若使用不慎，城镇务工人员流动子女就会遭到不测之祸害。它在给城镇务工人员流动子女带来方便高效的同时，也给他们带来了消极和负面的影响，主要表现为道德认知的迷失、道德情感的冷漠以及道德行为的失范等。城镇务工人员流动子女的网络空间思想政治教育同样也面临着严峻的挑战。

（一）信息内容亟须净化，网络空间主流意识形态建设受阻

网络空间信息内容净化有利于城镇务工人员流动子女更好地运用网络，促进城镇务工人员流动子女形成正确的网络安全观。良莠不齐的网络信息内容充斥在网络空间不利于弘扬文化主旋律，不利于在网络空间提升主流意识形态引领力。一方面，我们共同生活在一个开放共享的网络空间里，非主流意识形态可以隐匿地、以最快的速度通过网络把信息传播给广大网民，形态各异的信息内容从不同的角度潜移默化地影响着城镇务工人员流动子女对于主流意识形态的认同。另一方面，每个人的媒体素养参差不齐，在网上发布言论是根据自我的价值判断做出的选择，导致千人千面、各种声音不相一致，弱化了网络空间主流意识形态的主导地位。城镇务工人员流动子女常处于心理发展的滞后期，信息的多元多样化容易污染城镇务工人员流动子女脆弱的心灵，弱化了对主流意识形态的认同，所以城镇务工人员流动子女在网络空间的信息选择上面临着巨大挑战。

（二）思想政治教育网络平台建设薄弱，红色网站点击率较低

互联网的出现使思想政治教育的内容变得丰富而全面，表现形式从抽象变为具体，从静态变为动态，从平面走向立体。网络技术还具有开放性的特点，对教师与学生之间的平等和交流十分有利，这样可以创造出一种活跃、轻松和愉悦的受教育方式，促进师生之间互动、平等教学模式的形成。然而，目前许多中小学校园网络存在建设水平低，内容贫乏、更新缓慢、语言枯燥、互动性不强、制作不精等不足，在教育形式上，一些学校只是简单地将政治理论知识搬上网，没有采取灵活多样、互动交流的形式来开展思想政治教育；在教育内容上脱离网络生活，没

有很好地满足学生的兴趣和需要。因此红色网站点击率较低，难以吸引务工人员流动子女的注意力，这导致有些学生看到思想政治教育之类的标题就不能激起他们的兴趣，在思想上难以产生共鸣，因此也就不愿意访问。

（三）多元社会思潮充斥网络空间，影响城镇务工人员流动子女的价值判断

在我国社会转型过程中，拜金主义、个人主义、享乐主义思想给城镇务工人员流动子女的成长带来不可忽视的负面影响。各种非无产阶级的意识形态、政治制度、价值观念、文化思想通过网络乘虚而入。网络也是色情、暴力等文化垃圾生存和传播的土壤，网络信息良莠杂陈，严重破坏了网络环境的健康有序发展。如果不具备一定的自控能力、辨别能力和选择能力，务工人员流动子女就很容易受到“污染”，易于被表面现象所迷惑，产生思想上的动荡、价值取向上的紊乱、价值判断上的偏离。网络上灰色、黑色、黄色信息泛滥，各种文化、宗教、迷信思想等都可以在网络中找到踪迹，这些不良的社会道德风气直接影响着城镇务工人员流动子女价值观的形成和精神信仰的塑造。网络空间技术的发展和进步是把“双刃剑”，它扩展了社会主义主流意识形态的建构空间和传播空间，但也同样面临着多种价值观的挑战。“当前网络意识形态呈现出多元化的发展现状，一些落后乃至错误的社会思潮（如新自由主义、历史虚无主义、民主社会主义、极端民族主义、网络民粹主义等）对社会主义主流意识形态构成不同程度的冲击，弱化了主流意识形态的主导力、影响力和控制力。”① 城镇务工人员流动子女价值观正处于形成和塑造的关键时期，各种纷繁复杂的社会思潮往往借助网络平台肆意传播，对城镇务工人员流动子女进行潜移默化的渗入，改变以往直接的显性方式而采取比较隐蔽迂回的方式对城镇务工人员流动子女进行影响，而城镇务工人员流动子女由于社会阅历少，还不足以在面对错误思潮时去伪存真，因而城镇务工人员流动子女时常出现价值判断失误，进一步削弱了对社会主义核心价值观的认同，有的会使城镇务工人

---

① 黄英燕、陈宗章：《网络空间中主流意识形态安全研究综述》，《理论观察》2018 年第 12 期，第 64—67 页。

员流动子女产生网络道德失范行为。

（四）城镇务工人员流动子女媒介素养相对不足，面临选择困难

城镇务工人员流动子女网络行为素养的高低取决于其本身固有的思想品德与价值取向。在互联网时代城镇务工人员流动子女往往普遍具备操作新媒体的能力，但他们科学地获取并且进行判断分析信息的媒介素养还相对不足，这种反差使得城镇务工人员流动子女网络参与很容易产生价值盲从和信仰迷失。城镇务工人员流动子女的世界观、人生观、价值观尚未形成和定型，自身道德的不成熟，辨别是非能力弱，自制能力和抵御网络糟粕的能力也较差，因此极易被一些不健康思想所腐蚀。在现实生活中产生的孤独、苦闷、烦躁、焦虑等不良心理，使城镇务工人员流动子女渴望寻找发泄郁闷情绪的场所，此时，网络正好担当起理想的替代者角色，于是网络游戏、网络聊天、网络交友、网上恋爱等网络交往在城镇务工人员流动子女中极为普遍，这可能会使他们更加迷失自我，失去生活的方向和前进的动力。以网络视频上新兴的产品微视频为例。微视频在青少年学生中受欢迎是因为不仅满足了他们的自我发展需要，广大务工人员流动子女可以随心所欲地刻画、展示自我，彰显个性，而且微视频也满足了他们的好奇心和标新立异的心理需求。但是一些微视频为了博得关注，以吸引眼球的方式进行拍摄，一些不健康的、煽动性的、危险性的画面会在网络空间传播，这些视频会使城镇务工人员流动子女对道德与违法犯罪的界限混淆不清，难辨善恶。因此，城镇务工人员流动子女的媒介素养亟待提高与完善。网络空间信息量大，缺乏细化规范引导，致使城镇务工人员流动子女在网络内容选择上很容易陷入迷惑茫然之境，在网络交流学习中容易误入歧途。

五　城镇务工人员流动子女网络空间思想政治教育的路径探索

目前许多城镇务工人员流动子女在网络空间思想政治教育方面出现的诸种问题，已严重影响了他们的身心健康。面对网络上负面的和消极的影响，面对网络强烈的冲击和挑战，为了使城镇务工人员流动子女能在网络的大海中安全航行，不迷失方向，我们应如何利用网络载体，加强城镇务工人员流动子女的思想政治教育，正确引导城镇务工人员流动子女健康成长，已成为一个亟待解决的问题。这一问题可以从如下几方

面来解决。

（一）积极开辟网上思想道德教育阵地，增强红色网站的吸引力

对于城镇务工人员流动子女来说，网络常常会成为一种不可抗拒的诱惑，使其长时间地被吸引，以致产生迷恋和依赖心理而不能自拔。城镇务工人员流动子女的自制能力弱，猎奇心强，还未形成较成熟的是非观，容易误入歧途，但如果受到良好的、及时的引导，就能顺利度过网络人生的危险期。由于网络的开放性，各种信息混乱复杂，主流和非主流的声音交织在一起，而城镇务工人员流动子女对各种信息良莠难辨，这迫切需要我们加强网上爱国主义、集体主义、社会主义教育，唱响网络的主旋律，这迫切需要用马克思主义思想去占领网络阵地，否则非马克思主义思想就会去占领。

我们应当积极开展网络德育课堂，及时开发适合城镇务工人员流动子女的网络学习资源，利用网络快捷便利、生动形象等优势条件，不断开辟网上“绿色”思想道德教育阵地，构建面向城镇务工人员流动子女的积极健康、寓教于乐的网络导航平台，为城镇务工人员流动子女营造一个属于他们自己的网络乐园。如建立一些融思想性、知识性、趣味性、服务性于一体的主题教育网站或网页；针对城镇务工人员流动子女开展心理咨询、法律法规咨询、网上信箱、网上留言；开展献爱心行动、普法园地等板块的宣传活动等。城镇务工人员流动子女可以通过访问这些德育网站，根据自己的兴趣爱好来选择不同的学习方式和学习内容，变被动学习为主动学习，在学习德育知识的过程中，不断净化自己的心灵。

开辟网上红色思想道德教育阵地，亟须培育网络服务队伍，打造感召力强的网络空间。建成社会主义网络强国，需要培养网络科研能力强、思想道德水平高的人才建设网络空间，搭建有中国特色的网络信息技术高地。培养网络科研人才，需要教育和引导广大网络科研人员始终把国家和人民利益放在中心位置，不断增强其责任感和使命感，勇于攻坚克难，把人生理想融入实现网络强国的伟大奋斗中。同时也要注重培养在互联网意识形态安全方面的专业人才，不断提高其理论修养和互联网技术，熟悉互联网法律法规，扮演好网络空间“把关人”的角色，站好网络空间安全岗，服务广大城镇务工人员流动子女。同时为了建设

网络信息技术高地也需要政府增加相关网络工作人员的科研经费，鼓足网络工作底气。通过人才服务队伍的组建与防护，网络空间对城镇务工人员流动子女的感召力和安全性会大大提高。

（二）规范网络的管理和监控机制，优化网络环境

针对城镇务工人员流动子女网络空间选择所呈现出的新特点，需要加大网络监管力度，不断加强主流意识形态的主导力，提升城镇务工人员流动子女对主流意识形态的认同，打造吸引适合城镇务工人员流动子女网络空间参与、风清气正的网络生态环境，使城镇务工人员流动子女在清朗的网络环境中安全高效地参与网络活动。

法律和道德虽有不同，但它们都是规范和调整人们行为的有效手段，都担负着确立和维护一定的社会关系和社会秩序的重要使命。人们网络行为的规范以及网络社会的治理，必须依靠法律和道德手段来进行。首先，我们要加快网络法治的步伐，制定新的网络信息犯罪法规，建立一套保护城镇务工人员流动子女信息安全和禁止色情与暴力内容的特别规范。其次，我们要加强普法和执法的力度，通过技术、行政以及法律的手段，严禁发布不良信息，同时严厉打击网络犯罪分子。我们可以采用先进的技术手段，建立先进的检测和监控机制，控制信息源头，及时过滤、删除有害信息，消除网络污染，隔离各种不健康的信息。校园网络要加大监管力度，安装网络“过滤器”，配备“杀毒卡”“防火墙”，尽可能使务工人员流动子女免中“病毒”。我们还应当严厉执行对网吧经营的整治和管理措施，不准在距离学校200米内设网吧，不准城镇务工人员流动子女进入营业性网吧；城镇务工人员流动子女只可以在国家法定节假日及寒暑假的每日8点至20点进入网吧，在线时间不得超过3小时；不得容留未成年人夜间在网吧上网等，并且要加大惩处的力度，严厉打击违法行为。只有这样，才能真正做到净化网络环境，使城镇务工人员流动子女在网络虚拟环境中树立正确的世界观、人生观、价值观和道德观，成长为有理想、有道德、有文化、有纪律的社会主义时代新人。

网络空间是广大网民的交流场所，对于互联网时代的城镇务工人员流动子女来说，网络不仅使他们享受到自由，而且使他们面临着各种网络危险，需要不断加强网络安全治理，完善网络安全保障体制。网络空

间不是法外之地，依法加强网络空间安全治理需要制定更加严苛的网络安全制度，通过网络自媒体、官方媒体和民间力量的共同作用，确保线上线下人人知道网络安全红线，在法律法规允许的范围内行使自己的权利。不仅要加强网络安全的治理，同时还需要完善城镇务工人员流动子女网络引导机制。在现实生活中城镇务工人员流动子女可以在学校老师、父母的指导下进行学习，但在虚拟的网络世界却缺乏有效的引导，一些暴力色情信息借机隐匿地侵入网络，导致自我节制不强的学生沉溺其中，危害他们的身心健康。因此，网络相关工作部门要深入研究城镇务工人员流动子女网络选择偏好特点，发挥网络引导作用，并且进行产品开发，完善网络引导保障体系，不仅需要线上网络相关工作部门人员的努力，线下也需要父母和学校信息技术老师的积极引导，保障城镇务工人员流动子女的网络行为安全。

应当优化网络环境，弘扬时代主旋律。为了使城镇务工人员流动子女更加便利地享受互联网带来的便利，必须通过多种举措为当代青年创设优良的网络环境，“网络社会化正在逐渐取代原有的社会化过程，而且这种潮流根本就不可以扼制”①，在互联网背景下对网络环境进行优化显得十分重要。为了给城镇务工人员流动子女创造更好的网络参与条件，作为专业的媒体和记者应当保持客观公正的态度，发挥网络媒体“把关人”作用，自觉抵制商业力量对正面信息的侵蚀，自觉弘扬时代主旋律。政府在信息公开方面要把握民情，加强舆论宣传引导，强化网络空间社会主义主流意识形态的宣传力度，使网络信息内容与城镇务工人员流动子女的信息需求之间产生和谐“共振”的效果。网络环境的优化同样也离不开大力弘扬社会主义时代主旋律，自觉坚持社会主义核心价值体系在网络舆论中的主导地位，深入学习宣传，以社会主义核心价值观引领社会思潮，不断增强红色文化对城镇务工人员流动子女网络空间选择偏好的感染力、影响力和竞争力。

（三）凝聚多方能量，推进教育的全员化

学校、家庭、社会应当相互联系、相互渗透、相互促进，充分重视城镇务工人员流动子女的思想道德教育，在全社会建立起适合城镇务工

① 赵小明：《互联网心理学》，经济管理出版社 2017 年版，第 97 页。

人员流动子女的温馨的“网络家园”，给孩子们创造一片净土，以增强他们网络空间思想政治教育的实效性。

学校是对城镇务工人员流动子女进行思想道德教育的主渠道，学校应把网络思想道德教育融入显性和隐性的德育课堂。通过显性的课堂教学，使城镇务工人员流动子女充分了解网络应遵循的法律法规政策和伦理道德准则，形成与社会现实、网络发展相适应的网络价值观、网络礼仪和网络道德规范。通过隐性的课堂教学，使城镇务工人员流动子女受到“润物细无声”的熏陶、感染。学校应通过优化环境，营造网络道德教育的氛围，把显性和隐性教育融合起来，提高城镇务工人员流动子女自身的道德水平。各中小学校要变被动防范为主动占领，建立足够的德育网站和“绿色”网吧，免费向学生开放，把沉迷在社会上不良网吧里的学生拉回来。要充分利用学校现有的网络设施，在课余时间对全体学生开放，为学生创造在学校上网的机会。这样就可以把学生从社会不适宜的网络环境中争取过来，鼓励学生把自己关心和感兴趣的话题、存在的问题与困惑，通过网络直接反映与表达出来，只有这样，才能更好地了解学生的真实想法，把握问题的关键，制定有针对性的教育措施，从而使学校德育更加贴近学生、贴近实际、贴近生活，同时老师还可以有效地监控学生的网上行为，并通过强有力的网络环境感染力量实现道德教化的功能。家庭是城镇务工人员流动子女成长十分重要的环境。家长应规范子女的上网行为，树立正确的网络道德观，严格遵守网络道德行为规范，积极引导城镇务工人员流动子女培养网络信息素养，正确选择网络上的有益信息。不仅要加强政府、网站和城镇务工人员流动子女的联系，加强网络队伍的素质建设和管理机制建设，形成健康向上的网络文化，而且要倡导文明上网的习惯，引导城镇务工人员流动子女自觉遵守网络秩序，做到文明、健康上网。

全社会的所有成员都应行动起来，充分利用网络载体，关注城镇务工人员流动子女的网络思想道德教育和建设，在全社会网络大环境下对城镇务工人员流动子女实施积极、有效的影响，引导他们正确结交网友和科学选择各类信息资源，自觉抵制网络“垃圾”。只有全社会共同努力，关心城镇务工人员流动子女的成长，为他们的身心健康发展创造良好的条件和社会环境，为他们营造一片晴朗的网络天空，为他们提供一个温馨的心灵港湾。

（四）加强城镇务工人员流动子女道德自律，提升其道德修养

从某种意义上讲，网络思想道德教育的过程主要是一个道德内化的过程。“授人以鱼，不如授人以渔”，网络思想道德教育要真正发挥作用，就必须促进城镇务工人员流动子女自身的道德发展和使其学会自我教育。网络道德体系只有内化为他们的行动，才能发挥其应有的作用。网络思想政治教育工作者应努力培养城镇务工人员流动子女进行自我教育、自我监督、自我管理和自控自律的能力，使他们由自发行为逐渐转变为自觉行动；还应加强对城镇务工人员流动子女科学的世界观、人生观、价值观教育，培养他们健全的人格和高尚的道德情操，提高其道德修养，使其能够自觉地抵制不良信息的诱惑，增强自身的“免疫力”；同时让他们学习网络道德规范、法律基本常识，增强道德法规意识，树立正确的网络道德观，明确自己的道德权利与义务，自觉遵守网络规则，在面对网络信息时学会选择，识别良莠，由“他律”进入自律，提高依法上网和自我保护能力。要求城镇务工人员流动子女在上网时不要做“网虫”；不要做“黑客”；不要发布垃圾信息，污染网络环境；不要浏览和传播含有色情或暴力内容的东西等。对城镇务工人员流动子女的教育，尤其要倡导“慎独自律”的网络道德，即使在无人监督的情况下，也能够保持非常高的道德觉悟，以自觉的态度进行自我监督、自我控制、自我反省、自我批评，主动对各种信息加以判断、取舍，取其精华，去其糟粕。

需要加强城镇务工人员流动子女媒体素养的培养。加强城镇务工人员流动子女的媒体素养对于营造良好的网络空间有重要作用，培育城镇务工人员流动子女媒体素养并非一日之功，需要长期进行积极引导和全方位不断培养。城镇务工人员流动子女处于生理上趋于成熟，但在心理发展方面还不成熟的特殊时期，面对网络平台上大量的信息，城镇务工人员流动子女难以做到去粗取精、去伪存真，因此需要不断加强其媒介素养的培育。古人云：“少成若天性，习惯之为常。”培养城镇务工人员流动子女的媒体素养必须从城镇务工人员流动子女接触网络的初始期抓起，从家庭媒体素养教育抓起，从学校教育抓起，要把媒体素养的基本内容和要求渗透到学校教育教学之中，体现在学校日常网络管理之

中。在实际生活中要不断培育城镇务工人员流动子女的网络道德意识，通过线上线下形成合力来保证城镇务工人员流动子女在网络空间做出正确的选择，使每个城镇务工人员流动子女合理高效地享受网络带给他们的便利。针对影响城镇务工人员流动子女的选择困境，需要通过多重合力的共同引导帮助，有针对性地进行破解，积极培育当前城镇务工人员流动子女网络空间媒体素养，使广大城镇务工人员流动子女享受到科技带来的便利，不断提高各个方面的素质，文明使用网络，争做有为的时代高素质人才。

城镇务工人员流动子女是祖国和民族的未来，他们能否健康成长在一定程度上关系着国家和民族的兴衰，影响着社会主义现代化建设事业的成败。全社会应利用好网络这一载体，调动全民参与的积极性，把网络等现代化媒体有效地利用起来，使城镇务工人员流动子女形成“内省慎独”的道德修养意识，加强自律，自觉遵循网络空间道德规范。

第三节　城镇务工人员流动子女的人文关怀与心理疏导

在新型城镇化的背景下努力探索城镇务工人员流动子女这一群体的人文关怀与心理疏导的实现路径是当前社会每个阶层应尽的责任和义务。当前城镇务工人员流动子女面临着人文关怀与心理疏导的缺失，探究缺失现象，重塑他们的人文关怀并对其进行心理疏导，对于解决学校教育的歧视、家庭教育的缺位、社会教育的藩篱、随迁子女自身心理的困惑等都具有重要的意义。只有给予每个城镇务工人员流动子女更多的人文关怀与心理疏导，解决他们在家庭、学校、社会中产生的困惑，给予他们更多的关心、关爱和关怀，充分挖掘他们的潜能，才能使他们以更加健康积极的心态追逐自己的梦想，满足他们对美好生活的向往。

一　城镇务工人员流动子女的人文关怀

人文关怀起源于14—16世纪欧洲文艺复兴时期的“人文主义”，人文关怀把人作为一切活动的出发点和归宿点，体现了对人的价值和尊严的尊重，是人的全面自由发展的必然要求。人文关怀是指“‘以人为本’为精神内核，切实尊重人的需要，肯定人的价值，最终实现人的自由全面发展”①，注重人文关怀是“以人为本，促进人的全面发展”的必然要求。随着新型城镇化进程的不断加速，许多城镇务工人员家庭涌入城市，其中也包括随城镇务工人员迁入城市生活、学习的流动儿童。许多城镇务工人员子女随父母来到城市，他们满怀着对城市的向往与憧憬，然而在现实中却屡遭排斥与挫折。“进入城市之后，面对陌生的环境、不同的生活方式、日益忙碌的父母、拥挤的交通、与原来学校相距甚远的教育方式，城镇务工人员流动子女的身心健康、城市适应、教育衔接、未来发展等都面临着巨大的考验”②，其人文关怀的现状令人担忧。他们难以获得与城市学生同等的教育机会、失学辍学率高、家庭教育缺失、社会关怀乏力、心理出现危机等问题日益凸显，因此加强城镇务工人员流动子女的人文关怀已刻不容缓。在新型城镇化的背景下努力实现对城镇务工人员流动子女这一弱势群体的人文关怀是每个公民应尽的责任和义务。

（一）坚持以人为本，尊重人的主体价值

人文关怀体现了对人的命运、尊严、人格、价值等的维护和关切。城市公民应该悦纳每个城镇务工人员流动子女，尊重他们的主体意识，满足他们的需求，建立具有人文关怀的和谐氛围，充分聚集和发挥出人文关怀的能量。

城镇务工人员流动子女在生活方式、居住环境、语言交流、人际交往等方面都发生了显著的变化，他们极其渴望得到老师的关心，父母的关爱和社会的关怀。城市每个人对待他们都应该采取包容和理解的心态，坚持以人为本、平等尊重的原则，为他们提供物质及精神上的帮

① 杨弘宇、于杰：《大学生人文关怀和心理疏导机制构建》，《黑龙江社会科学》2015年第4期，第155—157页。

② 吴岚：《流动儿童社会融入研究》，硕士学位论文，南京大学，2013年，第1页。

助，帮助他们获得教育所需要的政策、服务、物质等资源，满足每个学生尤其是贫困的城镇务工人员流动子女等弱势群体的教育需求，把解决实际问题与关注未来发展相互结合起来，不断改善他们的思想、道德、心理、教育等现状。同时还需为他们提供情感上的支持，给予他们应有的人文关怀。要学会尊重、关心和关爱他们，对他们形成全方位的帮助和关怀，做到民主、平等、信任，使他们感受到城市的关爱、温暖与认可。

各地政府要明确在政策扶持、资金投入等方面的责任，建立流出地政府与流入地政府合理承担流动儿童教育成本的机制，构建城乡义务教育经费的合理分配方式，加大城镇务工人员流动子女教育经费以及教育资源的比例，将流动儿童义务教育纳入各级政府的教育发展规划和财政保障范畴。要逐渐破除原有户籍制度的壁垒，在流动人口较为密集的地级市进行改革试点，给予城镇务工人员流动子女更多接受教育的权利，促进教育的更加公平，创设良好的教育服务环境，使没有城市户口的孩子也能获得城市的身份认同。学校应树立平等的教育观念，充分认识每个个体的差异性和特殊性，激发他们的创造性和学习积极性，对城镇务工人员子女在学校的学习表现以及课外的教育情况予以重点关注。教师要有博爱的胸怀、大爱的思想，对于城镇务工人员流动子女的某些天然缺陷应有宽容之心，充分考虑他们成长成才和自身发展的具体实际，增强教育的针对性，解决他们的实际困难和问题。社会应关注人的主体价值，注重人的心理变化，唤醒他们的主体意识，肯定每个个体的价值，建立城镇务工人员流动子女的关心服务体系。社会应当消除城乡“二元”对立意识，推进城乡教育一体化。要制定相应的针对城镇务工人员流动子女的奖补政策，增加奖补经费，规范城镇务工人员流动子女教育服务财政制度，明确制定相应的资金管理办法，增加对义务教育财政的投入，建立财政转移支付专项资金，为低收入城镇务工人员家庭中的子女提供一定的救助和补贴。可以在城镇务工人员流动子女课外建立补充教育体系，促进城镇务工人员流动子女教育的有效衔接。例如，1966年美国国会建立了由美国联邦政府提供财政资助的主要用于流动人口子女在正规教育以外接受补充教育的流动教育项目（Migrant Education Program），这对城镇务工人员流动子女教育问题的解决有一定的参考价值。

要坚持以人为本的方向，学会尊重人和关怀人，设身处地地理解和满足城镇务工人员流动子女成长的合理需求，把解决实际问题与关注未来发展相互结合起来，充分发挥其能动性，调动其自身的潜力。只有坚持以人为本，彰显人文关怀，才能实现更好地塑造人、教育人和培养人的目的。

（二）优化教育资源配置，营造全方位的关怀氛围

要解决城镇务工人员流动子女的人文关怀与心理疏导的难题，“应该以政府支持为核心，建立一个由政府支持系统、社会支持系统、个体支持系统密切配合的社会支持网络，给予城镇务工人员子女以足够的物质的、精神的支持”①。各个部门应多管齐下，形成共同育人的强大合力，构建全社会的关爱体系，营造全方位的关怀氛围。城镇务工人员流动子女的人文关怀问题的解决需要全社会的共同努力，需要形成全员育人、全社会育人、全方位育人的合力，营造一个全社会的良好关怀氛围，发挥互动功能，建立针对城镇务工人员流动子女的人文关怀工作机制，使他们具有健康的心理、高尚的素养与健全的人格。

农村教育投入的不足拉大了城乡教育的差距，“从根本上解决城镇务工人员流动子女教育问题，就必须明确各级政府在随迁子女教育衔接中的责任和经费承担”②。要加大财政政策的支持力度，加强流动儿童经费的监督与管理，全方位地把城镇务工人员流动子女纳入城市公共教育体制之内，实现义务教育“全纳入”。“中央和省级政府应建立教育救助经费的筹措保障机制，保障城镇务工人员流动子女在城市平等地接受教育救助。”③ 在经费上要给予城镇务工人员子弟学校以一定的补贴，制定相关的教育经费补贴制度，将城镇务工人员流动子女的教育救助经费列入流入地教育经费的预算之内，弥补城镇务工人员子女流入地的政

① 沈斌：《社会支持网络视角下的农村留守儿童问题研究》，硕士学位论文，河南师范大学，2012 年，第 39 页。

② 赵文博：《试析农民工流动儿童的教育衔接问题》，《南都学坛》（人文社会科学学报）2012 年第 4 期，第 112—113 页。

③ 徐丽敏：《农民工随迁子女教育融入研究——一个发展主义的研究框架》，博士学位论文，南开大学，2009 年，第 140 页。

府所产生的预算欠缺。资源投入要向城镇务工人员流动子女集中的地区倾斜，并且设立民办教育发展专项资金，安排专门用于城镇务工人员流动子女义务教育经费，按照城镇务工人员流动子女在校的人数来拨付教育经费，尽力使教育财政使用均衡，能够惠及每一个流动儿童与留守儿童。通过合理配置城乡教育资源，缩小城乡教育的投入差距，加大筹措解决城镇务工人员流动子女教育的资金投入，完善教育成本的合理分担机制，最终逐步缩小城乡教育的差距，促进教育的均衡发展。

社会力量是解决流动儿童教育救助的有力依靠。应当整合教育资源，充分发挥各相关部门自身的长处和优势，群策群力，齐抓共管，为城镇务工人员流动子女的健康成长保驾护航。要以多种形式为他们提供教育上的支持。可以利用网络信息技术来对流动儿童进行远程教育以及在线帮扶教育等，提升对城镇务工人员流动子女的关注度，消除社会排斥。也可以依托企业，提供暑假夏令营活动，组织城镇务工人员流动子女到企业参观其父母的工作情况，促进流动儿童与家长的亲情沟通。同时还可以组织大学生、团体、个人等为城镇务工人员流动子女进行义务补习实践活动，为城镇务工人员流动子女提供必要的法律咨询和法律援助等服务，加大对侵害城镇务工人员流动子女的违法犯罪行为的打击力度，标本兼治、多管齐下，充分利用社会资源来营造对城镇务工人员流动子女人文关怀的良好社会氛围。城镇务工人员流动子女在融入城市生活的过程中，需要享有公平地分享和参与城市社会经济资源和成果的权利，同时也需要付出自己的努力和承担自己的责任。对此，政府可在法规政策许可的范围内，鼓励和引导以城镇务工人员流动子女为服务对象的社会组织的发展，充分发挥公益性和服务性社会组织在城镇务工人员流动子女自身能力建设中的作用。诸如维护城镇务工人员流动子女权益、健康知识教育、学习能力发展、提高参与能力、促进社会交往能力、开拓创新能力等，开展相关的知识教育和培训，为其提供援助和支持。

城镇务工人员家长应该处处做孩子的表率，学会改善亲子关系，增加亲子间的互动，营造一个健康、和谐的家庭环境。家长的行为对孩子的身心发展起着潜移默化的作用，言教不如身教，在亲子关系密切的家庭里，轻松愉悦的氛围有助于子女的人格塑造与性格发展。城镇务工人员家长应不断提升自己的文化素养，坚持言传身教，应与子女之间保持良好的沟通，建立起和睦的亲子关系，要善于发现子女的优点和长处，及时了解孩子的需求，关心他们的道德品质、心理健康等，帮助他们养成正确的行为习惯和优良的道德品质。城镇务工人员家长可以利用双休日或寒暑假开展各种丰富多彩的活动，带孩子去参观科技馆、艺术馆、博物馆、名校等，这不仅可以改善亲子关系，还可以开阔孩子的视野。城镇务工人员流动子女的父母要增加感情的投入，加强亲子间的交流，缩小代际价值观，减少心理上的隔阂，走进子女的内心深处，积极分享他们的痛苦与快乐，使他们感受到父母的关爱、亲情的关怀和家庭的温暖。还可以不定期地举行家校交流会，在家长和学校之间建立起经常性的、互助的沟通渠道。

城市学校应当适当降低入学门槛，充分发挥公办学校的主导作用，多渠道地安排城镇务工人员流动子女入学。要积极开放城市的所有公办学校，把流动儿童纳入区域教育发展规划之中，尤其是在流动人口密集的地区多增设一些公立学校，大力推进普惠性幼儿园建设，最大化地推进城镇务工人员流动子女进入公办学校就读。公办学校还应取消强加在城镇务工人员流动子女身上的赞助费、借读费等不合理费用，规定城镇务工人员流动子女有享受与常住户口人员入托、入学等同等待遇的教育权利与资源，充分保障他们接受教育的公平性，促使他们能够顺利融入城市社会，享受更加平等公正的教育。城市公立学校应该简化就读手续，为所有学生包括城镇务工人员流动子女建立电子学籍档案系统，开展有针对性的教育。还要加大对城镇务工人员子弟学校的支持，对民办打工子弟学校的办学标准进行多方面的综合考量，不能一味地对其予以打击与排斥，要积极引导这些学校从“合理性”向“合法性”转变。

（三）消除歧视壁垒，推进城乡教育融合发展

当前城乡教育在教育质量、文化融入、升学机会、师资配备等方面还存在一定的差距。为此，应大力消除歧视壁垒，积极推进城乡教育一体化。城乡“二元”对立意识阻隔了教育的公平，也拉大了城乡教育的差距，形成了城市教育更好、农村教育更差的“马太效应”，使农村教育远远落后于城市教育，处于相对劣势地位。要“在城乡教育一体

化的理论框架下，破除城乡的‘二元’教育结构，明确各主体在流动儿童教育衔接中的责任”①，以解决城镇务工人员流动子女的教育经费供给不足问题。“各级政府要从国家战略高度规划城镇务工人员流动子女教育，努力培养他们成为合格的城市公民。这不仅是我国现代化进程的必然要求，也是社会和谐稳定的根本保证。”② 要加强对农村义务教育的管理，如在法律法规中应明确规定城镇务工人员流动子女的受教育权利、教育费用的支付、资金的筹措和物质的保障以及教育责任的划分等问题。中央政府、城镇务工人员流动子女迁出地政府和迁入地政府要合理分担责任，并对城镇务工人员流动子女相关教育政策的执行情况进行监督和管理，将城镇务工人员流动子女的工作纳入各部门相应的考核中去，充分保障随迁子女接受学校教育的权利，保证流动儿童相关政策的贯彻落实，推进我国义务教育的公正与公平，实现我国城乡教育一体化的发展。应立足长远，加强城镇务工人员流动子女流出地与流入地政府的沟通协作，促进地方政府财权和事权的匹配，并且按照各地接收学生的人数进行合理分配。通过制定切实可行的、公平有效的政策措施，积极推动城镇务工人员流动子女教育问题的法治化、规范化。

社会应高度重视城镇务工人员流动子女对城市教育的融合与适应问题，积极推进各项政策制度的建设及实施，消弭城乡之间的制度、经济、文化排斥，打破城乡“二元”教育结构的壁垒，消除对城镇务工人员及其子女身份的偏见，不断给予他们更多的“市民”待遇。户籍制度的改革将在一定程度上推动城镇务工人员流动子女教育问题的解决，有利于加快城乡教育一体化的步伐。因此应当打破原有户籍制度的藩篱，保障城镇务工人员流动子女的正常流动与公平接受教育，实行动态、开放的户籍制度，要杜绝虚假学籍和高考移民，推行把“依户籍地就近入学”变为“依居住地就近入学”的教育政策，竭力使城镇务工人员流动子女受到平等的教育，最大限度地保障他们的合法利益，使他们都能充分享受政府所提供的教育救助和同等接受教育的权利。原有

---

① 赵文博：《试析农民工流动儿童的教育衔接问题》，《南都学坛》（人文社会科学学报）2012 年第 4 期，第 112—113 页。

② 吴霓、张宁娟、李楠：《农民工随迁子女教育的五大趋势及对策》，《当代教育科学》2010 年第 7 期，第 11—13 页。

户籍制度的阻隔导致了许多城镇务工人员流动子女被迫回户籍所在地参加中高考，这极大地影响了城镇务工人员子女教育的连续性，引发他们受教育的断链问题。因此应该逐步放宽户口管理的限制，逐步剥离户籍制度附加的各种成分，出台改革措施，给城镇务工人员流动子女提供平等的公共教育和福利保障。为了推进教育的公平公正，需要完善落实城镇务工人员流动子女异地升学政策，结合城镇务工人员流动子女“在当地连续就读年限的情况，使其逐步享有在城市参加中高考的资格”①。破除原有户籍制度的壁垒可以“‘按照在本地居住年限＋在当地连续受教育年限’的方法，即城镇务工人员子女只要满足了一定的标准，就可以与城市学生一样接受高中教育和在城市参加高考报名”②。对于城镇务工人员流动子女的异地高考可以实行三步走：“一是对城镇务工人员流动子女完全放开中职、高职教育；二是以人口流动为基数，按比例分配各省（市、自治区）高考指标；三是建立以居住证为识别标识的‘异地高考’模式。”③ 促进城乡教育的整体推进和均衡发展，需要相关部门、相关制度的相互配套、相互衔接，共同建立专门针对流动人口的社会保障网络。制定相应的、解决城镇务工人员流动子女教育问题的整体策略，完善和优化现行的务工人员流动子女相关政策，竭力消除制度歧视，引导他们向城市有序流动，为城镇务工人员子女的教育衔接提供客观保障，保障城镇务工人员流动子女教育工作的有序开展。

此外，学校是促使流动儿童与城市孩子融洽相处的最好场所。教师公平地对待每一个城镇务工人员流动子女，使其与同学的关系融洽，对城镇务工人员流动子女的身心健康发展和成长起着重要作用。学校要提高每一个教育工作管理人员以及教师的平等意识，他们的公平对待与鼓励教育有助于增强城镇务工人员流动子女的自尊心与自信心。因此，学校教师要转变教学理念，突出每个学生的主体地位，尊重每个随迁子女平等的教育权，确保城镇务工人员流动子女享受与城市孩子同等的待

---

① 汪明：《保障随迁子女受教育权要拿出新举措》，《中国教育报》2014 年 8 月 5 日。

② 徐丽敏：《农民工随迁子女教育融入研究——一个发展主义的研究框架》，博士学位论文，南开大学，2009 年，第 137 页。

③ 雷万鹏：《新生代农民工子女教育调查与思考》，《华中师范大学学报》（人文社会科学版）2013 年第 5 期，第 139—146 页。

遇。学校可以举办各种各样的课外活动，让城镇务工人员流动子女积极融入班级集体当中，推进城镇务工人员子女与城市学生之间的接纳和认同。

4. 强化服务意识，建立城镇务工人员流动子女的关爱服务体系

社会各界应创新城镇务工人员流动子女的管理服务机制，在城镇务工人员人口集中的地方增设服务办事机构，建立基金帮扶平台，加大对农村教育的资金投入，并设立“城镇务工人员流动子女基金”来资助贫困的城镇务工人员流动子女完成学业，改善城镇务工人员及其子女的生存环境，保障他们享受良好教育的权利。要大力拓展社会各界的力量，寻求各方支持，包括民间机构、公益组织、非政府组织、社会志愿者、社会团体、企业、个人等，建立社会联动的工作机制。提供无偿的教育、培训、医疗、心理安慰等形式多样的支持，这种支持既可以是物质上的、行动上的、社会上的，也可以是心理上的帮助，包括相应的物质支持、经济支持、心灵支持、情感支持等，为城镇务工人员流动子女的学习或交往等提供帮助，为这一弱势群体的教育进行必要的补偿和关怀。社会救助是解决城镇务工人员流动子女教育困境的有效途径，社会救助应该关注被救助者的精神、能力与发展等方面的需求。通过积极引入社会救助力量及时伸出援助之手，来提高城镇务工人员流动子女的福利水平，为他们排忧解难，发挥“温暖”的社会作用。

社会各界应强化服务意识，营造良好的帮扶环境，为城镇务工人员流动子女的教育创建公平、公正的社会氛围，为他们提供良好的学习和成长环境，为他们融入城市社会创造和谐的人文环境。温暖与关怀的环境有利于城镇务工人员流动子女的健康成长与良好人际关系的建立，社区可以举办各种趣味活动，针对每个随迁子女适当安排各种课外义务辅导活动、文艺娱乐活动以及社区内的各种文体活动，如4点半课堂、国画课等活动。这不仅可以建立融洽、和谐的社会关系，增进彼此之间的关怀和亲和力，还可以提升城镇务工人员流动子女的社会参与度，增强他们对集体活动的参与感与归属感，让他们尽快适应新的生活环境，在良好的氛围里融入群体，融入城市社会中。社区还应帮助城镇务工人员家长转变教育观念，让他们学习子女教育方法，或者帮助他们促进自身知识的积累与就业技能的培训，以增强他们的就业竞争力。应着力提升

城镇务工人员流动子女、家长以及社区居民的社会参与度，给予城镇务工人员流动子女更多的关注与帮助，在舆论宣传中应加强对城镇务工人员及其子女的尊重与关怀，尊重不同区域、城乡、群体之间的文化差异，增强社会对城镇务工人员流动子女的关注度，消除社会对他们的排斥与歧视。可以通过举办关心城镇务工人员流动子女教育的公益慈善活动，搭建关爱流动儿童的服务平台。还可以充分利用网络信息技术，增强媒体的正确引导，激发社会对城镇务工人员流动子女的广泛关注。

农村为城市的生存提供了基础源泉，城市的教育也应反哺农村的教育，推动城乡教育的一体化，优化资源的配置，促进城乡教育的和谐、可持续发展。学校要建立合理的“教师流动机制”，加强城乡之间教师的流动，鼓励城市教师支援农村学校，促进城乡师资力量的平衡。对支教老师要给予一定的经济补助，同时还可以与教师的评优晋级相挂钩，做到充分利用城市的教育资源，优化配置农村的教育资源，整合各种文化资源，促进城乡义务教育的均等化。政府要加大对农村教育的倾斜力度，增加教育资源总量的投入，平等配置城乡义务教育资源，解决义务教育阶段“择校”的顽疾。完善城镇务工人员流动子女的社会保障政策，是保证其接受平等教育和融入城市社会的重要社会基础。因此，还需要完善社会保障体系，把城镇务工人员家庭纳入城市居民最低生活保障制度之中。当前亟须制定对贫困城镇务工人员流动子女的社会救助、教育救助政策等，让所有符合条件的城镇务工人员流动子女能够在没有歧视的前提下公平享有社会救助，在城市居民最低生活保障制度的设置方面，应将城镇务工人员流动子女纳入其中。政府、社会组织等应对城镇务工人员家长进行教育培训，教会他们一些教育方法，帮助他们丰富知识、增长见识，学会用科学的思维和手段来教育孩子，鼓励城镇务工人员家庭父母参与到子女的教育中，尽可能创造舒适宜人的学习环境和生活环境，为随迁子女的未来发展营造较好的机会与条件。

加强对城镇务工人员流动子女的人文关怀，有利于务工人员子女重拾自信，也有利于城乡教育的一体化推进与乡村振兴。只有走进城镇务工人员流动子女的心灵深处，关注他们的现实困境与心理诉求，给予他们必需的人文关怀，使他们在学习、生活、心理等方面都得到应有的关心、关爱和关怀，才能阻断弱势和贫困的代际传递和延续，城镇务工人员流动子女才会对美好生活充满向往。

二 城镇务工人员流动子女的心理疏导

城镇务工人员流动子女在融入城市的过程中，常常会出现面对陌生环境的不适应以及遭到陌生群体的排斥，他们的心理健康状况不佳，负面情绪的堆积严重影响其正常的心理发展和社会交往。为了促进教育的公平和城镇务工人员流动子女的心理健康，需要从新型城镇化进程的大背景出发，对城镇务工人员流动子女的心理问题及其成因进行探究，并针对他们心理危机的疏导提出意见和建议。

（一）背景研究：城镇务工人员流动子女心理健康问题的缘起

世界上各国家各地区在城镇化进程中都会普遍出现农村劳动力向城市转移这一阶段，而各个国家的城镇务工人员流动子女就是在这一阶段中产生的。20 世纪 80 年代末 90 年代初，我国农村劳动力向城市的转移呈现出由初期的青壮年农民单身进城变为举家迁移的新特征。从这以后，原本留守在家的城镇务工人员子女开始越来越多地向城市迁移。

“城镇化和城市化是中国必须走的关键性步骤，到 2020 年，中国城市化要达到 50%—60% 的水平，就必须转移大量的农村剩余劳动力。”① 这充分体现了国家对城镇务工人员问题的重视。然而，在新型城镇化发展进程中，有些城镇务工人员及其子女在城乡流动的过程中并未实现完全的市民化，依然处于城市社会的边缘，没有完全融入城市。城镇务工人员流动子女未完全市民化问题当前主要表现为社会生活与社会交往问题、主观心理健康问题与身份定位混乱问题等，这些问题表明城镇务工人员流动子女在城市生活和学习中依然存在着难以融入的困境。面对陌生城市的压力，城镇务工人员流动子女在心理上会有强烈的不平衡感，会出现自卑、怯懦、焦虑、孤独等心理危机。竞争的压力、转学的痛苦、经济的贫困、理想与现实的矛盾、学业的担忧、身份的难以认同，以及学习压力过大、生活中抗挫折能力低，使务工人员流动子女面临着

---

① 刘成斌、吴新慧：《留守与流动：农民工子女的教育选择》，上海交通大学出版社 2008 年版，第 181—182 页。

环境适应、学习、人际交往、升学等各方面的心理压力与冲突，导致他们易悲观失望，产生心理困扰、心理障碍、人生目标和意义缺失等，有时他们会因陷于困惑而不能自拔。网络虚拟空间往往是务工人员流动子女逃避现实的场所。心理学家大量研究材料表明，长时间生活在网络中的人，极易产生孤独感、寂寞感以及与社会、他人的距离感，甚至会产生抑郁情绪。特别是对于广大城镇务工人员流动子女，由于他们的心理尚处于形成与发展过程中，受孤独、孤僻以至于自闭的影响更甚。久而久之，他们恐惧现实世界，甚至逃避现实世界，他们的人际交往能力一点点消失，从而形成心理错位和行为失调等问题，这些都严重危害着他们的身心健康，不利于他们健康道德品质的养成。由于网络的虚拟性，一个人不需要过多地承担责任和义务，甚至有时可以滥用自己的权利，因此网络道德行为不文明现象也普遍存在且日益突出。网络道德的缺失将最终导致这些城镇务工人员流动子女道德认知模糊、道德情感淡漠、道德意志薄弱、道德行为失范，促使城镇务工人员流动子女的品德心理在虚拟的网络社会里畸形发展。从心理方面来看，城镇务工人员流动子女终日与电脑为伍，他们与家人及朋友面对面待在一起的时间少了，这极有可能导致人际关系的疏远，由此产生紧张、孤僻、冷漠及其他一系列心理健康问题。

我国现阶段出现的城镇务工人员流动子女问题，是随着新型城镇化进程而形成的一种伴生性问题。在新型城镇化的进程中，城镇务工人员流动子女心理健康的发展状况不仅对我国社会稳定和发展有重要的影响，而且对我国城镇化的发展以及未来劳动力市场的发育和整个社会经济的发展都有着至关重要的作用。通过对城镇化进程中城镇务工人员流动子女心理问题的现状分析，可以为提升随迁子女的心理素质、促进心理健康提出相关的解决措施和政策建议。对于城镇务工人员流动子女这一弱势群体，关注他们的心理健康发展有着特殊的意义，不但有助于城镇务工人员流动子女的茁壮成长，而且对中国城镇化的推进有着深远的影响。加强对城镇务工人员流动子女的心理疏导和心理健康教育，有利于提高他们的心理健康水平，增强他们克服困难、战胜逆境的能力。心理上和情感上的融入能够提高城镇务工人员流动子女的认同感和归属感，因此应给予他们心灵上的归属感和精神寄托，丰富心理健康教育活动的形式和内容，开展特殊的情感抚慰和关爱教育，加强心理上的宽慰和情感上的慰藉，消除他们内心的隔阂感和自卑感，疏导他们心中的障碍，缓解他们心中的焦虑与压力，培养健全的人格，使他们感觉到温暖和归属，产生对城市学校以及城市生活的心理认同。

（二）解决策略：城镇务工人员流动子女心理疏导的路径

解决城镇务工人员流动子女的心理危机，需要建立有效的机制来不断提高城镇务工人员流动子女适应新环境的能力，培养他们的自信心，引导他们用积极的心态来分析和解决问题。要注重发挥他们的特长，激发他们的学习兴趣，增强他们的自我效能感，让他们重拾自信，使他们在心理上认同与接纳城市群体及生活，满足他们对归属和爱的需求，消除其自卑感、孤独感与人格障碍。在交往中尽量避免社会对他们施加的外在的无形压力，同时家庭和学校应给予其积极的暗示，运用心理支持与通过鼓励技巧来支持城镇务工人员流动子女，给予他们更多的关注和引导，使其确立起积极的阳光心态。

1. 社区心理疏导

在社区管理中，心理疏导要注意自身角色。现代社区管理服务是政府的重要功能，而社区管理职能主要是由居委会承担和完成的。居委会是政府的基层组织，同时又身处群众矛盾的第一线。而城镇务工人员及其随迁子女同时也居住在社区之内，社会上各种人员交杂在一起，这对社区管理者提出了更高的管理要求，他们不但要处理好日常工作，还要对不断入住的外来务工人员做好引导工作。社区管理工作的对象主要是社区中的居民。在社区中，居民普遍对社会的认同感低，只是把社区当作一个居住场所，城镇务工人员及其流动子女更是如此。对他们而言，这里只是一个暂住地，只有出现问题需要帮忙时才会想到找社区解决，务工人员大多对这一场所没有归属感，务工人员流动子女和社区里的其他孩子之间也缺少交流互动，他们更容易生出自卑心理。所以在社区管理中，心理辅导应成为矛盾调解过程中的工作手段，用来提高社区管理工作者自身的工作效能。要根据务工人员流动子女的实际情况，确定是否实施心理疏导、何时实施心理疏导、怎样实施心理疏导。心理疏导者要找准机会，在正确的时间给需要的务工人员流动子女施以疏导，只有这样才有可能收到显著效果。

应着力提高务工人员流动子女社区活动的参与度。社区的生命力在于社区每个居民积极参与管理与建设，居民的参与非常重要，因为人是社区建设中的中心一环，没有社区居民的参与，再丰富的物质资源也无法发挥出它的最大价值。受主客观因素的影响，社区居民内部和城镇务工人员及其子女彼此间存在着严重的"隔膜"，使得在没有相互了解的情况下，自以为是地在心里给对方贴上某种"标签"。要打破这种情形，需要通过社区开展多种形式的社会活动，促进务工人员流动子女与城市居民及其子女的相互理解，在活动中打破固有的偏见认识。同时使城镇务工人员流动子女充分融入社区集体中，增强他们的自信心和对社区的满意度，使其更好地投入今后的生活学习中。

社会上的每个群体、每个人都应向城镇务工人员流动子女这一弱势群体伸出援助之手，让他们感受到社会的关爱与关怀，增强他们对于城市、学校、社会的自豪感与认同感，减少他们对城市的排斥感与陌生感。社会各界应加强对城镇务工人员流动子女各种心态的监测及预警，关注他们的心理波动和心理需求，预防有可能产生的思想、心理问题。还要为城镇务工人员流动子女建立心理健康档案，对心理问题进行及时监控与发现，并加以有效矫治与解决。要积极构建针对城镇务工人员流动子女的心理援助平台，包括家庭与学校联动的心理防御平台，开设心理咨询热线、心理健康专栏等，还需建立必要的心理咨询室，聘请专业的心理医生、心理专家对随迁子女的心理障碍加以调适、疏导，使其被所在的社区、学校所认同与接纳。此外，要开展关爱行动，加强心理健康教育，唤醒城镇务工人员流动子女内在的潜能，塑造他们积极的心理品质，提高他们适应新环境的能力，帮助他们循序渐进地融入城市的学校生活，缩小与其他城市学生在身心发展方面的差距。要培养他们的自信与自尊，增强他们个体的幸福感，使他们能够正确评价自己，善于发现自己的进步和闪光点，具备抗挫折的能力和广阔的胸襟，形成积极乐观的人生态度。

2. 家庭心理疏导

城镇务工人员流动子女家庭的心理疏导主要涉及儿童少年时期、青春期、青年早期三个阶段，依据流动子女年龄的不同，心理疏导措施也有所差异。

（1）儿童少年时期的家庭心理疏导

儿童少年时期主要是指小学和初中阶段，随务工父母进入城市的流动子女大都处于这个年龄阶段。从心理角度来讲，小学时期和初中前半期，应更多地关注来自学校、社会的因素对心理所产生的影响。这些学校、社会因素通常包括学业成绩、学校差异、社会交往等。这个时期，孩子们开始形成不同的非正式同辈群体，这些非正式同辈群体来自他们所在的学校和生活社区，群体性质对孩子个体的发展影响很大。同时，这个时期学业任务开始加重，老师的学习要求也与以往有所不同。对于绝大部分孩子来说，他们将延续随迁之前学习能力和学业成绩的位次，少部分孩子在这个发生变化的学习环境中会表现出与以往不同的学习积极性，从中体验到进步的成就感，从而迎头赶上或超过其他一些孩子。当然，还有更多自我效能感比较低的孩子，会进一步体验到学习的艰辛和苦涩，从而开始步入厌学的境地。在这个时刻，对于家庭教育来说，最关键的是让跑在前面的孩子继续保持动力，给原本落后的孩子一次重新崛起的机会，这都需要务工人员家长们的共同努力。“榜样”在这一时期对务工人员流动子女而言非常重要，孩子们需要一个榜样，或者孩子自己就是一个榜样。务工人员家长更是他们学习的榜样——勤奋、认真、负责、严谨、有追求、坚强、善解人意、沟通、交流等对子女良好人格品质和人际关系的形成都极其重要。“学习型家庭”是这个时期家庭教育真正的良方。这个时期极其重要，它可以比较容易地改变一个孩子的学习效能和行为习惯。

（2）青春期的家庭心理疏导

这个时期是家庭教育最具风险的时期，这个时期几乎所有的青春期问题案例，其背后都有父母自身的影子。不少城镇务工人员父母在前一个时期或更早的时候没有做好，缺乏对孩子有效的引导，自然会出现教育挫折，这个时期是务工人员流动子女从中考到高考的阶段，是我们国家教育体制中竞争最为激烈的时期，也是孩子们从青春期到青年早期的快速发展时期。对于孩子们来说，这个时期最典型的心理发展特征是确认自我。这个时期务工人员家长们倘若按照原有的习以为常的方式来教育孩子，大都会遭遇孩子的抵触甚至反抗，这个时期也是孩子的心理逆反期，所以更需要家长的耐心劝导。

首先，不要妄加评判。很多家长动不动就以孩子处于青春期叛逆的借口，来逃避自我责任。青春期孩子在心理上出现快速成长、寻求自我认知，孩子们的心智有着跨越式的发展，家长之所以感觉到叛逆，是因为孩子不再是“孩子”。我们可以从这个角度理解他们的快速成长。其次，要多加自我反思。务工人员流动子女不愿意与家长交流的一个重要原因是父母没有什么新鲜的东西值得学习和效仿。所以，要想与孩子继续保持亲密关系，务工人员家长必须有新的作为与成就，让孩子感觉到价值的存在而不是以长辈的身份去“指挥”“命令”他们。家长还应保持学习和进步的态势，无论是在个人学习上还是在工作生活中，不管遇到多大的困难，家长自身始终都积极进取，孩子就更愿意和你保持亲密的沟通交流。这种进取心不仅仅表现在生活物质的需求上，还包括对诸如历史事件和国家大事等社会问题的关注。

（3）青年早期的家庭心理疏导

在令家长诚惶诚恐的青春期之后，孩子步入青年早期。此时的家庭教育更是变成一种相互影响的家庭关系。只要家庭关系和谐，教育就会在自然而然的状态下产生意想不到的效果。

从这个时期开始，家长们曾经对于孩子的美好愿望和未来遐想，都逐渐趋向现实化，对于未来不再充满幻想的父母开始考虑很现实的生活问题。此时，务工人员流动子女可能会受父母早期打工经历的影响，对于踏入社会有着强烈的愿望，对于自身独立有很多憧憬。两代人的冲突往往在这个时期发生，甚至发展为矛盾冲突。这种矛盾冲突在本质上是由两代人对现实和未来的不同认知造成的；如果在青春期缺乏沟通交流，此时的矛盾则更明显，单凭父母一方的努力已经不能完全解决问题。务工人员家长应当努力学会“放下”，一是指放下自己“指导者”的角色，只有放弃了这个高高在上的角色，才能真正成为孩子的“知心朋友”；二是指放下自己的担心，到了青年早期，多年的经历已使孩子具备了对社会的认知与行为能力，他们需要独立面对社会生活和自我发展的挑战，而且他们乐于接受挑战。此时务工人员应学会“放手”，化身为孩子的“守护者”“陪伴者”。“民主协商”是家庭关系中最基本的指导原则，父母在孩子教育问题上只有采取与孩子共同商量的决策，才会真正有效地解决孩子心理上的困惑。

家庭教育是城镇务工人员流动子女教育的一个重要组成部分，务工人员高质量的家庭教育将对其流动子女的成长成才发挥无可替代的作用。城镇务工人员家长要充分发挥家庭心理健康教育的功能，采取合理的心理教育方法，摒弃“孩子可以自由成长，教育只是学校责任”[①]的错误观念，经常与子女进行交流谈心，倾听子女的心声，体会子女内心、情感上的变化，为孩子的健康成长保驾护航。

3. 学校心理疏导

首先，应高度重视学校开设的心理辅导课，并设置专职的心理咨询教师岗位。调查发现，城镇务工人员子女心理问题突出，大量有心理偏差的学生对社会的稳定和谐可能会造成一定的负面影响，“在访谈中了解到，学校尽管开设了心理辅导课，但是教师、学生对此重视不够，学校也没有专职的心理咨询教师”[②]。所以急需在学校，尤其是城镇务工人员子女学校，开设心理辅导课、进行心理疏导，以缓解城镇务工人员子女在融入城市生活过程中的心理问题。学校应认识到心理课程的重要性，并着力配置专门的心理咨询教师。鼓励教师注重学生心理发展的动态、心理问题的解决，并定期为城镇务工人员子女学校教师提供形式多样的心理专业知识讲座与辅导，以提高教师解答学生心理疑惑与心理问题的能力。学校要成立心理咨询室，配备心理教育教师或者由有经验的德育教师对城镇务工人员流动子女进行学习上的辅助、思想上的疏导、行为上的监管以及心理上的抚慰。应主动了解城镇务工人员流动子女的精神生活与心理状况，掌握他们的心理发展状况，关注其实际感受，及时给予帮助和纠正其偏差行为，将其内心不合理的思想引导到正确的轨道上。

其次，学校在教育教学过程中，应尊重城镇务工人员流动子女，一视同仁地对待每个学生。从城镇务工人员子女整体上看，该群体比较能吃苦、不娇气、更质朴、较擅长体育运动。但有的务工人员流动子女自尊心很强，不愿承认自己的农村身份，多姊妹的人还有可能会说自己是

---

① 蒋太岩、刘芳等：《从歧视走向公平——中国农民工及其子女教育问题调查与分析》，东北大学出版社 2008 年版，第 230 页。

② 田慧生、吴霓：《农民工子女教育问题研究——基于 12 城市调研的现状、问题与对策分析》，教育科学出版社 2009 年版，第 532 页。

独生子女。我们应要求所有接受城镇务工人员子女的学校给予身份认同，反对公布城镇务工人员流动子女的家庭背景，以及把优点、缺点公列出来。因为这样，不利于树立随迁子女的自信心，而且会造成务工人员流动子女与城镇子女之间的对立。对城镇务工人员流动子女单独编班是一种对其隔离和歧视的做法，不利于城镇务工人员流动子女与城市社会的融合。因此，应该明确规定城镇务工人员流动子女在城市学校的“混合编班”原则，将进入城市学校学习的随迁子女与城市学生混合编班，彻底取消一些地方存在的、对城镇务工人员流动子女区别对待的“分班”“分校”和“划块”的做法。我们要给当地学生和城镇务工人员流动子女创造一个平等、和谐、快乐的精神家园。“只有城镇务工人员子女在城市里拥有平等的受教育机会，他们才能够更有信心，更有能力同城市老师和学生进行交往，逐渐被城市老师和学生接纳，以逐步认同城市学校的文化，调整自身的行为，最终实现心理和情感上的融入。”① 此外还要注重培养他们的自信心，引导他们用积极的心态来分析和解决问题，增强他们的自我效能感。

城镇务工人员流动子女在融入城市的过程中，面对陌生环境的不适应以及陌生群体的排斥，心理健康状况不佳，负面情绪的堆积严重影响其正常的心理发展和社会交往。因此，我们应当通过对随迁子女心理危机及其成因进行剖析，牢固树立“以人为本”的理念，帮助随迁子女更快、更好地融入城市生活，齐心协力共同迈进小康社会。

4. 自我心理疏导

“儿童少年时期是一个人一生身心健康发展并受益终生的基础。诸多良好的心理品质，都是以儿童和少年时期心理健康培养、发展、凝练、升华为基础的。”② 城镇务工人员流动子女更加需要心理上的辅导，他们更渴望得到社会的关心和认可。然而，家庭情感需求的关怀明显缺乏，城镇务工人员子弟学校常常没有心理教师可以咨询，学校也没有开设相关的心理课程，能够真正解决他们心理问题的举措不多。城镇务工

① 于新红：《随迁农民工子女教育融入问题研究》，硕士学位论文，华东师范大学，2012年，第42页。

② 沈斌：《社会支持网络视角下的农村留守儿童问题研究》，硕士学位论文，河南师范大学，2012年，第16页。

人员流动子女亟须增强心理适应能力，建立心理防御机制，排解心理障碍。

首先，城镇务工人员流动子女缓解内心的压力、解决好心理问题，不仅需要心灵上的关怀和情感上的慰藉，还需要靠他们的自律与自觉。城镇务工人员流动子女要学会增强心理适应能力，建立心理防御机制。为了能够实现自我身心更好的成长，舒缓心理上的苦闷与压力，达到心理上的和谐，城镇务工人员流动子女要养成积极乐观的情绪，培养开朗的性格，勇于面对生活和学习中所遇到的逆境，提高抗挫折的心理水平；要学会在思想上鼓励自己、情感上宽慰自己，培养积极的情绪，提高心理素质，调整心态，克服偏激行为。要主动探寻与排解自身心理困惑与障碍，建立健全的人格；学会控制和调节自己的不良情绪，形成良好的心理素质；学会进行积极的自我心理暗示，塑造阳光的心态。

其次，城镇务工人员流动子女还要积极参与各项活动，增强交际能力。城镇务工人员流动子女自身应主动适应城市社会的学习与生活，积极参与各项活动，努力融入城市生活，增强主动融入的意愿，不断适应新的学习环境。要充分发挥自身勤劳、朴实的优点，积极主动与同学、老师沟通和交流，搞好同学关系、师生关系，同时还应积极参与社会实践活动，融入新的集体环境中。在彼此的交往中消除隔阂，学会与他人友好相处的技巧与方法，提升融入城市社会的能力与交际能力，促进共同成长，在实践中养成良好的自强自立的品格与乐观豁达的性格。城镇务工人员流动子女要不断增强受挫能力与心理承受能力，以健康的心理积极融入学校与社会之中，以乐观的态度面对挫折与失意，不断提升自身的心理抗压能力。还可以积极参加各种校外活动，去感受校园外的生活，使自己的课余生活变得丰富多彩，不断提高自己的社会适应能力和自身学业成绩，不断增强自己对城市社会的参与度与归属感。

最后，应建构自我心理危机防预机制，增强自我效能感。要建立自我心理防御机制，让他们学会自我保护和心理自我调适。城镇务工人员流动子女应该保持良好的心态，勇于面对生活中的逆境，勇敢迎接生活中的各种挑战，学会自我调节和悦纳自己，以健康、向上、积极、乐观的心态对待生活和学习当中的逆境。要学会掌握自我心理调适的技巧，增强自我效能感，要在潜意识里赞美自己，保持内心的和谐与心理的平衡。城镇务工人员流动子女也应努力提高自身的素质，以积极乐观的态度面对生活中的不公、挑战和困难，要学会自我保护和心理自我调适，缓解学业与生活压力所带来的负面情绪，提高自己的抗挫折能力。通过积极的心理调适，促使自己养成宽容、乐观、豁达的性格，树立积极、乐观、健康的生活态度和自尊、自强、自信的心态，从而提高自身的心理健康水平，增强自己克服困难、战胜逆境的能力。此外，还应不断增强法治观念，注重法治教育，学会提高自我保护的能力。

三　小结

注重人文关怀和心理疏导，是坚持以人为本，促进城镇务工人员流动子女全面发展的必然诉求。城镇务工人员流动子女怀揣着对城市的向往，进入城市后却常常面临着关怀困境与心理困惑。政府应该进一步推进城镇务工人员政策的落实、加大投资力度、加强城镇务工人员子弟学校管理、完善务工人员流动子女教育信息服务体系；城镇务工人员应该改善自己的家庭生存环境、发挥家庭教育功能；学校应该确立现代教育教学管理理念、充分发挥教师的主导作用和同伴朋友的激励作用；社会应该重视小区教育的功能、建立健全社会教育工作队伍、充分发挥媒体的舆论功能；城镇务工人员流动子女自身应该建立起有效的心理防御机制。只有坚持以人为本，学会尊重人和关心人，设身处地地理解和满足城镇务工人员流动子女成长的合理需求，解决他们心理上的困惑问题，充分发挥其能动性，调动其自身的潜力，彰显人文关怀，才能使他们更好地享有公平而有质量的教育。随着流动儿童规模的快速增大，未来将会有更多的城镇务工人员及其随迁子女进城，并将逐步融入城市，在新型城镇化的进程中实现对这一弱势群体的人文关怀将有利于促进他们身心的健康发展，有利于隔断其父辈弱势状态的代际传承，有利于维护社会的安定有序。社会每个成员都应当勇担责任，给予他们更多的关爱、关心与关怀，使他们每个人都感受到幸福的温情，使他们能够以更加乐观自信、健康积极的心态追逐心中的梦想、共享人生出彩的机会。

第七章

城镇务工人员流动子女家庭的意愿与农村就地城镇化

城镇化的水平是衡量一个国家、一个地区现代化程度的重要尺度。目前中国城镇化主要有两种模式：迁移城镇的异地城镇化模式和在原居住地依托新型农村社区与小城镇近距离迁移实现城镇化的就地城镇化模式。就地城镇化是以小城镇或中心村为主要依托，在乡村“就地发展”，在家门口实现就业，农民就地实现生活方式与生产方式转变的城镇化。就地城镇化是不同于异地城镇化的一种新型城镇化模式，是实现城乡一体化与乡村振兴战略的重要举措。在推行农村就地城镇化过程中应充分尊重广大农民及城镇务工人员家庭的意愿选择，积极探寻影响他们就地城镇化意愿的乡土情结、社会保障、城镇谋生能力、公共设施、居住环境、子女教育等方面的因素，需要完善顶层设计，合理配置资源，促进城乡融合发展；激发内生动力，优化乡村产业布局，形成特色小镇；建立帮扶机制，广泛开辟资金渠道，营造乡村生态宜居环境；增强“造血功能”，塑造新型职业农民，解决务工人员就近就业难题，最终实现“人的城镇化”。

第一节　中国农村就地城镇化

就地城镇化是一条不同于“异地城镇化”的道路，是农民在本地的聚集，没有离开乡土，就地、就近转移就业的城镇化。我国的城镇化道路究竟该怎样走？目前对“异地城镇化”发展模式的研究已比较成熟，并出台了相应的政策，但就地城镇化的模式还缺乏足够重视，而中国农村的就地城镇化恰恰解决了“三农”及“人的城镇化”问题，是统筹城乡发展的重要途径。中国农村就地城镇化是一种“既不离土也不离乡”的城镇化，是“在农村经济发展到一定程度的基础上，农民不再盲目地向大中城市迁移，而是在原居住地以中心村或小城镇为依托，不断完善公共设施、发展社会公共事业、改变生活方式等，逐步形成新城镇，实现就地非农就业和就地市民化的城镇化模式”①。农村就地城镇化，强调以广大农民和城镇务工人员的利益为出发点，积极调动他们的生产热情，进一步通过发展当地经济、缩小城乡之间的差距，从而达到城乡共同繁荣的目标。

一　农村就地城镇化的概念及特征

农村就地城镇化是指“农民生活工作在农村，以农村为核心发展经济，实现农村经济向非农经济的转变，形成产业带动区域发展，农业实现现代化，农民的生活方式、生产方式、教育水平不断提高，公共服务体系及医疗卫生不断优化”② 的发展模式。随着农村经济的发展，其经济水平在达到一定的程度后，农民不再集中向城市迁移，而是依托中心村和小城镇，根据当地的实际情况采取具体措施，实现农业现代化和产业集群化，并以此来发展农村的经济，改变农民的生活方式、发展社区教育、完善公共设施等。就地城镇化是相对于异地城镇化而言的，“是农民在本地聚集，不离开乡土，就地、就近转移就业的城镇化”③。

首先，农村就地城镇化注重对人的关怀。就地城镇化的主要目的是服务农民，缩小城乡之间的差距，促进人的发展。因此在开展就地城镇化时应时刻秉承以人为本的发展理念，在制定就地城镇化的政策时，更要考虑农民是否受益，以及务工人员被迫外出打工，迁往大城市的问题

---

① 焦晓云：《新型城镇化进程中农村就地城镇化的困境、重点与对策探析——“城市病”治理的另一种思路》，《城市发展研究》2015 年第 1 期，第 108 页。

② 庞新军、冉光和：《传统城镇化与就地城镇化对农民收入的影响研究：基于时变分析的视角》，《中国软科学》2017 年第 9 期，第 91—98 页。

③ 胡恒钊、文丽娟：《中国农村就地城镇化：发展态势、影响因素及路径选择——以广东、江西、湖北、四川四省为分析案例》，《湖北行政学院学报》2015 年第 5 期，第 88—91 页。

能否在就地城镇化政策的制定时得到解决，从根本上建设农村，大力改善农村农民的生活水平。其次，农村就地城镇化重视农村经济发展。影响农民幸福感的因素有直接因素和间接因素，直接导致农民幸福感高或低的因素是收入。城镇务工人员选择外迁到城市和外出打工的直接原因是收入可观，能够改善其生活水平。农村就地城镇化更加注重经济的发展，发展适合农村的经济产业，为农民提供工作岗位，提高其经济收入，从而保证了农村留得住人才，农民在农村就地城镇化过程中发挥作用。然后，农村就地城镇化注重农村公共服务体系的建设。很多农民选择去城市务工，其中一个原因在于更加喜欢城市优质的公共服务体系。对农民来说，子女的教育一直是困扰他们的问题，在农村就地城镇化过程中，他们会更加关注教育服务的水平。此外，对于文化、卫生服务体系，农村就地城镇化会更加注重农民群众在生活上的便利和医疗服务。

其特征可以概括为以下三个主要方面：第一，就业的多样化。农村就地城镇化建设需发展现代化的农业，此时农地的规模化、机械化种植节省了大量的劳动力，而产业的引进使大量的农村剩余劳动力可以从事其他的劳动以获得收入的增加。有的地区在推行就地城镇化的过程中，建设了产业园区，农民可以在产业园区务工以获得一部分收入。产业的发展摆脱了农民以往单一的农业劳作方式，在坚持原有劳动的基础上，从事非农化的劳作，增加了农民的收入。第二，城镇的就近性。在农村就地城镇化中农村人口不再向大中城市迁移，而是在原有村落的一定区域内，依托于中心城镇或者中心村实行就地聚集。但也有城乡融合地区，依托于大城市的发展而实现城镇化。就地城镇化不像以往的城镇化模式，农民脱离原有的生活居住环境向大中城市集中，而是更加强调以人为本，关注农民自身的需求，实现城镇化的就近性。第三，城乡高度融合。就地城镇化改变了农民原有的村落居住方式，实现了集中居住，现代化的小区生活以及配套的教育、医疗、公共设施，使农民过上了城镇化的生活。而城镇建设在原有村落的周边，保留了乡村原有的乡土气息，呈现出城乡的高度融合发展。

二　传统农村城镇化的困境

传统的城镇化理论，是在西方发达国家工业革命的基础上，对城镇化历史进程的概括与总结。传统的城镇化理论认为，城镇化的进程是随着非农产业集中而发生的农村人口向城市转移的过程。因此，它把工业化作为城镇化的推动力量，把非农人口所占的比重，看作城镇化的重要指标。然而，在推进城镇化的过程中，正是因为过分强调农村人口向城市的转移而出现了严重的大城市病等一系列问题。

（一）城乡发展不均衡

改革开放后，城镇化的推进以及城市经济的发展等原因，使得大量的农村剩余人口开始向城市涌入。在全国范围内出现了从乡村向城市、从内陆向沿海、从中西部向东部的人口流动现象。农村人口大量涌入城市，在给城市经济发展提供充足劳动力的同时，也出现了一系列问题。据相关统计数据，“交通拥堵给我国带来的经济损失每年达2000 亿元人民币。以北京，上海等大城市为例，每天用于处理交通拥堵的相关处理费用达到10 亿元人民币”①。人口向大城市的过多积聚，使得城市环境承载力与城市人民需求之间的矛盾进一步增大，水、电力、住房等资源短缺现象频频出现。与此同时，在我国农村地区却存在着另一种现象。青年劳动力缺失，大量的农田遭到闲置，妇女、老人和儿童成为农村的主要劳动力；出现了城镇务工人员流动子女、留守儿童和留守妇女、空巢老人等一系列社会问题。城乡二元对立意识依然存在，长期以来，我国存在的城乡户籍差异给农村居民和农村经济的发展带来了一些阻碍。造成了“城市人和农村人”的身份差别，对个人的发展带来了不利影响；城乡原有的户籍制度还造成在社会待遇、社会保障、公共服务方面的差异；在城乡子女教育问题上也存在很大的问题，农村教育条件的有限和随迁子女入学难现象，给城镇化的发展带来了阻碍。传统的城乡二元对立制度在一定程度上损害了农民城镇化的积极性。

（二）东、中、西部地区发展不协调

东部沿海地区农村因其有利的自然条件、地理优势、便利的通信设施及就近经济圈的带动作用，在进行城镇化的过程中取得了较快的发展和较大的成绩。而位于内陆的中、西部地区农村，在推进城镇化的过程

---

① 张元亮、卢鹏：《基于粗糙集的城市交通拥堵预警算法分析》，《交通科技与经济》2009 年第2 期，第74 页。

中面临着诸如道路交通不畅、基础设施差、受教育水平低、经济发展程度较低等问题，这些都给推进农村城镇化之路带来了不利影响。在推进农村城镇化的过程中，一些地区并没有结合自身的实际情况，走一条符合自己的发展道路，而是一味地模仿和照搬西方经济发达地区的城镇化之路。西方国家的城镇化理论的确有值得我们学习和借鉴的地方，但是我们不能故步自封、对其全盘接受，缺乏联系实际和独立思考的能力。这种脱离本地实际情况的城镇化发展道路，不仅造成资源浪费，而且损害了村民的利益，不利于我国农村城镇化的推进。因此，我国在进行城镇化的过程中，因各地发展状况的不同而出现了城镇化水平有差异的现象，造成东部地区与中、西部地区农村城镇化发展不均衡问题。

（三）乡镇工业发展困难重重

20 世纪 80 年代，我国农村乡镇工业的发展为推进农村城镇化发挥了一定的促进作用。90 年代以来，乡镇工业自身存在的问题成为制约城镇化发展的关键所在。我国乡镇工业布局分散、规模较小，缺乏统一的整体规划，这种现象造成了资源的重复建设，浪费现象严重。乡镇工业在发展的过程中，因没有考虑到经济与社会的长远规划，导致以经验为主，脱离实际的现象发生。乡镇工业在发展的过程中不注重经济与环境的可持续发展，出现了大量环境污染的现象。“1995 年我国乡镇企业污染占整个工业污染的比重已由 20 世纪 80 年代的 11% 增加到 45%，一些主要污染物的排放量已接近或超过工业企业污染物排放量的 1/2 以上”①，对当地人们的生产生活造成了严重的不利影响。因此乡镇工业的困境，使小城镇的发展出现了萎缩的状态。

（四）环境破坏、资源浪费现象严重

在城镇化推进过程中，出现了“各城市城镇化发展不均衡以及生态环境受到严重破坏等问题”②。生态环境的破坏、自然资源的浪费是我国在推进农村就地城镇化的过程中存在的突出问题，给人民的生产生活、环境和子孙后代的可持续发展带来了不利影响。大量开采不可再生

---

① 高雪莲：《我国农村城镇化进程中的生态环境问题及对策研究》，硕士学位论文，西南大学，2010 年，第 15 页。

② 丛燃：《吉林省城镇化建设的困境及出路研究》，硕士学位论文，吉林大学，2017 年，第 8 页。

资源，从短期的发展过程来看，这种方式有利于促进当地经济的发展，为推进农村城镇化提供了重要的经济支撑。然而，从长远利益来看，这种以牺牲后代的利益来换取眼前利益的发展方式是得不偿失的，也背离了经济与环境可持续发展理念。生态环境的破坏不但给人民的生活环境带来巨大的影响，同时也会影响外来资本对当地的投资选择。生态环境的恶化也是城镇化过程中困扰人们的重要方面。例如，近年来，雾霾已经成为困扰我国华北等地区的重要环境问题，雾霾不但阻碍了人们的出行，而且给人们的健康带来了严重的威胁。因此，我国农村地区在推进城镇化的过程中要改变传统的“先污染，后治理”的粗放型经济发展方式，坚持节约资源和保护环境的基本国策，积极探索一条既有利于保护当地环境又有利于经济发展的道路，推进生态环境与城镇化的可持续发展。

三　就地城镇化与传统城镇化的对比

城镇化是指农村人口向城镇转移变为城镇人口的过程，中国农村就地城镇化与传统城镇化都是实现国家城镇化的形式，但都有其特殊的含义和适用环境，不能一概而论。传统的城镇化更加“注重以经济建设为本，以土地为本的理念”①。在进行城镇化过程中过去往往忽略了人的发展，以经济建设为本进行，在规划和建设城镇时，为了发展经济，大量的土地被占用，资源被占用，虽然短期内解决了人们的生活问题，但从长远来看，随着传统城镇化发展的进一步加深，极易产生城市病。就地城镇化相较于传统城镇化则更加体现了人文关怀。在城镇化的策略选择方面农村就近发展拉动农村经济发展，整合利用农村资源，在不影响农民生产生活的前提下进行城镇化，即农民不用再离乡背井，在家门口就能就业，实现就地的身份转换，由农民就地转换为市民。就地城镇化既发展了农村经济，在农民改善生活水平，提高农民满意度方面也具有长久的效用。在乡村振兴和精准扶贫背景下，就地城镇化对乡村振兴战略的推行和精准扶贫政策的施行具有重大意义。

---

① 苏萍：《传统城镇化之弊与新型城镇化之路》，《现代经济信息》2016年第24期，第14—15页。

总而言之，就地城镇化和传统的城镇化有着本质的区别。传统的城镇化更加偏重经济的发展和城镇的建设，从这两方面间接提升人们的收入水平。就地城镇化则在注重经济发展和城镇建设的同时更加偏重人文关怀，融合农民与城镇建设和经济同步发展，让农民做城镇化的建设者和成果的享用者。

四 就地城镇化的战略意义

农村就地城镇化有助于大量农民跨越大城市户籍等制度的藩篱与障碍，摆脱游离于城乡之间的尴尬窘境，改变农民原有的“候鸟式”迁徙的困境，使他们不必背井离乡到较远的大城市工作，而是就地就近扎根农村地区实现市民化。就地城镇化是不同于异地城镇化的一种重要的新型城镇化模式，是实现城乡一体化与乡村振兴战略的重要举措。在城乡一体化的背景下，乡村地区人口没有通过大规模的流动和空间转移而实现向城镇化的转变，有时也被称为就近就地城镇化。就地城镇化在中国城镇化整体进程中扮演着重要的角色，它对于全面、深入地揭示人类近期聚落演变过程的规律和城乡发展规划都具有重要的意义。农村就地城镇化在促进城乡一体化方面发挥了重要的作用，它是符合我国国情和实际情况而推行的一种新型城镇化道路，是实现我国新型城镇化的重要形式，是我国未来城镇化道路的必然选择。

中国农村就地城镇化建设能够缓解以往城镇化快速发展过程中土地城镇化快于人口城镇化、建设用地粗放低效以及大量农业转移人口难以融入城市社会等问题。面对大中城市发展中暴露出来的“城市病”问题日趋明显以及农村经济的衰落，农村就地城镇化的独特优势已凸显，它可以弥补传统异地城镇化的不足，缓解大城市的巨大压力，可以有效解决城市交通拥堵、环境污染、就业压力大等城市病以及农村传统乡土文化消失、空心村、留守群体等问题，同时也有助于提升农民的幸福指数。家门口的就地就近城镇化模式符合农民对乡村的深厚情怀，契合城镇务工人员及其流动子女的内心意愿，也符合农村地区乡村振兴的战略取向，是推进我国新型城镇化发展的重要路径。未来的城镇化建设要探寻适合农民现实需求和时代特征的新型城镇化模式，在城镇化建设过程中注重以人为本和区域之间的均衡发展，探求实现农民就地市民化与农村就地城镇化。在就地城镇化模式中农村村民不再大规模向城镇迁移，而是在原有区域范围内建设城镇，实现农业现代化和建设新型产业，农民增加了收入，生活的质量也得到了提升，有人将其称为“新城镇化的第三条道路”①。习近平曾指出，要遵循科学规律，鼓励各地因地制宜，促进中国特色新型城镇化持续健康发展。而就地城镇化就是适合当前农民需求的中国特色城镇化道路。在推行就地城镇化政策时，了解农民、城镇务工人员及其流动子女对就地城镇化的意愿，探寻影响其意愿的因素，具有十分重要的现实意义。

农村就地城镇化是解决“三农”问题的重要途径，在一定程度上能够促进城乡的相互融合、相互支撑，解决城乡区域发展失衡，实现城乡统筹发展与资源的合理配置。农村就地城镇化能够降低城镇化的成本，以较低的社会成本与经济成本实现就近转移与农村的就地改造，这更加贴近中国农村实际。农村就近就地城镇化能够转移农村剩余劳动力，使农村变社区、农民变市民，避免了农村不断凋敝的“空心化”，是推进我国新型城镇化发展的重要选择。它有助于推动农村产业结构的调整与农村“四化同步”，有助于促进乡镇企业的建设与农村经济的发展，激发农村的活力与内生驱动力，从底层突破来推动农村地区经济的可持续发展，对于促进我国乡村振兴具有重要的战略意义。与西方传统城镇化理论不同，我国的农村就地城镇化是一条符合我国国情的新型城镇化之路，主要突出了以下几个方面的优势：首先，就地城镇化体现了我国坚持“以人民为中心”的核心理念。通过在原居住地完善和发展公共基础设施、公共事业，提高人们的生活水平和生活质量，从而进一步提升当地居民的幸福感。其次，就地城镇化有利于实现城乡发展一体化。推进农村就地城镇化，有利于促进农村经济的发展，缩小城乡之间的差距，对解决“三农”问题，实现城乡统筹发展有重要的积极作用。我们在探索城镇化的进程中，不能一味地照搬照抄西方资本主义国家在工业化时期的传统城镇化的做法，我们应该结合自身的实际情况和时代情况，走一条符合我国国情的新型城镇化道路。要在结合本国实际情况的基础上，积极借鉴其他国家和国内成功的经验，探寻适合我国国情的

① 马国立：《就地城镇化实现之路》，光明日报出版社 2015 年版，第 8 页。

农村就地城镇化发展之路。

五 中国农村就地城镇化的研究现状

对于中国就地城镇化问题的研究，学者们经过不懈的努力探索，提出了许多有价值的观点。归纳起来，主要体现为以下几个方面：（1）概念界定：就地城镇化是城镇化的一种新方式。1996 年周大鸣教授提出“就地都市化”的概念，而就地城镇化这一名词是 1999 年朱宇首先提出来的①，李成勋也在 1999 年提出农民“就地市民化”的主张。辜胜阻等人在其研究中提到了就地城镇化这一概念，并将“就地”的空间尺度明确为县域乡村。② 黄序（2011）认为，有中国特色的城镇化道路应该是农民向大城市转移和农民就近就地转移的“双轨”制。葛正鹏（2009）全方位地概括了“农民市民化”的实质。（2）外延分析：就地城镇化是推动我国农村城镇化道路的必然选择。张珠龙、张存库（2007）指出，农村富余劳动力向非农产业和城镇转移是工业化和现代化的必然趋势。王霞林（2008）认为，实现所有农民向城市转移并不现实，将带来就业、环境、交通、社会管理等的巨大压力。杨世松（2008）提出，农村就地城镇化同促进城市发展并不矛盾，而是互相补充、相互促进的一个良性循环过程，是我国城镇化道路的特色创新，也是我国经济社会发展的必然方式。刘孟山（2010）通过调查认为，农民就地市民化是我国城镇化进程中农民理性的选择。（3）模式与对策：试图探索就地城镇化问题的解决之道。有学者认为，农村就地城市化同新农村建设的过程不可分割，因此提出要在发展的过程中把这二者有机结合起来。有的学者揭示了以乡村为基础的区域发展模式的主要特征和发展过程。张永岳等人指出，宣传、技术培训等对于有效推进农民就近就地市民化提供了有效路径。③ 崔曙平等人（2013）指出，从法制建设、农村社会保障制度、主体意识等方面强化农民主体地位，其对策为

① 朱宇：《中国的就地城镇化：理论与实证》，科学出版社 2012 年版，第 1 页。

② 辜胜阻、易善策等：《中国特色城镇化道路研究》，《中国人口·资源与环境》2009 年第 1 期，第 47—52 页。

③ 张永岳、王元华：《我国新型城镇化的推进路径研究》，《华东师范大学学报》（哲学社会科学版）2014 年第 1 期，第 92—154 页。

推进农民就地市民化提供了有效参考。[①] 北京大学光华管理学院名誉院长厉以宁（2013）指出，中国要走符合自己国情的城镇化道路，采取“老城区 + 新城区 + 新社区”的模式，实现农民就地城镇化。[②]

综上所述，学者们对中国农村城镇化的研究，角度不同，思路各异，已探索出一些可贵的理论成果，并提供了详细可行的建议对策。其中户籍制度放开、进城农民市民化、农民异地市民化等成为主流观点，但是，对农民“就地市民化”、农村就地城镇化的研究成果寥寥。影响农村就地城镇化的因素有哪些？如何促进农民就地转化为市民？如何充分利用外出流动人口回流后的特殊条件促进家乡的就地城镇化？本研究在对广东、江西、湖北、四川四省的情况展开调研之后，对这些问题一一进行解答，以期推动经济社会的发展转型升级，为国家新型城镇化的发展建言献策。

六　中国农村就地城镇化的现状调查

中国农村就地城镇化是在城镇化的背景下的一种新型城镇化模式，是农民在本地的聚集，没有离开乡土，是就地、就近转移就业的城镇发展模式。通过对中国农村就地城镇化的调查及对策研究，可以突破以往在城乡二元的分析框架内研究城镇化的局限，并对中国城镇化进程中出现的新现象获得全面深刻的认识，从而最终推进中国城乡一体化的健康发展。

本研究采取个案追踪和分类比较的研究方法，通过设计相应的指标体系及问卷，在东、中、西部地区分别选取广东、江西、湖北、四川四省的农村地区作为调查对象，对这些地区的就地城镇化现状进行分析。

据调查，广东的城镇化进程发展较快，人口城镇化率较高。广东省 2011 年出台了《中共广东省委广东省人民政府关于提高广东省城市化发展水平的意见》，深入实施提升珠三角、带动粤东西北战略，将提高城市化发展水平作为一项重大任务，提出要建设文明、宜居、承载力和可持续发展能力强的理想城市，并且鼓励粤东西北地级市农民就地市民

---

① 崔曙平、赵青宇：《苏南就地城镇化模式的启示与思考》，《城市发展研究》2013 年第 10 期，第 47—51 页。

② 厉以宁：《中国应走农民就地城镇化道路》，《光明日报》2013 年 10 月 18 日。

化。2019年广东人口城镇化率达到了71.4%，居全国前列，城镇低收入困难家庭的住房保障基本得到全面解决，已形成了一群（珠三角城市群）、两极（广州、深圳）、三面（粤东西北地区）的格局。广东清远市提出实施“以人为核心、向质量提升转变、工业化、信息化、城镇化、农业现代化‘四化同步’、可持续”的新型城镇化发展模式。从2013年起，广东清远阳山县开始进行“美丽乡村”建设，推进当地的村民就地城镇化。

江西已打造了一批特色城镇，在九江、宜春、新余、抚州等地开展镇村联动试点，其中宜春的试点已颇具特色和代表性。江西宜春探索镇村联动模式，完善集镇的功能，推动当地商贸和产业的发展，宜春市已有30多万农民在家门口就地城镇化，让农民“不背井、不离乡”，享受到了城镇公共服务和市民的待遇。例如江西星子县温泉镇，凭借其独特的地理位置，就地做好城镇化，让返乡农民留下来，探索“家门口的城镇化”新模式，通过发展旅游业，以镇带村、以村促镇，推动了全镇经济持续高位增长。“据江西省统计局人口变动情况抽样调查结果显示，2014年底，江西省城镇人口占总人口比重为50.22%，较2013年提高了1.35个百分点，全省城镇人口总量首次超过了乡村。2014年江西省人口城镇化率提高值高于全国平均水平0.31个百分点”①，表明江西省开始进入以城市社会为主的新阶段，2013年末，江西省城镇化率已经处在30%—70%的快速发展区间，在中部六省当中排名第三。

湖北省委办公厅、省政府办公厅2013年7月颁布了《关于开展全省“四化同步”示范乡镇试点的指导意见》，对全省21个试点乡镇（街道）进行试点，把新型农村社区纳入城镇化建设体系，形成了“两圈一带”“一主两副”、长江中游城市群等一系列、多层次城市发展模式。湖北宜都王家畈镇加快发展第二、三产业，形成了“家家有产业、人人有事业”的扩权强镇、产城融合的发展格局，目前全镇已经发展村级企业13家，吸引了2000多村民就地就业。湖北十堰郧阳区以新型农村社区建设为抓手，积极推进产城融合一体化、资源要素最优化、公

---

① 江西省人民政府：《江西省城镇人口首次超过乡村人口 城镇化率突破50%》，2015年2月13日，http://www.gov.cn/xinwen/2015-02/13/content_2818963.htm。

共服务均等化发展，着力建设城乡统筹示范区，实现就地城镇化。湖北省宣恩县板辽村谭家坝农民小区针对农民进城就业、购房、上学难等问题，探索出山区农民就地城镇化模式。

四川省有较多的劳动力供给优势，2013 年四川省出台了有效期为 3 年的《进一步加快推进新型城镇化八条措施》，进一步加快推进新型城镇化，推进四大城市群的建设，即成都平原城市群、川东北城市群、川南城市群和攀西城市群。四大城市群的建设为许多城镇务工人员提供了留在家乡的机会，减少了城镇务工人员候鸟式的迁徙，不仅产生了较好的社会效益，而且减少了因在外地而产生的社会问题。四川省积极推进农村土地制度改革，大力发展小城镇特色产业，把生态文明融入四川经济建设中，开展百镇建设试点行动，为城镇务工人员就地城镇化创造条件。如 2012 年以来四川省巴中市启动实施了“巴山新居”建设的战略扶贫工程，推动农村“产居结合”，在就地城镇化方面取得较为明显的成效。2014 年，成都先后启动了 8 个卫星城和彭州市濛阳镇、金堂县淮口镇和蒲江县寿安镇 3 个小城市的规划修编工作，力争实现农民就地就近城镇化。此外，温江卫星城以其产村一体的新型生态综合体建设，也推动了温江农民的就地城镇化。2014 年 1 月，四川省泸县福集镇龙桥社区及龙桥生态园农业发展专业合作社成立大会召开，标志着四川省首家就地城镇化社区在泸州泸县成立，龙桥社区的农民充分享有城镇人口的一切平等待遇，如医保、城镇低保、养老保险、子女入学等。

表 7－1　**全国及四省城镇化率对照**　（%）

地区	2000 年	2005 年	2010 年	2015 年	2017 年	2018 年	2019 年
全国	36.22	42.99	49.95	56.10	58.52	59.58	60.60
湖北	40.48	43.20	49.70	56.85	59.30	60.30	61.00
广东	55.00	60.68	66.17	68.71	69.85	70.70	71.40
江西	27.67	37.00	43.20	51.62	54.60	56.02	57.40
四川	29.89	39.10	38.70	47.69	50.79	52.29	53.79

从调查的结果来看，伴随着地区经济的发展和城镇化进程的加快，农民就地市民化的进程也不断推进，农村的就地城镇化已取得了显著的成绩，也有效推进了就地城镇化的进程。广东省相对其他地区来说，经

济发展较快，吸收了大量的外来务工人员，同时本地的农民也以就地就近务工为主；而经济发展相对较慢的地区，本地农民大量外出务工，主要以异地转移为主。农村社区的基础设施渐趋完备，生活水平逐步提高，农民人均文化娱乐及服务消费支出不断上升，农村工业化也开展得如火如荼。农村社区逐步建立了覆盖城乡的社会保障体系，文化、教育、医疗、社保、科技培训等基础公共服务的功能进一步增强，非迁移式的农村新型就地城镇化路径，有效避免了城镇化所带来的“农村空心化”“城市病”等问题，吸引着大量城镇务工人员返乡就业创业，促进了城镇与乡村社区的双向互动。但整体而言，还有些不尽如人意的地方，如城镇化水平偏低、市民化进程偏慢、体制机制尚不健全等。此外，由于原有户籍制度的限制，这几个省的城镇务工人员群体所享受到的社会保障和公共服务也大打折扣。

中国政府的调控、户籍制度、土地制度、农业的现代化进程和民营企业的素质等都对农村就地城镇化产生着重要的影响，有哪些因素阻碍了农村就地城镇化的进程以及哪些因素又积极推动了农村就地城镇化的进程呢?

（一）政府的调控、产业规划和公共基础设施规划的全面性

任何国家和地区的城镇化都离不开政府的干预和政策的引导。西方发达国家从20世纪初期或中期开始，就逐步走上城乡协调发展的道路，这与其政府理念的确立和各种政府行为以及各种制度的安排是分不开的。就地城镇化进程往往伴随着农民主体意识的提升，摆脱了小生产意识和认知局限。政府需要统筹安排，把握整体发展战略、发展方向和有效路径，引导村民积极参与，逐步发挥其主体作用。还需要国家统筹相关领域的制度和政策创新，明确我国未来城镇化的发展目标、路径和战略任务，为城镇化健康发展提供宏观性、战略性、基础性的指导，改变原来的粗放型发展模式，改善重外延轻内涵、重外表轻功能等城市病现象。需要总结并吸取国内外城镇化工作的经验教训，避免走弯路，按照尊重意愿、自主选择，因地制宜、分步推进，存量优先、带动增量的原则，有序推进农业转移人口市民化。尤其要保障城镇务工人员流动子女平等享有受教育的权利，完善公共就业创业服务体系，创新体制机制，建立健全农业转移人口市民化推进机制。

（二）原有户籍制度的变革

1978 年是中国改革开放的分水岭，也是户籍制度的重要转折点。改革开放以前实行严格的户籍管理制度，以法律的形式限制农民进入城镇，在城镇与农村之间建筑了一条无形的鸿沟，影响了中国城镇化的进程。同时严格控制流动人口，也使得大量的剩余劳动力被迫就地消化，促进了就地城镇化的萌芽。改革开放以后，户籍制度改革的力度加大，例如，1984 年国务院颁布的《关于农民进入集镇落户问题的通知》规定：农民可以在自理口粮的条件下到县城所在地以外的小城镇寻找就业机会并居住。2014 年国务院印发的《关于进一步推进户籍制度改革的意见》提出："为了深入贯彻落实党的十八大、十八届三中全会和中央城镇化工作会议关于进一步推进户籍制度改革的要求，促进有能力在城镇稳定就业和生活的常住人口有序实现市民化，稳步推进城镇基本公共服务常住人口全覆盖。"户籍制度改革力度的不断加大，削弱了农民被困守故地的束缚力，从而减轻了就地城镇化的不利影响，并在一定程度上促进了就地城镇化的建设和发展。

（三）经济环境、自然环境和人口密度的影响

一个地区的经济发展和城镇化建设是相互促进、相互制约的，良好的经济环境可以加快城镇化建设的进程，地区的经济实力和产业结构的合理构建推动着就地城镇化的发展，同时城镇化的大力发展又可以推动构建更好的经济环境和快速发展的地区经济。良好的经济环境为改善当地交通通信条件提供了较大便利，可以促使就地城镇化过程中的城乡关系产生"时空压缩"，促进城镇化活动向农村渗透，形成较好的城乡一体化发展格局。区域的地理环境状况是就地城镇化发展的基础和背景，"任何城镇都占据一定的土地空间，要与周围的天然环境发生物质和能量的转换"①。尤其是就地城镇化对当地的自然环境的依赖更加明显，这一过程中自然资源的合理利用和环境状况的有效保护，对其发展起着重要的影响。此外，人口密度在就地城镇化中也起着一定的影响作用。较高的人口密度和较大的人口规模既是城镇化的重要表征指标之一，也

---

① 蒋贵凰：《我国发展中地区城镇化的动力机制研究》，中国社会科学出版社 2011 年版，第 64 页。

是城镇区别于农村的最根本特征。有专家指出：“早期人类聚落主要是农村聚落，由于农业人口承载力低下，农村聚落规模很小。随着农业效率逐步提高，人类活动的人口承载力变大，当大到一定程度时，城市开始形成。”① 可见人口规模和密度与经济发展、城镇化进程密切相关。良好的基础设备与公共服务设施是新型城镇化的重要标志。一般而言，具有高密度人口的城镇拥有更好的文化基础设施、比较完善的生产技术及劳动力市场，也就有较高的经济效益，在一定人口规模基础上产生的人口城镇化将推动社会经济的快速发展。

（四）土地制度的完善

在传统城乡“二元”对立体制下，农民迁移至城镇定居需要付出很大的代价，面临着不能享受与城镇居民同样待遇的问题，还要面对丧失土地带来的福利的风险。在中国农村，土地实际上扮演着社会保障的角色，成为农民心理上和物质上的依靠，就地城镇化使农民可以在不失去土地保障的前提下选择就地转型——从事非农行业，并借此推动就地城镇化的发展。传统的高速发展的城市化常常伴随着城市向农村的土地扩张，往往以少数农村土地的开发为代价。当前，城镇化已上升到国家的战略高度，土地问题再次引发广泛而热烈争论。在相关的农村研究中，土地制度的改革问题研究一直是热点和重点。其中，土地的所有权属问题，导致各种地权冲突，影响城镇化的进程。目前，对农村土地所有权的解释可参考《土地管理法》第十条的规定：“农村集体所有的土地依法属于村集体所有的，由村集体经济组织或者村民委员会经营管理；已经分别属于村内两个以上农村集体经济组织的农民集体所有的，由村内各该农村集体经济组织或者村民小组经营、管理；已经属于乡镇农民集体所有的，由乡镇农村集体经济组织经营、管理。”② 然而，问题的纠结点在于，“集体”在现实中缺少一个相对应且明确的主体，

① 新玉言：《国外城镇化比较研究与经验启示》，国家行政学院出版社 2013 年版，第 1 页。

② 《中华人民共和国土地管理法：第十条第二款》，2004 年 9 月 9 日，http：//www.chinalaw.gov.cn/article/fgkd/xfg/fl/200409/20040900052441.shtml。

“主体的模糊导致了农民的非理性维权的地权冲突”①。

（五）农业的现代化进程

农业的现代化进程直接关系到就地城镇化的发展水平。党的十八大强调城镇化与农业现代化的协调发展，提出“坚持走中国特色新型工业化、信息化、城镇化、农业现代化（简称‘新四化’）道路，促进四化同步发展”。推动“新四化”的协调发展，已成为国家经济现代化建设的重要战略部署。相对于传统城镇化来说，新型城镇化是更有质量的城镇化。通过经济结构的不断调整和深化，我国的工业化和信息化协调发展，城镇化也得到了快速发展，然而，农业现代化发展却相对滞后。农业现代化不与工业化、信息化和城镇化“同步”发展，不仅影响自身，而且影响工业化和城镇化的协调实现。因此，重视农业现代化在“四化”协调发展中的地位和作用，着力推进农业现代化，加快实现现代农业发展，应成为新型城镇化建设的一个重要保障或前提条件。

（六）民营企业的效益

随着中国市场经济和乡镇企业的不断发展，民营企业不断涌现出来，并发挥了重要作用。当前，发展过程中的民营企业所面临的宏观环境和微观环境已发生很大变化，尤其是国家加强了环境立法和员工劳动权益保障，需要特别明确当前国家法律法规的界限。同时，全球经济形势的复杂动荡常常伴有国内和国际竞争与合作的碰撞，对民营企业的经营要求更为严格。少数民营企业由于自身体制和发展局限，对当前市场经济活动和动向的认识不清楚，合理运用市场经济手段不足，并由此导致企业发展陷入困境，在就地城镇化中的发展受限，效益不高，甚至濒临破产。因此，提高当地民营企业的经营管理素质与经营效益，无疑有助于就地城镇化的良性发展，两者相得益彰。

七　中国农村就地城镇化的动力机制

中国农村就地城镇化是在城镇化背景下的一种新型的城镇化模式，我国的户籍制度、政府的调控、土地制度、农业的现代化进程和民营企

---

①　刘杰、贺东航：《集体土地归属中的制度模糊与地权冲突》，《求实》2014 年第 12 期，第 61—66 页。

业的效益等都对农村就地城镇化有着重要的影响，如何从宏观和微观上、从内部和外部驱动力上构建有效的就地城镇化的动力机制对于推动我国城镇化进程具有极其重要的理论价值和实践意义。

（一）就地城镇化的宏观动力机制分析

1. 乡村的内部驱动力

要全面和深入地把握乡村集体和个人资金在就地城镇化中的作用，必须在乡村变革和发展的动力这一更为宽广的视角下对其进行考察。在传统的城镇和区域发展理论中，乡村区域的变革和发展主要是由外部力量所推动的。然而，中国的就地城镇化，尤其是在改革开放发展初期，除了得益于政府调控、经济环境等因素外，主要还来源于乡村内部动力。

首先，当地部分居民形成了较强的革新意识和企业家精神。就地城镇化的一个重要特征是人口高度密集，早期从土地上解放出来的剩余劳动力，大多去外地谋生，其中一部分人拥有了“敢为天下先”的革新意识和企业经营所需要的企业家精神和实业技能。一旦遇上有利时机，他们会抓住商机带动区域发展。其次，通过农村内部资产积累，发展乡镇企业，推动就地城镇化的发展。早期通过乡村内部自身的积极创造和发展——主要是乡镇企业的发展，吸收周边地区的剩余劳动力，推动农民向市民转化，完成了早期的资金积累，促成乡镇企业异军突起，堪称早期就地城镇化发展的真正动力。

在很大程度上，不同的资金来源塑造着中国城镇化的进程与模式。一些传统理论认为，乡村发展或就地城镇化只能被动接受城市地区的辐射。或许是受此理论的影响，新中国成立后至改革开放前，中国的区域发展战略有着强烈的城市偏向，大量国家投资集中在大中城市，小城镇和乡村的基础设施建设、产业发展水平严重滞后，城镇化进程十分缓慢。改革开放以来，中国的城镇化和区域发展战略有所调整，小城镇和乡村区域的发展得到重视和鼓励，但国家的投入资金仍然有限，相关贷款条件苛刻，其拉动作用尚十分微弱。然而，中国农村向城镇转型的动力和资金大部分来源于乡村内部。在一定条件下，农村地区有着推动自身发展的内驱力，正是这种源自乡村的内部驱动力，推动着就地城镇化的向前发展。

2. 外部驱动力

众所周知，规模巨大的外商投资在改革开放以来中国社会经济的发展中发挥了重要作用。与外资在其他国家向大城市集中的趋势不同，外资在就地城镇化发达地区强化了以分散为特征的从乡村到城镇转型过程。早期投资资料尤其是沿海城市发展的事实表明，海外华人华侨和港澳台同胞是中国大陆外商投资的主要来源，他们为中国大陆吸收外资做出了巨大贡献。发达地区当地政府在吸引外资，尤其是吸收港澳台资本过程中发挥了重要作用。充分发挥侨乡优势，大打亲情牌，依托海外关系网，动员与吸引外商到本地投资办厂，成为当地政府实施就地城镇化的重要举措。

外商投资是农村就地城镇化的一个重要资金来源，外商早期投资区域主要集中在广东、福建、长三角等沿海沿边城市，推动沿海农村的就地城镇化。“乡愁”是早期外商投资——主要是华人华侨和港澳台同胞投资的主要因素。他们在有成就后，想为自己的家乡发展贡献自己的一分力量；由于熟悉自己家乡的风土人情、方言和人际关系，他们在当地投资办厂可谓顺风顺水。“十二五”以来，随着国家“中部崛起”战略的调整实施，中部地区吸引了很多外部投资，引进外资的数量和规模不断上升，引资渠道也不断扩宽。同时，积极承接东部沿海地区的产业转移，加速了中部地区扩大利用外资及就地城镇化的进程。

（二）就地城镇化的微观动力机制分析

1. 个人的区位选择与迁移

个人的区位选择行为是农村向城镇人口迁移的关键因素，而影响个人区位选择的因素有很多，主要可从以下三个方面加以归纳分析。

首先，迁出地与迁入地之间的距离。距离是影响迁移意愿的重要因素之一，在早期的发展中，由于经济水平不高和交通闭塞，人们一般倾向于就近就业和转移，长距离的迁移成本相对较大。而在就地城镇化的发展过程中，当地农民或居民可以选择在当地就业，不需要离开自己的家乡。这种就地转移劳动力的方式使他们迁往城市的数量不断下降，迁移成本的降低促使人们更愿意选择在当地就业，从而进一步推动就地城镇化的发展。

其次，收入水平决定着当地部分农民的迁移行为。农村人口迁移必须考虑城市生活与本地生活的成本差异。大城市工资虽高，但零散开支相对较大；而留在家乡生活，收入虽不高，除了耕种责任田之外还能从事非农产业，实际收入还是相当可观的。两者对比后发现，不少当地农民理性地选择了留在本地工作。这种内部拉力作用——农村部分剩余劳动力不必迁往城市就可以获得较高收入，有力地推动了就地城镇化的产生和发展。

最后，迁移者的恋乡情结和土地保障心理。除了经济方面就业和收入生活的考虑外，一般农民往往还有一种“恋乡”情怀，并不愿意离开家乡，去一个不熟悉、竞争激烈和人情淡薄的城市，承受和亲人分开的痛苦；而现实中的乡村发展恰能解决这种“恋乡”情怀，使得他们更愿意在本地实现非农就业。同时，中国农村社会保障体制还不完善，土地成了农民心理和物质上最后的一层保障，许多农民不愿意放弃土地，即使搬迁也不愿意改变户口的性质，图谋在经济发展不好的情况下还有一层保障。在一定程度上，这种恋乡情结和土地依赖心理也推动了当地的城镇化发展。

2. 企业投资建厂的区位选择

就地城镇化发展与企业参与推动紧密相关。因此，从企业的角度考察就地城镇化这一微观机制，还需就企业的区位选择加以梳理与分析。

首先，在农村投资设厂有更多的优惠政策。近年来，各级政府在农业税、农村金融和土地管理制度等方面不断加大对农村发展的扶持力度，因地制宜地推出一系列不同的优惠政策，招商引资，投资设厂，实现就地转移剩余劳动力向非农转化。同时，鼓励农民就地就业，扶持城镇务工人员返乡创业，并为返乡就业农民提供技术培训与专项优惠贷款政策。这种政策扶持与鼓励，吸引了一些投资者对当地农村进行考察，选择适合的项目进行投资，开设工厂。

其次，农村不仅有投资办厂所需要的原材料，就地转移的劳动力更加便宜。原材料的获取会直接影响企业的运输费用，因此，原材料的便捷供给是企业在区位选择时必须考虑的一个关键因素。农村还有一些自然资源可以进行开发利用，可以代替原有的原料来源，产品直接辐射周边城市，这样就大大降低了企业运输费用，减少了企业投资成本，从而获得更好的效益。企业吸引当地的剩余劳动力，既降低了企业的生产成本，也为农村地区提供了更多的就业岗位，有力地促进了就地城镇化的发展。

最后，土地成本和企业家的个人责任感均影响到就地城镇化的发展。农村土地资源相对丰富，而土地管理相对较宽松；各地方为发展经济，往往低价出让土地，从而降低了企业用地成本。有些企业在创办初期，基本利用自家房屋或其他公共建筑物作为经营场所，也降低了企业的经营成本，以至于相当多的企业在农村创办。其中，有的是出于使家乡成员受益的社会责任感——增加家乡人收入，而选择在故乡进行投资，由此也推动了就地城镇化的产生与发展。

就地城镇化是乡村聚落和人口没有通过大规模的空间转移和重组而实现向城镇化或准城镇化类型转化的现象。它并不是一种违背“世界城市化一般规律”的反常现象，而是一种在当今发展中国家普遍存在、与西方以城市为中心的城镇化经历不同的新的城镇化形式。通过对农村就地城镇化的影响因素及动力机制的研究，我们可以突破以往在城乡二元对立的分析框架内研究城镇化的局限，并对中国城镇化进程中出现的新现象获得全面深刻的认识，从而最终推进中国城乡一体化的健康发展。

然而，在推行农村就地城镇化的过程中应充分尊重农民、城镇务工人员及其子女等对于就地城镇化的意愿，积极探寻影响他们就地城镇化意愿的乡土情结、社会保障、城镇谋生能力、公共设施、居住环境、子女教育等方面的因素，这必将有助于中国农村城镇化的推进和乡村振兴的实现。

第二节　城镇务工人员流动子女家庭农村就地城镇化的意愿

农村就地城镇化是符合中国国情、具有中国特色的新型城镇化道路选择之一，中国农村就地城镇化必须符合城镇务工人员及其流动子女的意愿。就地城镇化具有就业方式的多样化、就近性和城乡高度融合等特征，城镇务工人员家庭的意愿体现为集中定居意愿、农村迁建意愿、土地流转意愿和就业意愿，政府政策、经济发展、基础设施、人文关怀、经济实力、现有住房条件、受教育水平等因素对其在农村就地城镇化的意愿也有重要的影响。

一 就地城镇化的意愿分析

“我国推进的新型城镇化的核心是人的城镇化，只有真正把握农民城镇化意愿，城镇化发展才能获得坚实的基础。”① “城镇化意愿是农村人口接受城镇生活与城镇身份的意愿程度，反映了农村人口最直接的主观生活倾向，也是对个体能动性的直接反映。”② 城镇务工人员等是城镇化的主体与推动者，就地城镇化应该尊重他们的意愿选择，不能强迫务工人员上楼，不能盲目地搞“造城”运动，应以他们“愿不愿意”“答不答应”为宗旨，贴近他们的实际，分析务工人员家庭的真实意愿，才能做到最终实现“人的城镇化”。

（一）中国农村就地城镇化的意愿

其一，务工人员家庭集中定居意愿。务工人员家庭的集中定居意愿直接影响就地城镇化的进程，已有学者对处于东部地区的扬州和处于中部地区的荆州这两个推进城镇务工人员家庭集中居住的典型地区进行调研，结果显示，“65.7%的人不愿意集中居住，主要是因为自己现有住房条件较好，而自己经济能力有限，不能负担新的住房”③。通过对现有资料的整理发现，务工人员家庭的经济实力，现有居住条件以及政府的补偿政策对其家庭集中居住意愿造成很大的影响。而另一组调研数据则显示，“63.6%的农民希望到社区或者城镇定居，但倾向于就地城镇化模式”④。通过已有学者的调研结论可以看出，在以往城镇化过程中采取的多是异地城镇化，务工人员家庭脱离原有的生活环境去适应社区环境，造成情感上的排斥，而就地城镇化是在原居住地实行的城镇化，

---

① 白先春、柯婧等：《农村居民个体特征对其就地城镇化意愿的影响——基于安徽省的调查》，《江苏农业科学》2016年第12期，第631—635页。

② 李云、陈宇等：《乡村居民的就地城镇化意愿差异特征》，《规划师》2017年第6期，第132—138页。

③ 杜云素、李偲：《农民的集中居住意愿及其影响因素分析——基于鄂苏两地的调查》，《四川农业大学学报》2014年第1期，第113页。

④ 黄振华：《城镇化进程中的农民需求——基于7687位农民的实证分析》，《社会科学》2014年第6期，第66页。

务工人员家庭接受度较高。

其二，农村迁建意愿。城镇务工人员家庭在迁移出原本居住的村庄实行集中的城镇化居住过程中会涉及巨大的投资问题，而投资主要来源于政府补贴和商人支付的高房价。其中政府补贴则与农民的宅基地和拥有的土地相挂钩，宅基地和土地的出让费用与新住房的房价之间的差价最终还是由城镇务工人员家庭自己支付。有的地区（如山东德州）在推行就地城镇化时，政府出资建设了老年公寓，老人既可以住进新房又不用支付大额的资金，受到老人们的一致好评。与此同时，也要充分认识到并不是所有的城镇务工人员家庭都适合集中居住，如具有一定规模的专业农户不适合集中居住，为此，要为其规划专门的居民点，而不是所有的城镇务工人员家庭都必须住进新建小区内。在就地城镇化政策实施时，充分了解城镇务工人员家庭的拆迁意愿，有针对性地实施相对应的政策，有助于政策的推行。

其三，土地流转意愿。土地问题是中国“三农”问题最基本的问题，农民把土地视作自己生存和发展的经济来源，故农民对于土地流转的意愿直接影响着就地城镇化过程中土地政策的实施。有学者通过对全国 20 省 236 村 2998 个农户的调查发现，“东部地区农户的土地流转意愿强于中部和西部，纯农业户流转意愿最低，从事经商和外出打工者次之，教师及其他非农就业途径的出租土地意愿最高”①。由此可见，不同地区、不同职业性质的城镇务工人员家庭对于土地流转的意愿存在差别，因此推行就地城镇化政策时要因地制宜，根据当地的具体实际采取针对性的措施，而对于不同职业性质的家庭也要采取不同的政策，如对于纯农业户可以提供其他的就业方式来解决其经济来源问题等。

其四，务工人员就业意愿。对于城镇化进程中城镇务工人员就业方式的选择，有学者通过调查发现，务工人员家庭倾向于本地就业的就地城镇化模式。由于我国农民自身特质，在城镇化进程中，相比于背井离乡就业，务工人员家庭更希望在本地就业，既能满足自己的经济需求，

① 陈浩天：《农户土地流转需求意愿的假设证伪与模型建构——基于全国 20 省 236 村 2998 个农户的实证调查》，《干旱区资源与环境》2015 年第 10 期，第 46 页。

又能在一定程度上照顾家庭。务工人员家庭的就业意愿在一定程度上受到当地经济发展水平的限制，而就地城镇化建设过程中产业的引进在一定程度上增加了务工人员的就业机会，可以使他们就近实现就业。

（二）影响务工人员家庭就地城镇化意愿的因素

依据笔者在我国东、中、西部地区四川、湖北、广东、江西四省农村的调查，研究发现“乡土情结、社会保障、城镇谋生能力、公共设施、居住环境、子女教育问题等对农民城镇化的选择意愿有巨大影响”①。中国农村就地城镇化建设在一定程度上能够缓解以往城镇化快速发展过程中土地城镇化快于人口城镇化、建设用地粗放低效以及大量农业转移人口难以融入城市社会等问题。在推行农村就地城镇化过程中应充分体现务工人员家庭对于就地城镇化的意愿，并探寻影响务工人员家庭集中定居、迁建、土地流转以及就业等方面的意愿及其影响因素，这必将有助于在乡村振兴中把小康之路越走越宽。在进行农村就地城镇化过程中，务工人员作为城镇化的主要建设者，他们回乡建设的意愿关系着农村就地城镇化的成效，因此对影响务工人员家庭就地城镇化意愿因素进行分析，有利于农村就地城镇化的发展建设。在乡村振兴战略和精准扶贫的背景下，农民享受到了更多的惠农政策，农村就地城镇化符合农村的发展实际，影响务工人员家庭就地城镇化的意愿因素有城镇务工人员家庭的乡土情结、家庭的经济状况、市民化意向程度、子女的教育问题以及公共文化服务体系的健全程度等。结合务工人员家庭就地城镇化意愿，进行适合农村就地城镇化政策选择，应当因地制宜地发展农村特色绿色产业，实施留得住青年的帮扶政策，以人为本地建设农村公共服务体系，建立健全基层干部责任机制。

1. 政府政策

国家政府的重视与相关政策的有力支持会对务工人员家庭就地城镇化意愿有积极的影响。习近平在党的十九大报告中提出要实施乡村振兴战略，指出解决农业农村农民问题是关系国计民生的根本性问题，并把此作为全党工作的重点。国家相关文件如《国家新型城镇化规划

---

① 王揽、胡恒钊：《中国农村就地城镇化农民意愿及其影响因素探究》，《新疆社科论坛》2018 年第 2 期，第 57—60 页。

（2014—2020年）》指出，要建立多元化、可持续的城镇化资金保障机制，同时国开行成立了住宅金融事业部，财政部也发文推广政府和社会资本合作模式，拓宽城镇化建设融资渠道。国家对于就地城镇化的重视以及相关政策文件的支持，给就地城镇化的实施提供了有力的保障。但如果“忽视农民的主体地位，降低了资金的使用效率以及融资机制不够灵活等”①政策的失衡就会对城镇务工人员家庭就地城镇化意愿产生一些消极影响。就地城镇化是否能保障务工人员的家庭利益，实现良性发展，政府的政策对务工人员家庭的就地城镇化意愿起着指导作用，影响务工人员家庭对就地城镇化的认识和态度。

2. 经济发展

农村地区的经济发展水平对务工人员家庭就地城镇化的意愿也起着不可忽视的作用。传统的农业生产方式所产生的经济效益已经不能满足人们日益增长的对美好生活的需求。乡村振兴要靠产业，要改变现有的生产生活方式，很重要的一点就是实现农业现代化和产业多元化来满足务工人员家庭的需求，而就地城镇化模式能适应务工人员家庭的需求，其有效实施也能够带来比较好的经济效益，如在传统的农业大县实行农业产业推进政策，充分发挥农业县的资源、技术和人文优势，在农业专业化生产的基础上，重点建设一批外联国内外大市场，内联千家万户的龙头企业，带动一系列农产品的生产和加工，形成当地的主导产业。这一政策的实施带动了当地经济的增长，城镇务工人员家庭获得了更多的就业机会，他们感受到了就地城镇化的益处，从而对务工人员家庭就地城镇化的意愿带来积极的影响。

3. 基础设施

农村现有的生活方式多样化，基础设施建设的完善，也影响着村民就地城镇化意愿的选择。就地城镇化政策的实施改变了农民原有的村落居住方式，实行集中居住，社区配套各种基础设施和提供服务，让农民过上更优质的生活。基础设施建设是一项民生工程，在就地城镇化的过程中，新型城镇的建设不能一味地追求速度，一定要保证建设的质量。

① 贺荃波、刘云喜：《农民就地城镇化的财政政策建议》，《中国财政》2016年第5期，第78页。

例如“合肥市磨店社区在就地城镇化建设时就比较注重基础设施建设，拥有十分齐全的交通方式，并配备了比较先进的通信方式，满足了社区居民日常生产和生活的需求”①。由此可见，就地城镇化带来的基础设施的改善，能够为务工人员家庭带来更好的生活，故在一定程度上对城镇务工人员家庭就地城镇化的意愿带来积极的效应。

4. 人文关怀

就地城镇化建设要注重人文关怀，着眼于农民利益，尊重广大农民及城镇务工人员家庭的意愿，要从被动进社区转变为主动进社区。政府在推进城镇化建设过程中应积极引导城镇务工人员家庭的意愿，而不是通过政策的强制使务工人员家庭被动地参与就地城镇化建设。有的地区率先推出“两区同建”模式，兼顾务工人员家庭的眼前和长远利益，在推行社区建设的同时规划产业，实现社区建设和产业发展的同步进行，在让务工人员家庭住进新楼的同时也提供了就近就业的机遇，不仅让城镇务工人员家庭住进楼，而且要让他们住得起楼、住得好楼。在就地城镇化模式推行过程中有些地区以人民为中心，充分尊重民意，如云南临沧市临翔区农户按“依法、自愿、有偿”的原则进行土地流转，充分考虑务工人员家庭的切身利益，取得了较好的成果。所彰显出的人文关怀对进一步推进农村就地城镇化带来了积极的影响，也在一定程度上影响了就地城镇化过程中务工人员家庭的意愿。

5. 公共文化服务体系的健全程度

农村公共服务体系的健全程度是影响城镇务工人员家庭意愿的重要因素。由于城市的公共服务体系内容更加多样化，在硬件设施和软件发展方面都远远强于农村，因此城镇务工人员家庭在对居住地的选择上更加趋向于有多样化文化服务体系的城市。当前农村的公共文化服务体系还落后于城镇的公共文化服务体系，在硬件设备、服务质量、供需均衡、就业服务环境等方面还有待完善与健全。农村中公共文化资源均衡配置、基层政府对文化建设的重视力度都在一定程度上影响着农村公共

① 张明明：《就地城镇化问题及对策研究》，硕士学位论文，安徽大学，2014年，第33页。

文化服务体系的健全。① 公共文化服务体系的健全程度会直接影响城镇务工人员家庭选择回乡建设的意愿与信心。

6. 家庭经济实力

城镇务工人员家庭现有的经济实力会影响其是否愿意去城镇发展，在村落拆迁后，有些城镇务工人员因家庭经济原因，无法购买城市的商品房，成为就地城镇化建设过程当中的一个难题。在就地城镇化实施过程中，一些地方成功的做法，为该问题的解决提供了一个思路。如天津市根据其农村地区的实际情况，在充分了解务工人员家庭意愿的基础上，实行“宅基地换房”的政策，建设有特色的适合于产业聚集和生态居住的小城镇，按照相关文件的规定，城镇务工人员家庭可以用其原有的宅基地换取小城镇的住房，进而实现就地城镇化。该模式的实施大大降低了务工人员家庭的迁居成本，使就地城镇化推行过程中务工人员家庭自身的经济实力对其意愿的影响减小，并在一定程度上使他们积极参与就地城镇化建设。在农村生活的农民收入水平与城市中打工的城镇务工人员家庭收入水平的差异是导致大量城镇务工人员家庭前往城市生活工作的直接原因。城市工作机会多、工资高，务工人员家庭为了提高家庭的生活水平，更加倾向于前往大城市工作生活。有些城镇务工人员家庭集中居住意愿受到现有住房条件的影响，而那些新盖了独院楼房的农民，因社区的单元房没有自己建的楼房宽敞舒适，则不愿意搬离现有的居住场所。

7. 城镇务工人员的文化水平

文化教育水平的高低对城镇务工人员家庭的集中居住意愿、拆迁意愿以及土地流转意愿也有一定程度的影响。年龄较大的城镇务工人员家庭由于知识水平的限制，对于就地城镇化模式推行过程中的土地流转政策、产业模式等不了解，而就地城镇化建设过程中基础设施、医疗服务、养老设施等存在很大的不确定性，加上长期形成的生活方式使城镇务工人员家庭产生了比较深厚的乡土情怀，担心对新的生活方式不适应，一时无法改变其固有思维，这些对其就地城镇化的意愿产生了负面

① 刘艳春：《新农村公共文化服务体系建设的短板与重构》，《农业经济》2019 年第 2 期，第 40—41 页。

的影响。而大部分知识水平较高的城镇务工人员家庭，则比较倾向于现代农业和产业化的生产方式，既可以享有现代化的生活设施，也可以就近实现经济的增长，因此就地城镇化的热情也较高。

8. 子女的教育问题

城镇务工人员流动子女的教育问题一直是影响务工人员家庭异地打工居住的一个重要因素。城镇务工人员家庭早期长期生活在农村，素质水平存在差异，他们希望自己的子女和城市中的孩子一样受到更好的教育，考取更好的学校，获得更多的教育机会。由于城市与农村的教育资源差距，城镇务工人员流动子女更倾向于到大城市学校就读。“在2018年全国教育大会上，李克强强调要坚持教育公平，推动教育从规模增长向质量提升转变，促进区域、城乡和各级各类教育均衡发展，以教育现代化支撑国家现代化，要着力改善乡村学校办学条件、提高教学质量，注重运用信息化手段使乡村获得更多优质教育资源。”① 在农村就地城镇化过程中，需要更加注重乡村办学条件和教育水平的改善，确保每一位务工人员家庭的孩子都享受到公平而又有质量的教育。

（三）务工人员家庭就地城镇化意愿的影响因素分析

1. 积极因素：推进农村就地城镇化的动力

政府采取的政策与发展战略、农村耕地资源约束下的求生发展力、自生的民间创始文化力以及外资与外来人口等都对农村就地城镇化的发展起到了推动的作用。“任何国家和地区的城镇化都离不开政府的干预和政策的引导。发达国家从20世纪初期或中期开始，逐步实行城乡协调发展的道路，这与其政府理念的确立和各种政府行为以及各种制度的安排是分不开的。”② 政府应制定有效的政策，避免国外那种“城市病”，以打破在中国形成已久的城乡二元对立的格局，优化产业和城镇的空间布局，构建城乡互动互补的和谐关系，让城镇务工人员家庭在社

---

① 李克强：《坚持中国特色社会主义教育发展道路 培养德智体美劳全面发展的社会主义建设者和接班人》，2018年9月10日，http://www.cssn.cn/index/index_focus/201809/t20180910_4557923_1.shtml。

② 王帆、胡恒钊：《中国农村就地城镇化的影响因素及动力机制研究》，《党政干部论坛》2015年第7期，第38—41页。

会保障、住房保障、医疗教育、就业等方面与市民同权，避免城镇务工人员家庭“被上楼”，让他们在新村镇中寻得栖息的乐土。从劳动力转移方式上，广东省由于经济发展较快，吸收了大量外地前来务工的城镇务工人员，同时也出现了本地农村劳动力就地就近转移趋势。城镇务工人员家庭就业、收入和消费等的提升会提高他们对生活的满意度，因此应激发农民的活力，发挥他们作为创建主体的积极性，鼓励城镇务工人员回乡创业，积极推动农业现代化，振兴农村经济。同时还应考虑原有的生态环境、村庄布局、产业基础和文化传承等，增强城镇的辐射力与承载力，形成城市与乡村相互支撑、互为依托的空间格局。此外，当地民营企业的经营管理素质也对就地城镇化有着重要的影响，因此提高城镇经营管理者的素质，也有助于就地城镇化的良性发展。

农村人内心固有的乡土情结以及强烈的乡村文化认同是我国农村农民就地城镇化的强大内生动力，这种浓厚的家园情怀与乡土情结随着年龄的增长而愈加浓烈。相对来说，农村的生态环境和空气质量比城市好些，务工人员家庭在内心里更加喜欢安居乐业的农村生活。“城市病”导致资源紧张、物价飞涨、生活成本高、空气质量差，导致很多城镇务工人员家庭在内心里更加倾向于农村的乡土生活。因此，如果农村发展的水平和城市带给城镇务工人员家庭的便利水平相近，他们会更加喜欢生活在其土生土长的农村。城镇务工人员家庭背井离乡的生活不是遵从其内心的愿望，而是因为大城市在各个方面更加具有吸引力，他们逼不得已才选择了异地生活，从而满足其基本的生活需求。在城乡不均衡的发展中，在人们的固定思维里，农民就是居住在乡村，在乡村以从事农业生产为生，这种思想观念是城镇务工人员家庭不愿意进入城镇发展的个中原因。但是，从城镇务工人员家庭对于市民化的整体意向来分析，“和返乡相比，农村人口对于城镇化的期望值更高；与返乡后务农比较，农民更加倾向于返乡非农就业”①。农村人口对于城镇化的意向程度较高，这对于农村就地城镇化的意愿产生了一定的积极影响。就业是决定务工人员家庭何去何从的一个重要因素，就业待遇与就业环境的好

① 袁方成、王泽：《“流”“守”之间：农民市民化的区域差异及影响要素——基于全国20省数据的实证分析》，《华中师范大学学报》（人文社会科学版）2017年第1期，第20—30页。

坏对他们就地城镇化有着重要影响。城镇务工人员家庭能够去就近的“城”与“镇”就业符合他们“离土不离乡”的意愿，也有利于转移农村富余劳动力，就地实现市民化与就业非农化，在一定程度上，就地就业还能够比较有效地避免农地荒废。有些城镇务工人员由于自身技能的缺陷与在城市缺乏合适的工作机会，他们往往偏好返乡就业。在农村周边区域从事非农生产活动，谋生能力强的农民也不愿意进城，更愿意选择在乡村谋生。随着大中城市生活成本与住房成本压力的增加，务工人员家庭就地城镇化在就业、生活压力等方面比大中城市要小很多，他们有显著的进县城偏好。此外，城镇务工人员年龄越大，向城市转移的难度也就越大，因此年龄大、已婚等群体并没有表现出强烈的迁移意愿。

2. 消极因素：务工人员返乡就地城镇化的阻力

城乡收入差距、子女教育、乡村环境污染、土地和宅基地的缺失又阻碍着城镇务工人员家庭就地城镇化的意愿，促使农村劳动力不愿意回流。“劳动社会保障部数字显示，我国目前就近就地城镇化农民工达3000万人，占农民工的20%。”① 在家庭层面，由于要照顾父母、小孩等家庭原因，城镇务工人员不再倾向于外出。对于留守儿童教育的需要，城镇务工人员父母更倾向于选择返乡，但是出于随迁子女的教育需要，他们更倾向于去大城市生活。调查发现，城镇务工人员自身教育水平越高，他们就越有着强烈的外出意愿；低收入的家庭往往希望通过居住城镇化来实现生活水平的改善。由于乡村对外来经济的需求性与依赖性较大，农村缺乏强有力的产业支撑，致使乡村发展动力不足，就业机会相对较少，因此导致有些务工人员家庭参与就地城镇化的意识并不强烈。在生态环境污染破坏、缺乏高层次的文化消费的地区，城镇务工人员家庭返乡意愿也明显受阻。此外，由于社会政策的影响，农村户籍的“含金量”显得越来越高，这也在一定程度上推动着务工人员家庭不愿意放弃土地，极大地影响了务工人员家庭就地城镇化的意愿。

就地城镇化的关键就是要使务工人员家庭就地“转型”，然而基础设施滞后、建设资金短缺、产业支撑薄弱、公共服务供需失衡、人才短

---

① 陈伟然、桂江丰：《中国就地城镇化及其战略研究》，《江西社会科学》2017 年第 6 期，第 217—222 页。

缺与“三农”服务队伍匮乏等因素也会成为农民就地城镇化意愿的阻力。基础设施不够完善与建设资金短缺会导致农村城镇缺乏强大的产业支撑，没有工业园区、主导与支柱产业的支持，农村经济的发展会明显受到限制。在基础设施单一，缺少必要的文化场地、农村公共文化服务滞后地区，城乡资源供需失衡、服务供给与农民实际需求相脱节，会使农民回乡意愿受阻。由于思想认识的偏差，许多农民怀揣着对大城市憧憬的“城市梦”，大多倾向于到地级市和县城工作，忽视了小城镇的价值与作用，近80%的城镇务工人员不愿意返乡就业，因此农村人才吸附能力较弱，吸纳劳动力的能力明显不足。从整体上看，农村人才储备不足、素质偏低。在城市缺少长久安身立命的本领是导致城镇务工人员回流的一个重要原因。在农村农民能够就业的机会相应缺乏，农民就业技能培训机会也相对较少，致使许多留守农村的农民受教育水平偏低、文化素质不高、业务素质较低。当前农村人才流失严重，“三农”服务队伍显得十分薄弱与匮乏。思想认识偏差与农村吸引力不够导致“精英劳动力不断外流，乡镇企业日渐式微，小城镇不断陷入发展的困境，基本失去自主城镇化的动力”①。

伴随着乡村振兴战略的实施，在影响城镇务工人员外出打工的因素中，收入水平、公共服务体系及下一代的教育这类因素显得尤为重要。中国农村就地城镇化是相对于城镇务工人员外出打工及迁往大城市或城镇而言的城镇化，由于其较好地满足了广大务工人员的意愿，因此在乡村振兴背景下，应针对中国农村的实际村情和务工人员家庭就地城镇化的意愿，着力选取适合中国农村就地城镇化的政策，以便更好地为中国的农村、农业、农民服务。

第三节　尊重城镇务工人员家庭意愿的农村就地城镇化路径选择

“人”是城镇化的主体，城镇化不应随意“赶农民上楼”，而应尊

① 曾献君、卓德雄等：《小城镇就地城镇化的现状与困境研究》，《福建工程学院学报》2018年第1期，第96—102页。

重他们改善生活与提高就业待遇的意愿，着力提高居民收入，增加他们的生活质量与幸福感。提出针对中国农村就地城镇化的有效对策，可以突破以往在城乡二元对立的分析框架内研究城镇化的局限，并对中国城镇化进程中所出现的新现象获得全面深刻的认识，从而最终推进城乡一体化的快速发展。中国农村就地城镇化是我国未来城镇化路径的重要选择，是符合我国的国情和实际情况推行的一种新型城镇化道路，它在解决我国城镇化过程中存在的“城市病”问题和农村社会问题方面可以发挥重要的作用，我们应充分尊重城镇务工人员家庭的意愿，积极探索我国农村就地城镇化的推进路径。

一 完善顶层设计：合理配置资源，促进城乡融合发展

各级政府相关部门应合理配置城乡公共服务资源，改变城乡间不合理的二元结构，打破限制城乡一体、均衡发展的障碍，使农村地区享有平等的公共服务，缩小城乡之间的差距。应当强化政府对农村公共政策的引导，进行科学决策，增强公共服务的供给效能，有效引导和调控城市反哺农村，促进城乡一体化与城乡融合发展，减轻大中城市的压力与负担。

（一）消除城乡壁垒，不断满足农民美好生活的需求

要不断深化农村土地制度、户籍制度、住房制度、教育制度以及社会保障制度等改革，消除制度上的障碍，扩大保障的覆盖面，推进城乡公共服务的均等化。应不断推进农村土地制度改革，加强对农村土地产权交易市场的管理，稳定土地的承包权，促进农村土地有序流转与依法有偿转让，提高土地的利用率，避免乡村土地的荒置浪费。“以合理使用、转变经营方式为原则，完成农村集体土地所有权、集体建设用地（宅基地）使用权、土地承包经营权、房屋所有权确权，有序引导推进土地承包经营权的流转”①，依法保障农民的合法利益，建立失地农民的生计保障机制，让农民享有更多的土地征收补偿与土地红利，在土地流转中获得合法收益，解决失地农民生活上的后顾之忧，破解农村耕地

① 李健、杨传开等：《新型城镇化背景下的就地城镇化发展机制与路径》，《学术月刊》2016 年第 7 期，第 89—98 页。

荒芜、宅基地空置的“空心村”难题。农民就地城镇化是实现农村新型城镇化的重要选择，应严谨规划，给予乡村建设政策引导，由城市发展带动城乡统筹发展，着力推动乡镇企业集群的发展，增强其辐射带动作用。应打造县域经济“亚核心区”，充分利用周边人才、资金、技术等资源，辐射带动农村小城镇经济发展，提升小城镇对周边的经济影响力与辐射力，增强农村就地城镇化的吸引力与感召力。政策的制定与实施应符合广大农民和务工人员家庭的城镇化意愿，满足他们的需求，充分考量人口资源集聚效应和整个家庭效益的最大化，了解民情民意，尊重他们家庭的选择意愿，关注他们的代际差异，逐步增加农业转移人口的收入水平，不断满足他们对美好生活的需求。

要建立健全法治体系，为农村就地城镇化提供保障。依法治国是党领导人民治理国家的基本方略，法律制度的建立是推进我国农村就地城镇化顺利进行的重要保障。我国目前在推进农村就地城镇化的过程中，需要完善相关的法律制度体系。针对我国在进行就地城镇化过程中出现的权责不明等问题建立法治体系，成为引导我国农村就地城镇化顺利进行的法律保障。一方面，应尽快加强相关法律制度建设，为进行农村就地城镇化提供指导。另一方面，各级地方政府可以根据自身的实际情况，制定本地区的条款，推进本地区就地城镇化的顺利进行。此外，我们还要进一步建立和完善农村社会保障体系，农村社会保障制度是保证人民基本生活，是农村经济发展的调节器，同时在维护社会稳定、缩小贫富差距方面发挥着重要的作用。因此需要进一步打破传统城乡二元对立的结构体制，建立全国统一的城乡居民社会保障制度。

党的十八大和十八届三中全会把加快户籍制度改革，作为一项推进我国城镇化建设的重要任务。2014 年 7 月，《国务院关于进一步推进户籍制度改革的意见》的印发，进一步推进我国户籍制度的改革。进一步实行统一的城乡户口登记制度，推进基本公共服务均等化，完善农村公共管理和公共服务，扩大就业、医疗、养老、住房、教育等的覆盖面。该意见确保了城乡居民享有同样的权利与义务，同时为推进我国农村就地城镇化提供了制度保障。原有的户籍制度深深影响着我国就地城镇化的发展，导致地区发展差距依然较大，区域发展较不平衡。因此应继续深化户籍制度改革，消除城乡壁垒，淡化城乡户籍的烙印，逐步消除城乡户籍人口身份的差异，给予城镇务工人员与城市市民同等的待遇。要拆除户籍的壁垒，应逐步放开户口的限制，放宽城市的准入条件，取消农民到城镇生活工作的限制，形成多极、多元、网络化的城市化格局。“新时期中国新型城镇化的推进重点在‘农民工市民化’和‘就地城镇化’相结合，‘农民工市民化’和‘就地城镇化’的推进重点在县（镇）层面。”① 因此，要重塑城乡关系，整合中心城市与周边城镇的协调发展，强化城镇对农村的辐射带动作用，积极推进城乡发展的一体化，实现农民市民待遇的均等化。

应深化土地制度改革，赋予农民更多的土地财产权利。政府应完善落实土地集体所有权，稳定农户的土地承包权，保障农民土地承包经营权和宅基地使用权，健全土地流转规范管理制度，提高农村土地利用效率。要着力完善农村征地拆迁的政策，加快农村土地使用权的流转，解放过剩的劳动力，完善农村土地住房相关政策，赋予农民更多的土地使用权利。在确保农民土地权益的条件下，闲置的土地可以通过有偿、有序、自愿流转，提高农民在征地过程中的话语权以及土地增值收益中的分配比例，让广大农民分享到城市化和工业化所带来的土地红利与土地增值，让土地成为农民心理上和物质上的依靠。

要完善保障制度，扩大保障的覆盖面。首先，政府应明确各级职能，统筹城乡教育、财政金融、医疗卫生、文化体育、社会保障、电力通信等基本公共服务的均等化建设，改革社会的保障制度，充分保障农民就业，实现基本公共服务均等化，改善基本医疗卫生条件，做到农村养老保险和医疗保险的全覆盖；其次，应加大资金和政策的扶持力度，整合各方资源，尤其要进一步整合涉农资金，完善农村公共文化服务体系，建设集居住、就业、休闲于一体的新型社区，提高城镇的服务效能，不断满足农民美好生活需求，让农民就地转变成市民，像城市人一样学习、工作和生活。

（二）完善基层组织职责，为农村就地城镇化提供科学引导

当地政府在农村就地城镇化的过程中发挥着重要的作用，引导和推

---

① 张国玉：《中国新型城镇化的推进路径：就地城镇化与行政区划调整》，《四川行政学院学报》2014 年第 1 期，第 5—8 页。

动当地就地城镇化的进程。当地政府在就地城镇化的过程中，要进行科学的规划和合理的布局，协调好短期效益与长远发展之间的关系，完善公共基础设施建设，建立健全农村社会保障体系。首先，应根据本地区实际情况，制定科学的决策。要做到从本地实际出发，根据自身的实际情况，走符合当地情况的就地城镇化道路，切忌在进行就地城镇化的过程中出现脱离实际、机械照搬现象。江苏省在进行农村就地城镇化的过程中，根据不同区域的实际情况，探索出不同的城镇化主导形式，如“城市辐射型”“乡村工业引导型”等，极大地加快了农村就地城镇化的步伐。只有坚持从本地区的实际情况出发，选择一条符合当地发展的道路，才能把小康之路越走越宽。其次，完善公共基础设施建设，为推进农村就地城镇化提供重要的保障。基础设施包括生活设施、交通运输条件、邮电通信、体育文化设施等方面。政府完善公共基础设施不仅有利于提高当地居民的生活水平和条件，而且有利于开拓对外交流和沟通的渠道，可以节约生产和运输成本、互通有无，缩小时空距离，有利于进一步引进先进技术和优秀人才，吸引外来资金的投入。随着“互联网+”时代的到来，网络技术的普及和应用也成为公共基础设施建设的重要组成部分。互联网信息技术的应用，开阔了农民们的视野，促进农村与外部的沟通与交流，拓宽了本地区的影响力，把“引进来”和“走出去”更好地结合起来。

应建立健全基层干部责任制，给予城镇务工人员更充分的制度保障。基层领导干部在农村就地城镇化过程中发挥着基础性、关键性的作用。建立健全基层干部责任制，把责任明确细化，只有使每一名干部都明确自己的职责责任，他们才会更加积极主动地探求农村城镇化的发展新思路。作为一名基层领导干部要结合本村特色开展各项工作，把农民满意不满意、幸福不幸福放在各项工作的首位，用制度来约束和引领基层领导干部进行农村就地城镇化的各项工作，使基层领导干部真正做到权为民所用、利为民所谋，为我国的农村就地城镇化建设贡献力量。

二　激发内生动力：优化乡村产业布局，形成特色小镇

只有产业支持的城镇化才能长久持续下去，因此农村就地城镇化应立足于农村经济社会发展的实际，构建完善小城镇的产业体系。要因地

制宜发展城镇生态农业与挖掘非农产业的资源，实现农村农业生产的现代化，推进城乡产业发展的互补。着力打造产业集群区，辐射周边农村地区经济发展，以农业产业化为支撑，发展第二、三产业，以工带农，实现农业转型，用工业来反哺农业，推进小城镇产业的发展，不断激发小城镇的发展动力，增强小城镇的核心竞争力，充分利用农业、渔业、牧业、林业等资源提高小城镇的综合承载能力，形成一条合理高效、绿色和谐的产业链。可以借助“互联网+”技术大力推进农村电商发展，加速发展农村现代服务业，实现农村区域的产业化、工业化和现代化，不断提高小城镇的承载力、集聚力和吸引力。

（一）农村就地城镇化需要培育特色产业，激发小城镇内生动力

应大力建设特色产业园区、全国一村一品示范村，推进传统农业改造，发展农产品加工业，促进特色种养殖业发展，挖掘乡镇自然资源的独特优势，开发新的特色产品，形成产业规模经济，激发新的产业增长极，推动农村产业融合发展。要积极筹建农庄项目与生态旅游产业，以乡村自然景点、风俗特色为依托，挖掘乡村资源优势，发展乡村旅游，推动农家乐的建设与发展，推进农业产业化。可以“将现有的土地高度集中，充分发挥多种经营模式的优势，来带动农业生产经营的集约化、专业化、组织化、社会化发展”①。例如，山东德州推行“两区同建”（农村产业园区和农村居住社区）成效卓越；四川“成都市已形成温江永宁国际医学城、大邑安仁博物馆小镇、郫县德源菁蓉创客小镇、郫县安靖和新都大丰淘宝小镇、邛崃平乐旅游小镇等一大批具有较大影响力的特色小城镇”②。乡村建设应立足于自身的优势条件，融合当地自然景观，以绿色发展理念建设打造健康生态、可持续发展的乡村本地品牌，要因地制宜建构具有地方民俗特色的大屋场、小村落、观光体验农业，发展非农工业和现代农副业，为乡村振兴注入新活力。

要因地制宜，积极发展农村特色绿色产业。带动农村的快速发展最根本的就是发展经济，在农村经济发展政策选择上要更加注重因地制宜

---

① 商薇：《农村区域经济发展视域下的就地城镇化建设路径研究》，《农业经济》2017 年第 8 期，第 37—39 页。

② 李发戈：《小城镇建设与农业转移人口就近就地城镇化》，《山东行政学院学报》2017 年第 3 期，第 100—105 页。

地发展农村特色绿色产业。每一个村庄的村情都不一样，资源的存有和可利用情况不一，不能一刀切地根据现有的城镇化经验去开展就地城镇化的经济建设。对于乡村所具有的特色资源的独特优势，基层政府应高度重视，在不破坏自然环境的前提下进行资源整合开发，带动特色产业发展，为农民创造更多合适的工作岗位。由于在影响农民就地城镇化意愿方面，收入因素是直接原因，要在公平的前提下提高农民工作岗位的薪资收入。农村产业的发展要协同区域联合发展，打造既能走出去也能经得起检验的高质量绿色产业，利用外部资源来优化乡村振兴，实现农民就近就地城镇化。

（二）合力规划产业布局，为农村就地城镇化提供经济动力

农业是国民经济的基础，是进行其他物质生产资料和生活资料的前提，因此我国农村地区在推进就地城镇化的过程中，要重视农业的基础性地位，通过现代科技和创新能力进一步发展农业，推进农业现代化的发展，提高抵御自然风险的能力。现代科学技术在农业中的运用是实现农业现代化的重要手段。我们在推进农业现代化的过程中，要强调农业装备的完善化，管理方式的科学化和经营方式的现代化，尤其要提高农民的自身素质，掌握现代农业知识，用科学的力量促进农业现代化的发展。同时，农业的生产销售要注重社会化和商品化。以自身实际情况为基础，以市场为导向，发挥特色农业的优势。以山东寿光为例，该地区通过利用科技，结合市场化需要，积极发展蔬菜产业。寿光从一个普普通通的农业县，发展成为今天的“中国蔬菜之乡”，通过利用农业优势发展当地经济，又通过农业现代化带动工业和服务业的发展①，成为以农业现代化带动农村就地城镇化的积极案例。我国中西部有农业发展优势的地区，在进行就地城镇化的过程中，可以把自然资源优势与现代科技相结合，把农业与服务业发展相结合，形成集农业生产、旅游、观光、教育于一体的特色产业，促进当地经济的发展。

地方政府要提升村镇规划建设水平，优化产业布局，而不能一味地推动务工人员向大中城市转移，要考虑地方自身的契合度，与地方实际

① 张建云：《农业现代化与农村就地城镇化研究》，中国社会科学出版社 2012 年版，第 125 页。

的发展情况相结合，实现城乡均衡统筹发展。应根据城镇的产业发展情况和地理状况，对产业布局进行合理规划，增强产业和人口集聚能力，积极培育涉农第二、三产业，优化产业结构，合理规划农村产业布局，增强小城镇产业发展的可持续性与集聚生产要素的能力，促进城镇化的可持续发展。服务作为一种软性生产资料正越来越多地进入生产领域，对提高经济效益和竞争力有重要影响。因此应大力发展现代服务业，重视发展现代消费性和生活性的服务业，如乡村休闲旅游业，来提高城镇化的质量，增强乡村的自我“造血功能”，打造具有地域特色的个性城镇，走出一条富有农村自身特色的城镇化新路子。

三 建立帮扶机制：广泛开辟资金渠道，营造乡村生态宜居环境

农村就地城镇化的建设是一项系统工程，应该发挥政府投资建设的主体作用，建立政府、社会与多方参与的共同协作治理体系。要广泛开辟资金渠道，吸纳民间资本，积极引导社会资金、信贷资金，注重对农村城镇化建设的财政倾斜，并给予农村公共服务企业适当的补贴，建立全方位的帮扶机制。

第一，要建立完善的公共服务与完整的基础设施体系，注重加强交通设施、医疗设施、文化教育设施等方面的民生工程建设，建立帮扶机制，改善农民生活与居住条件，让农民群众真正享受到改革的红利与现代化发展的成果。要完善农村基础设施建设，提升教育文化、医疗卫生的水平，推进城镇务工人员与城市居民在就业创业、医疗卫生、子女教育等方面公共服务的平等性，着力提供便利性、公益性、多样化的公共文化服务，增强乡镇文化机构的公共服务职能与服务效益。积极开辟具有地方特色的乡镇基层文化阵地和综合文化站，建设功能齐全、品种多样的农家书屋和农村电影放映工程，提高每个行政村电影放映的数量与质量，量身打造具有不同文化特色的村庄文化服务，滋润农民的心田。要充分保障农村群众的基本文化权益，逐渐满足人民群众日益增长的文化需求，在农村就地城镇化中享受到优质的公共文化服务。

农村就地城镇化的出发点和落脚点是以人为本，因此在农村就地城镇化过程中要时时刻刻关注务工人员是否满意，务工人员家庭生活是否真正得到改善。在农村公共服务体系的建设方面，应大力发展农村教

育，兴办农村教育事业，保证广大农村人民群众的文化需求和教育权益。教育体系要更加注重教育资源的分配，务工人员前往城镇生活的原因包括子女的受教育水平和学习资源的获得，因此在教育体系的建设上，要创建适合学生的校园环境，加大教育设备的投入。学校要开展多种形式的活动，如组织学雷锋活动、到敬老院看望老人活动、文化课堂活动等。还应改善教师的待遇，提高教师的教学水平与专业素养，造就一支扎根乡村、素质优良、甘于奉献的教师队伍。

第二，应保护乡村生态环境，处理好环境保护与文化传承之间的关系。首先，要改善农村生态环境质量与水平，优化小城镇的生活和生产环境，加强环境的监管，建设乡村生态文明，提升农村居住环境的舒适度。生态环境关乎当地居民的生活健康和当地经济的可持续发展，因此在推进农村就地城镇化的过程中，要把保护生态环境作为一项重点工作。面对就地城镇化过程中出现的生态破坏问题，可以从以下几个方面进行完善。其一，应提高当地居民的环保意识。通过广泛开展环境保护的宣传教育，让人们自觉认识到环境保护的重要性。积极开展各种环保活动，提高居民的参与力度，自觉做到节约资源、保护资源。其二，政府要完善监督措施和提高惩罚力度。当地政府可以通过完善环境保护等相关制度建设，对造成环境污染和破坏的企业、个人进行严厉处分。可以强化法律手段，把环境保护纳入法律的范围内，运用法律的强制性推进当地生态保护的进程。还可以借鉴国外成功经验，综合运用各种手段，加强环境保护。例如，意大利通过引入一种全新的生态认证体系，有效改善了自然环境；澳大利亚一些地方采用市场化手段对环卫进行管理。其三，大力发展循环经济与拓展绿化范围。应提高资源的开发和利用率，引进先进的科学技术净化企业排放物，促进当地经济实现绿色发展、循环发展和可持续发展。通过扩大植树造林的面积，打造舒适的居住环境，从而加强生态保护力度。

其次，应注重乡村文化的保护与传承，保护地方传统文化与非物质文化遗产，传承中华文明，防止农村传统文化的断裂。通过大力举办歌曲戏剧、剪纸贴花、农村免费送戏、科技下乡、电影下乡、图书下乡、文艺演出等活动，不断满足农村群众精神层面的文化需求，彰显乡村魅力，建设既有传统习俗又有现代文明的乡村特色小镇。要以新发展理念为指导，注重城乡区域均衡发展，构建乡村新型城镇格局，营造生态宜居城镇环境，提升居民的生活品质。

四　增强“造血功能”：塑造新型职业农民，解决务工人员就近就业难题

农村就地城镇化离不开强有力的人才支撑，尤其需要一支强有力的人才队伍来为新城镇注入新鲜的血液与新的活力。乡村建设亟须培育新型职业农民，塑造一支懂农业、爱农村、爱农民的农村工作队伍。

（一）增强农民就地城镇化的认同感与主体意识

应“重塑与现代城市生活相匹配的就业、生活和价值认同观念”①，增强农民主人翁意识与培育他们的公共精神，主动提高自身的文化素质与就业能力，不断增强自身的“造血功能”，最终实现生产方式与生活方式的转变。推进就地城镇化的关键是要解决农民的就近就地就业问题，因此亟须建立农村就业吸纳与保护机制，为农民提供更多的就业岗位与丰富、多层次的就业机会，扩大职业选择空间，孕育更多福利性的就业岗位，吸引农村剩余劳动力返乡就业，合理引导农民就近就地就业与创业。要不断加强职业培训与提供高效就业服务，提高农业转移人口的文化素质与就业技能，提升人力资本。尤其是要加强农村青年的养殖技术、农业技术、农产品加工技术等方面技能的职业培训，提升农民的自主创业能力，使他们能够在家门口实现创业与就业。通过提供充分的就业机会，不断吸引农村人口回流，激发农民返乡创业就业的热情，形成农村就地城镇化的集聚效应。

城镇化应以“人的城镇化”为核心，坚持以人为本。政府在制定政策时要充分考虑城镇务工人员的切身利益，摒弃歧视和排斥思想，尊重他们的意愿，保护城镇务工人员在就业、住房、教育、环境保护、医疗卫生等方面的合法权益，把促进民生幸福、满足群众根本愿望放在首位，健全城镇务工人员权益保护机制，切实保障他们的合法权益。要着力提高小城镇居民的生活质量和幸福指数，丰富他们的精神文化生活，

---

① 朱战辉：《农村青年就地城镇化实践机制分析》，《中国青年研究》2019 年第 4 期，第 75—81 页。

提高他们公民权益实现程度和居民生活满意程度，让他们在福利待遇、生活方式、公民权利上与城市市民没有差别，像城市人一样享受现代化的生活、学习和工作条件。由于务工人员自身整体文化知识水平和能力不高、技术水平低等自身素质的限制，他们的收入水平较低，文化娱乐生活单调，法律知识贫乏，难以维护自身的合法权益。因此，要给予他们更多的人文关怀，建立更多的帮扶机制，促进他们就业非农化，鼓励和吸引城镇务工人员回乡创业，引导农业人口就近转移，积极吸纳当地农村劳动力就业，鼓励他们在家门口自主创业。务工人员可根据自身情况到产业聚集区打工或经营，对于失地人员和就业困难人员采取优惠和扶持政策，由“物的城镇化”转变为“人的城镇化”，把城镇务工人员由“边缘人”转变为“主体人”。

（二）完善农村教育发展，促进城镇务工人员就近就业

完善农村教育发展可以为农村就地城镇化提供内在动力。党的十八大报告指出，教育是民族振兴和社会进步的基石。在推进我国农村就地城镇化的过程中，也要积极发挥教育的重要作用，为本地区的经济发展和可持续发展培养优秀的建设者和接班人。一方面，要完善当地教育资源，培养高素质的人才，为推动当地农村就地城镇化储备后备军。扩大教育范围，普及教育成果，让更多的适龄儿童得到知识技能的增长和健康人格的培养；同时建立培训机构，加强当地村民和务工人员的素质教育、技能教育，使得当地的整体文化素养得到进一步的提升。另一方面，积极采取“南北合作”的方法，加强与经济发达地区的交流与合作，引进先进的技术和科技人才，在引进、吸收、利用的过程中逐步由“输血”向“造血”转变。推进农村就地城镇化的最终目的，是使广大农村居民在原有居住区的基础上，通过生产力的发展、生活水平的提高、居民素质的增强，以及公共基础设施和社会保障体系的完善，实现就地城镇化，过上与城市居民一样的生活。

要精准帮扶，实施留得住人的就业政策。在我国农村就地城镇化过程中，青年是建设农村的主力，因此在就地城镇化过程中要制定更加有效的就业政策。政策帮扶的开展要结合农村青年的实际，结合青年最关心的就业问题进行政策研究和落实。由于农村青年素质普遍偏低，容易造成岗位与青年素质不匹配，因此在就业岗位岗前培训方面需要积极对

其进行鼓励和指导，不断提高农村青年的劳动技能，让他们喜欢留在农村。此外，鼓励农村青年回村创业，政府需给予积极的支持与补贴，让他们在创业的过程中降低风险，愿意扎根农村创业，在改善家庭生活水平的同时，为加快农村就地城镇化建设贡献力量。

在乡村振兴和精准扶贫的背景下，农村就地城镇化十分契合农村现在和未来的发展方向，在农村就地城镇化过程中需要准确分析农民的实际情况，因地制宜地加快农村就地城镇化步伐，以不断改善农村居民的生活水平、农村面貌和经济状况，不断开辟农村就地城镇化的新路径。就地城镇化是解决城市病的一剂良药，是推进中国新型城镇化的理性选择。就地城镇化并不是一种违背“世界城市化一般规律”的反常现象，而是一种在当今发展中国家普遍存在的、与西方以城市为中心的城镇化经历不同的一种新型城镇化模式，代表着中国新型城镇化的发展方向。就地城镇化的推进有利于破解城乡二元对立的结构体制，缓解异地城镇化给大城市带来的资源环境压力；有利于推进农民就地市民化进程，实现生产和生活方式的就地转变；有利于释放更多的改革红利，走进高质量的城镇化时代，最终真正实现“人的城镇化”。

农村就地城镇化是实现我国乡村振兴战略的必由之路与必然选择，建立在就近就地城镇化基础上的乡村振兴才是可能的和可持续的。就地就近实现城镇化使农民不再背井离乡，不再做城市的“候鸟”与“过客”。它不是农民入城、上楼，而是实现特色小镇与乡村振兴地域整体性发展的城镇化。农村就地城镇化使中小城镇变成城镇务工人员最大的回流地与落脚点，有利于促进城市、乡镇、农村的协调发展和推进我国产业结构的升级。

在实施乡村振兴战略的背景下，城市与乡村必将逐步走向融合、统筹发展，就地城镇化必将呈现出产业兴旺、城乡一体、服务均衡、生态宜居的发展趋势，逐步从“城市偏向”走向“城乡共荣”，从“物的城镇化”走向“人的城镇化”。然而，在推进农村就地城镇化的进程中，应立足于乡村就地变为城镇的自身条件与经济发展基础，警惕农民城镇化积极性不高、集中居住社区意愿不强、产业相对低端、城镇吸引力不足、建设资金短缺、精英劳动力外流、农民放弃了土地之后生计难以为继等问题。

我国农村就地城镇化应充分尊重农村群众的意愿选择，尽力满足每个外出务工人员的期盼，着力提升他们的获得感与幸福感，平衡好大中小城市与小城镇之间、“现代性”与“乡愁”之间协调发展的关系，把乡村打造成既“宜业”又“宜居”的特色小镇，建设成“看得见山、望得见水、记得住乡愁、留得了乡村记忆”的美丽家园。

结　语

“同在蓝天下，共同成长进步”，这是推进我国教育公平、全面建成小康社会、促进城镇务工人员流动子女健康成长的理想追求，是推进城乡教育一体化的一项基本要求，也是实现人的城镇化的必然举措。城镇务工人员流动子女是新城镇、新农村的希望与未来，解决好他们的教育断链问题，保证他们教育的有效衔接，是一项极有意义而且极有必要的工作。党的十八大报告指出，要“大力促进教育公平，积极推动城镇务工人员子女平等接受教育，让每个孩子都能成为有用之才”①。党的十九大报告指出：“我国城镇化率年均提高一点二个百分点，当前已有八千多万农业转移人口成为城镇居民；应推动城乡义务教育一体化发展，努力让每个孩子都能享有公平而有质量的教育。”② 城镇务工人员流动子女的教育问题是推进新型城镇化进程中亟须解决的难题，补齐城镇化发展中的这块短板，将有助于缩小城镇务工人员子女和城市居民子女教育的差距，有助于提升城镇务工人员家庭的社会认同，这不但关乎城镇务工人员流动人口家庭的未来，而且对我国新型城镇化进程的有序推进、城乡教育的一体化、全面小康社会的实现、乡村的振兴都将产生深远的影响。综上所述，我们可以得出以下基本结论。

一是随着城镇化的推进，城镇务工人员流动子女的教育问题开始日益凸显，出现了教育衔接中的断链现象。通过对北京、上海、浙江、江

① 胡锦涛：《坚定不移沿着中国特色社会主义道路前进 为全面建成小康社会而奋斗——在中国共产党第十八次全国代表大会上的报告》，2012 年 11 月 19 日，http：//www. xj. xinhua-net. com/2012—11/19/c_ 113722546. htm。

② 习近平：《决胜全面建成小康社会 夺取新时代中国特色社会主义伟大胜利——在中国共产党第十九次全国代表大会上的报告》，人民出版社 2017 年版，第 3—46 页。

西、湖北、四川四省两市的城镇务工人员流动子女教育问题的调查发现，他们的教育现状并不令人满意，处在城乡教育的边缘地带。城镇务工人员流动子女教育断链问题的主要表现为：主渠道的阻隔——学校教育的断链、亲情的缺失——家庭教育的断链、关怀的藩篱——社会教育的断链、自我内心的困惑——心理教育的断链几个方面。

二是城镇务工人员流动子女教育断链问题产生的主要根源是城乡对立的二元结构。党的十八届三中全会提出，城乡对立的二元结构是制约城乡发展一体化的主要障碍，要推进城乡要素平等交换和公共资源均衡配置，实现发展成果更多更公平地惠及全体人民。从根本上解决城镇务工人员流动子女教育的断链问题，实现城乡教育的有效衔接，需要打破城乡对立的二元教育的隔阂，推进城乡教育的一体化，“逐步改善并促进随迁子女在城市平等而优质地接受学校教育，保障随迁子女的市民化权利”①。

三是如何有效破解城镇务工人员流动子女的教育断链之难题，需要在学校教育的衔接、家庭教育的优化与社会教育的关怀等方面发力，加强政府、学校、家庭、社会各方面的资源整合，对城镇务工人员流动子女形成全方位的帮助和关怀，凝聚成全社会的育人合力，消除歧视壁垒，才能实现教育连续、稳定、有效的衔接，才能促使他们同在蓝天下共同健康快乐成长，共享新时代现代教育的发展成果。

“随着经济的发展，我国城市间人才流动和城镇务工人员‘家庭化’迁移的规模不断扩大，促进城市之间各方文化融合，维护城市流动人群稳定，尤其是帮助城镇务工人员安居乐业，促进其子女扎根城市，增强融入城市的归属感愈显迫切而重要。”② 如何解决城镇务工人员流动子女教育的断链与衔接问题是一个系统的社会支持问题，这需要全方位、多渠道地给予这一边缘性群体更多的关注、关心与关怀，使城镇务工人员流动子女的教育不因流动而产生影响，帮助他们快速融入城市教育体系中，实现教育连续、稳定、有效的衔接。加强对城镇务工人

① 曲颂：《农民工随迁子女的教育融合问题、制度障碍及对策研究》，《河北学刊》2019年第2期，第143—148页。

② 卢邦柱：《城市农民工子女融合教育路径探索》，《中小学德育》2019年第2期，第29—31页。

员流动子女的人文关怀和心理疏导，体现了以人为本的理念，顺应了新型城镇化的发展趋势。社会上每个成员都应当勇担责任，对城镇务工人员流动子女从隔离与对立走向包容与接纳，努力让他们每个人都充分享有平等接受教育的机会与城市发展所带来的文明成果，城镇务工人员流动子女才能享有“万类霜天竞自由”的成长空间，并以更加乐观自信的心态追逐心中的梦想、共享人生出彩的机会，城镇务工人员流动子女及其家庭才会对美好生活充满向往。

附录一　调查问卷

城镇务工人员流动子女教育问题调查问卷（学生卷）

亲爱的同学：

您好！占用您一点宝贵的时间，请您和我们共同完成这项“城镇务工人员流动子女教育问题”调查。本调查由江西农业大学马克思主义学院组织。请您将自己的真实情况和想法提供给我们，我们将充分尊重您的看法（问卷中的答案无所谓对错，我们将对您的答案保密，请不必有任何顾虑）。我们真诚地希望得到您的支持和协助。衷心感谢您的支持与合作！

祝您身体健康，阖家欢乐！

“城镇务工人员流动子女教育问题”调查小组

2016 年 1 月

（填表说明：请在您选择符合您的情况及想法的项目字母上打“√”或在“________”上填写。）

1. 您的性别：

A. 男　B. 女

2. 您来自何地？

__________省__________市__________县__________乡（镇）

3. 您的家庭中谁对您的教育管理或影响最大？

A. 爹爹和奶奶　B. 父亲　C. 母亲　D. 兄弟姐妹或亲戚

4. 您父亲的文化程度：

A. 小学及以下 B. 初中 C. 高中 D. 大专以上

5. 您母亲的文化程度：

A. 小学及以下 B. 初中 C. 高中 D. 大专以上

6. 您父母现在工作或务工的城镇是：

A. 省会城市 B. 地级城市 C. 县级城（镇） D. 乡（镇）

7. 您父亲的职业：

A. 工业企业 B. 建筑业 C. 交通运输业 D. 商业服务业

E. 其他

8. 您母亲的职业：

A. 工业企业 B. 建筑业 C. 交通运输业 D. 商业服务业

E. 其他

9. 您现在上学的城镇是：

A. 沿海发达地区 B. 中部地区 C. 西部地区 D. 家乡学校

10. 您进城读书的方式主要通过（只能单选）：

A. 随父母 B. 亲戚、朋友或熟人介绍 C. 自己升学 D. 其他

11. 您现在处于哪个学习阶段？

A. 小学 B. 初中 C. 高中 D. 其他

12. 您现在就读的学校：

A. 公办学校 B. 民办私立学校 C. 城镇务工人员子弟学校

D. 其他

13. 您认为自己现在的学业成绩：

A. 优秀 B. 良好 C. 一般 D. 较差

14. 您选择进城读书的目的是（可多选）：

A. 完成现在阶段的教育 B. 接受更好的教育 C. 尽早适应城市生活环境 D. 是父母的决定 E. 其他

15. 您初中毕业后准备：

A. 上高中并打算上大学 B. 上职高取得高中文凭 C. 上技校或职业学校学技术 D. 不上学，直接去打工或回乡务农

16. 您希望自己在哪里参加中考、上高中或接受其他更高层次的教育？

A. 进城或继续留城 B. 回乡 C. 都可以 D. 无所谓

17. 您选择继续留城就读的主要理由是：

A. 城里学校条件好，对自己学习帮助大 B. 除读书方面因素外，其他方面也能得到锻炼 C. 是家人的安排或受他人影响 D. 没想过

18. 如果您选择回乡，主要理由是：

A. 城里学校条件虽好，但无力承受 B. 成绩不理想，没必要 C. 是家人的安排或受他人影响 D. 不想再读书，也没想过

19. 据您了解，您所在的城镇对务工人员子女在当地参加中考升学是否有政策支持？

A. 有，与城里同学一样 B. 有，但与城里同学比仍有差别或较大差别 C. 没有 D. 不知道

20. 您对国家或所在地现行的城镇务工人员子女教育政策是否满意？

A. 很满意 B. 满意，但需改进 C. 一般，希望继续加强 D. 不满意

21. 您认为自己在城镇参加中考升学最希望的是：

A. 中考政策和高中招生政策一视同仁 B. 城市提供更多的其他就学就业机会 C. 只要自己的学习成绩过硬，其他都是次要的 D. 无所谓

22. 您认为自己所在的学校和老师对城镇务工人员子女是否重视？

A. 非常重视 B. 重视 C. 一般 D. 不重视 E. 不清楚

23. 您认为自己所在的班级或学校中城镇务工人员子女人数：

A. 很多 B. 较多 C. 一般 D. 不多

24. 与城里同学相比，您认为城镇务工人员子女在学习能力和学习成绩方面：

A. 总体上较强 B. 差不多，无明显差别 C. 总体上较弱 D. 不好比较

25. 您认为城镇务工人员子女在城镇就读初中、参加中考和升学最大的障碍是（可多选）：

A. 城乡户籍限制 B. 经济条件难承受 C. 在城镇无稳定工作 D. 无城镇住房等相关条件 E. 自己学业条件跟不上 F. 很难找到满意的学校接收 G. 没有政策支持 H. 有政策但没执行或执行不够 I. 没

有或缺少相应的社会资源 J. 其他

26. 您认为您在城镇参加中考和升学需要哪些方面的教育支持：

A. ______________________________

B. ______________________________

C. ______________________________

D. ______________________________

27. 您认为您的父母和家人对您进城参加中考和升学是否支持？

A. 非常支持者 B. 支持 C. 无所谓 D. 不支持

28. 您认为自己是否自我评价低、易自卑？

A. 非常 B. 一般 C. 没有 D. 不清楚

29. 您认为家长、老师能否解决自己心理的困惑吗？

A. 能 B. 一般 C. 不能 D. 不清楚

30. 您认为自己人际交往能力怎样？

A. 非常好 B. 好 C. 一般 D. 不好 E. 不清楚

31. 你觉得别人看得起你吗？

A. 非常看不起 B. 是的，有些 C. 没有 D. 不清楚

城镇务工人员流动子女教育问题调查问卷
（家长卷）

尊敬的学生家长：

您好！占用您一点宝贵的时间，请您和我们共同完成这项“城镇务工人员流动子女教育问题”调查。本调查由江西农业大学马克思主义学院组织。请您将自己的真实情况和想法提供给我们，我们将充分尊重您的看法（问卷中的答案无所谓对错，我们将对您的答案保密，请不必有任何顾虑）。我们真诚地希望得到您的支持和协助。衷心感谢您的支持与合作！

祝您身体健康，阖家欢乐！

“城镇务工人员流动子女教育问题”调查小组

2016 年 1 月

（填表说明：请在您选择符合您的情况及想法的项目字母上打“√”或在“________”上填写。）

1. 您的家庭户籍是：

__________省__________市__________县__________乡（镇）

2. 在您家庭中对子女教育管理或影响最大的是：

A. 爹爹和奶奶　B. 父亲　C. 母亲　D. 兄弟姐妹或亲戚

3. 家长（父亲）的文化程度：

A. 小学及以下　B. 初中　C. 高中　D. 大专以上

4. 家长（母亲）文化程度：

A. 小学及以下　B. 初中　C. 高中　D. 大专以上

5. 接受访问者的文化程度：

A. 小学及以下　B. 初中　C. 高中　D. 大专以上

6. 家长（父亲）月收入水平：

A. 800 元以下　B. 801—1500 元　C. 1501—2000 元　D. 2000 元以上

7. 家长（母亲）月收入水平：

A. 800 元以下　B. 801—1500 元　C. 1501—2000 元　D. 2000 元以上

8. 您有几个子女？

A. 1 个　B. 2 个　C. 3 个　D. 4 个或更多

9. 您现在工作或务工所在的地区：

A. 沿海发达地区　B. 中部地区　C. 西部地区

10. 您现在工作或务工的城镇是：

A. 省会城市　B. 地级城市　C. 县级城（镇）　D. 乡（镇）

11. 家长（父亲）的职业：

A. 工业企业　B. 建筑业　C. 交通运输业　D. 商业服务业

12. 家长（母亲）的职业：

A. 工业企业　B. 建筑业　C. 交通运输业　D. 商业服务业

13. 您的子女现在上学的城镇是：

A. 沿海发达地区　B. 中部地区　C. 西部地区　D. 家乡

14. 您的子女现在上学的城镇是：

A. 省会城市 B. 地级城市 C. 县级城（镇） D. 乡（镇）

15. 您的子女主要是通过什么方式进城上学的？

A. 随父母 B. 亲戚、朋友或熟人介绍 C. 自己升学 D. 其他

16. 您的子女现在处于哪个学习阶段？

A. 小学及以下 B. 初中 C. 高中 D. 职业中专

17. 您的子女现在上学的学校是：

A. 公办学校 B. 民办私立学校 C. 城镇务工人员子弟学校

D. 其他

18. 您认为您的子女现在的学业成绩：

A. 优秀 B. 良好 C. 一般 D. 较差

19. 您希望您的子女初中毕业后能在何处升学？

A. 继续留城 B. 回乡 C. 都可以 D. 无所谓

20. 您希望自己的子女初中毕业后继续在城镇上：

A. 重点高中 B. 普通高中 C. 职业高中 D. 职业中专

E. 其他可学一技之长的学校

21. 您认为您的子女有能力上：

A. 重点高中 B. 普通高中 C. 职业高中 D. 职业中专

E. 其他可学一技之长的学校或培训机构 F. 其他

22. 您带（送）子女进城上初中（或高中，或职业技术学校）的主要理由是：

A. 城里学校条件好，对子女学习帮助大 B. 除读书方面因素外，其他方面也能得到锻炼 C. 是家人的安排或受他人影响 D. 没想过

23. 您认为自己供子女进城上初中或高中最大的障碍是（可多选）：

A. 城乡户籍限制 B. 经济条件难以承受 C. 在城镇无稳定工作 D. 无城镇住房等相关条件 E. 子女学业条件跟不上 F. 很难找到满意的学校接收 G. 没有政策支持 H. 有政策但没执行或执行不够 I. 没有或缺少相应的社会资源 J. 其他

24. 据您了解，您所在的城镇对务工人员子女在当地参加中考升学是否有教育支持？

A. 有，与城镇居民子女差不多 B. 有，但支持不够 C. 没有

D. 不知道

25. 您对现在国家关于城镇务工人员子女进城就读的政策是否满意？

A. 很满意 B. 满意，但需改进 C. 一般，希望继续加强 D. 不满意

26. 您对自己子女在城镇参加中考、升学最希望的是：

A. 中考政策和高中招生政策一视同仁 B. 城市提供更多的其他就学就业机会 C. 只要自己学习成绩过硬，其他都是次要的 D. 无所谓

27. 您认为自己子女所在的学校和老师对城镇务工人员子女是否重视？

A. 非常重视 B. 重视 C. 一般 D. 不重视 E. 不清楚

28. 您认为自己子女所在的学校入学门槛是否高？

A. 非常高 B. 高 C. 一般 D. 不高 E. 不清楚

29. 您认为城市的公办学校和老师对城镇务工人员子女是否有歧视？

A. 较严重 B. 有 C. 一般 D. 没有 E. 不清楚

30. 您认为自己子女所在的班级或学校中城镇务工人员子女人数：

A. 很多 B. 较多 C. 一般 D. 不多

31. 您认为您的子女在城镇参加中考和升学需要哪些方面的教育支持：

A. 入学条件：________________________________。

B. 学校办学：________________________________。

C. 学费方面：________________________________。

D. 其他方面：________________________________。

32. 家长是否缺乏课外辅导孩子的能力？

A. 有能力，不缺 B. 缺乏，没有能力 C. 非常缺乏 D. 不清楚

33. 如果孩子学习退步了，您怎么处理？

A. 和孩子一起找出原因 B. 限制孩子行动 C. 批评孩子

D. 体罚孩子、打骂孩子

城镇务工人员流动子女教育问题调查问卷
（学校卷）

尊敬的老师：

您好！占用您一点宝贵的时间，请您和我们共同完成这项“城镇务工人员流动子女教育问题”调查。本调查由江西农业大学马克思主义学院组织。请您将自己的真实情况和想法提供给我们，我们将充分尊重您的看法（问卷中的答案无所谓对错，我们将对您的答案保密，请不必有任何顾虑）。我们真诚地希望得到您的支持和协助。衷心感谢您的支持与合作！

祝您身体健康，阖家欢乐！

“城镇务工人员流动子女教育问题”调查小组

2016 年 1 月

（填表说明：请在您选择符合您的情况及想法的项目字母上打“√”或在“________”上填写。）

1. 贵校所在的辖区是：

__________省__________市__________县__________乡（镇）

2. 贵校的性质是：

A. 公办学校　B. 民办私立学校　C. 城镇务工人员子弟学校

D. 其他

3. 贵校在校生的规模大致分别是：

A. 初中（________人。其中，初三年级________人。）

B. 高中（________人。其中，高一年级________人。）

4. 贵校学生班级人数平均在________人之间？

5. 您认为贵校城镇务工人员子女就读人数占（A. 全校　B. 年级　C. 班级）学生总数的比例大致为________%？

6. 您认为贵校接受城镇务工人员子女入学主要是因为（可多选）？

A. 政策安排　B. 学校意愿　C. 学生及家长要求　D. 社会压力

7. 您认为贵（A. 全校　B. 年级　C. 班级）的城镇务工人员子女学业成绩总体上：

A. 优秀　B. 良好　C. 一般　D. 较差

8. 您认为城镇务工人员子女入学对贵校下列工作状况的影响如何？

（1）教师教学：　A. 很大　B. 较大　C. 一般　D. 没影响

（2）办学经费：　A. 很大　B. 较大　C. 一般　D. 没影响

（3）教室安排：　A. 很大　B. 较大　C. 一般　D. 没影响

（4）学生管理：　A. 很大　B. 较大　C. 一般　D. 没影响

（5）升 学 率：　A. 很大　B. 较大　C. 一般　D. 没影响

9. 您认为城镇务工人员子女在城镇入学、参加中考升学对教育发展的影响如何？

A. 同时促进城乡教育的发展　B. 主要促进农村教育发展　C. 主要促进城镇发展　D. 主要损害农村教育发展　E. 主要损害城镇教育发展　F. 同时损害城乡教育发展　G. 说不清楚

10. 您个人对城镇务工人员子女在城镇或贵校参加中考升学持何种态度？

A. 大力支持　B. 支持，但要适当控制　C. 无所谓　D. 反对

11. 据您了解，城镇务工人员子女在所在地城镇或贵校参加中考升学是否有教育支持？

A. 有，与城镇居民子女差不多　B. 有，但支持不够　C. 没有　D. 不知道

12. 您对现行城镇务工人员子女在城镇就读或参加中考升学的政策是否满意？

A. 很满意　B. 满意，但需改进　C. 一般，希望继续加强　D. 不满意

13. 您认为城镇务工人员子女在城镇或贵校所在地参加中考升学最大的障碍是（可多选）：

A. 城乡户籍限制　B. 经济条件难承受　C. 在城镇无稳定工作　D. 无城镇住房等相关条件　E. 子女学业条件跟不上　F. 很难找到满意的学校接收　G. 没有政策支持　H. 有政策但没执行或执行不够　I. 没

有或缺少相应的社会资源 J. 其他

14. 您认为城乡教材是否不一样，内容有差异？

A. 差异非常大 B. 差异大 C. 差异一般 D. 差异不大 E. 不清楚

15. 您认为城镇务工人员流动子女是否性格内向、孤僻？

A. 非常内向、孤僻 B. 一般 C. 没有 D. 不清楚

16. 您认为城镇务工人员流动子女是否易焦虑、有偏激行为与仇富心理？

A. 有 B. 一般 C. 没有 D. 不清楚

17. 您认为城镇务工人员子女在城里参加中考和升学需要哪些方面的教育支持：

A. 入学条件：______________________________。

B. 学校办学：______________________________。

C. 学费方面：______________________________。

D. 其他方面：______________________________。

18. 调查员偶得：______________________________。

附录二　国务院关于解决农民工问题的若干意见

（国发〔2006〕5号）

各省、自治区、直辖市人民政府，国务院各部委、各直属机构：

农民工是我国改革开放和工业化、城镇化进程中涌现的一支新型劳动大军。他们户籍仍在农村，主要从事非农产业，有的在农闲季节外出务工、亦工亦农，流动性强，有的长期在城市就业，已成为产业工人的重要组成部分。大量农民进城务工或在乡镇企业就业，对我国现代化建设作出了重大贡献。为统筹城乡发展，保障农民工合法权益，改善农民工就业环境，引导农村富余劳动力合理有序转移，推动全面建设小康社会进程，提出如下意见：

一　充分认识解决好农民工问题的重大意义

（一）农民工问题事关我国经济和社会发展全局。农民工分布在国民经济各个行业，在加工制造业、建筑业、采掘业及环卫、家政、餐饮等服务业中已占从业人员半数以上，是推动我国经济社会发展的重要力量。农民外出务工，为城市创造了财富，为农村增加了收入，为城乡发展注入了活力，成为工业带动农业、城市带动农村、发达地区带动落后地区的有效形式，同时促进了市场导向、自主择业、竞争就业机制的形成，为改变城乡二元对立的结构、解决“三农”问题闯出了一条新路。返乡创业的农民工，带回资金、技术和市场经济观念，直接促进社会主义新农村建设。进一步做好农民工工作，对于改革发展稳定的全局和顺利推进工业化、城镇化、现代化都具有重大意义。

（二）维护农民工权益是需要解决的突出问题。近年来，党中央、国务院高度重视农民工问题，制定了一系列保障农民工权益和改善农民工就业环境的政策措施，各地区、各部门做了大量工作，取得了明显成效。但农民工面临的问题仍然十分突出。主要是：工资偏低，被拖欠现象严重；劳动时间长，安全条件差；缺乏社会保障，职业病和工伤事故多；培训就业、子女上学、生活居住等方面也存在诸多困难，经济、政治、文化权益得不到有效保障。这些问题引发了不少社会矛盾和纠纷。解决好这些问题，直接关系到维护社会公平正义，保持社会和谐稳定。

（三）解决农民工问题是建设中国特色社会主义的战略任务。农业劳动力向非农产业和城镇转移，是世界各国工业化、城镇化的普遍趋势，也是农业现代化的必然要求。我国农村劳动力数量众多，在工业化、城镇化加快发展的阶段，越来越多的富余劳动力将逐渐转移出来，大量农民工在城乡之间流动就业的现象在我国将长期存在。必须从我国国情出发，顺应工业化、城镇化的客观规律，引导农村富余劳动力向非农产业和城镇有序转移。我们要站在建设中国特色社会主义事业全局和战略的高度，充分认识解决好农民工问题的重要性、紧迫性和长期性。

二　做好农民工工作的指导思想和基本原则

（四）指导思想。以邓小平理论和“三个代表”重要思想为指导，按照落实科学发展观和构建社会主义和谐社会的要求，坚持解放思想，实事求是，与时俱进；坚持从我国国情出发，统筹城乡发展；坚持以人为本，认真解决涉及农民工利益的问题。着力完善政策和管理，推进体制改革和制度创新，逐步建立城乡统一的劳动力市场和公平竞争的就业制度，建立保障农民工合法权益的政策体系和执法监督机制，建立惠及农民工的城乡公共服务体制和制度，拓宽农村劳动力转移就业渠道，保护和调动农民工的积极性，促进城乡经济繁荣和社会全面进步，推动社会主义新农村建设和中国特色的工业化、城镇化、现代化健康发展。

（五）基本原则。

——公平对待，一视同仁。尊重和维护农民工的合法权益，消除对农民进城务工的歧视性规定和体制性障碍，使他们和城市职工享有同等的权利和义务。

——强化服务，完善管理。转变政府职能，加强和改善对农民工的公共服务和社会管理，发挥企业、社区和中介组织作用，为农民工生活与劳动创造良好环境和有利条件。

——统筹规划，合理引导。实行农村劳动力异地转移与就地转移相结合。既要积极引导农民进城务工，又要大力发展乡镇企业和县域经济，扩大农村劳动力在当地转移就业。

——因地制宜，分类指导。输出地和输入地都要有针对性地解决农民工面临的各种问题。鼓励各地区从实际出发，探索保护农民工权益、促进农村富余劳动力有序流动的办法。

——立足当前，着眼长远。既要抓紧解决农民工面临的突出问题，又要依靠改革和发展，逐步解决深层次问题，形成从根本上保障农民工权益的体制和制度。

三　抓紧解决农民工工资偏低和拖欠问题

（六）建立农民工工资支付保障制度。严格规范用人单位工资支付行为，确保农民工工资按时足额发放给本人，做到工资发放月清月结或按劳动合同约定执行。建立工资支付监控制度和工资保证金制度，从根本上解决拖欠、克扣农民工工资问题。劳动保障部门要重点监控农民工集中的用人单位工资发放情况。对发生过拖欠工资的用人单位，强制在开户银行按期预存工资保证金，实行专户管理。切实解决政府投资项目拖欠工程款问题。所有建设单位都要按照合同约定及时拨付工程款项，建设资金不落实的，有关部门不得发放施工许可证，不得批准开工报告。对重点监控的建筑施工企业实行工资保证金制度。加大对拖欠农民工工资用人单位的处罚力度，对恶意拖欠、情节严重的，可依法责令停业整顿、降低或取消资质，直至吊销营业执照，并对有关人员依法予以制裁。各地方、各单位都要继续加大工资清欠力度，并确保不发生新的拖欠。

（七）合理确定和提高农民工工资水平。规范农民工工资管理，切实改变农民工工资偏低、同工不同酬的状况。各地要严格执行最低工资制度，合理确定并适时调整最低工资标准，制定和推行小时最低工资标准。制定相关岗位劳动定额的行业参考标准。用人单位不得以实行计件工资为由拒绝执行最低工资制度，不得利用提高劳动定额变相降低工资水平。严格执行国家关于职工休息休假的规定，延长工时和休息日、法定假日工作的，要依法支付加班工资。农民工和其他职工要实行同工同酬。国务院有关部门要加强对地方制定、调整和执行最低工资标准的指导监督。各地要科学确定工资指导线，建立企业工资集体协商制度，促进农民工工资合理增长。

四　依法规范农民工劳动管理

（八）严格执行劳动合同制度。所有用人单位招用农民工都必须依法订立并履行劳动合同，建立权责明确的劳动关系。严格执行国家关于劳动合同试用期的规定，不得滥用试用期侵犯农民工权益。劳动保障部门要制定和推行规范的劳动合同文本，加强对用人单位订立和履行劳动合同的指导和监督。任何单位都不得违反劳动合同约定损害农民工权益。

（九）依法保障农民工职业安全卫生权益。各地要严格执行国家职业安全和劳动保护规程及标准。企业必须按规定配备安全生产和职业病防护设施。强化用人单位职业安全卫生的主体责任，要向新招用的农民工告知劳动安全、职业危害事项，发放符合要求的劳动防护用品，对从事可能产生职业危害作业的人员定期进行健康检查。加强农民工职业安全、劳动保护教育，增强农民工自我保护能力。从事高危行业和特种作业的农民工要经专门培训、持证上岗。有关部门要切实履行职业安全和劳动保护监管职责。发生重大职业安全事故，除惩处直接责任人和企业负责人外，还要追究政府和有关部门领导的责任。

（十）切实保护女工和未成年工权益，严格禁止使用童工。用人单位要依法保护女工的特殊权益，不得以性别为由拒绝录用女工或提高女工录用标准，不得安排女工从事禁忌劳动范围工作，不得在女工孕期、产期、哺乳期降低其基本工资或单方面解除劳动合同。招用未成年工的用人单位，应当在工种、劳动时间、劳动强度和保护措施等方面严格执行国家有关规定。对介绍和使用童工的违法行为要从严惩处。

五　搞好农民工就业服务和培训

（十一）逐步实行城乡平等的就业制度。统筹城乡就业，改革城乡分割的就业管理体制，建立城乡统一、平等竞争的劳动力市场，逐步形成市场经济条件下促进农村富余劳动力转移就业的机制，为城乡劳动者提供平等的就业机会和服务。各地区、各部门要进一步清理和取消各种针对农民工进城就业的歧视性规定和不合理限制，清理对企业使用农民工的行政审批和行政收费，不得以解决城镇劳动力就业为由清退和排斥农民工。

（十二）进一步做好农民转移就业服务工作。各级人民政府要把促进农村富余劳动力转移就业作为重要任务。要建立健全县乡公共就业服务网络，为农民转移就业提供服务。城市公共职业介绍机构要向农民工开放，免费提供政策咨询、就业信息、就业指导和职业介绍。输出地和输入地要加强协作，开展有组织的就业、创业培训和劳务输出。鼓励发展各类就业服务组织，加强就业服务市场监管。依法规范职业中介、劳务派遣和企业招用工行为。严厉打击以职业介绍或以招工为名坑害农民工的违法犯罪活动。

（十三）加强农民工职业技能培训。各地要适应工业化、城镇化和农村劳动力转移就业的需要，大力开展农民工职业技能培训和引导性培训，提高农民转移就业能力和外出适应能力。扩大农村劳动力转移培训规模，提高培训质量。继续实施好农村劳动力转移培训阳光工程。完善农民工培训补贴办法，对参加培训的农民工给予适当培训费补贴。推广“培训券”等直接补贴的做法。充分利用广播电视和远程教育等现代手段，向农民传授外出就业基本知识。重视抓好贫困地区农村劳动力转移培训工作。支持用人单位建立稳定的劳务培训基地，发展订单式培训。输入地要把提高农民工岗位技能纳入当地职业培训计划。要研究制定鼓励农民工参加职业技能鉴定、获取国家职业资格证书的政策。

（十四）落实农民工培训责任。完善并认真落实全国农民工培训规划。劳动保障、农业、教育、科技、建设、财政、扶贫等部门要按照各自职能，切实做好农民工培训工作。强化用人单位对农民工的岗位培训责任，对不履行培训义务的用人单位，应按国家规定强制提取职工教育培训费，用于政府组织的培训。充分发挥各类教育、培训机构和工青妇组织的作用，多渠道、多层次、多形式开展农民工职业培训。建立由政府、用人单位和个人共同负担的农民工培训投入机制，中央和地方各级财政要加大支持力度。

（十五）大力发展面向农村的职业教育。农村初、高中毕业生是我国产业工人的后备军，要把提高他们的职业技能作为职业教育的重要任务。支持各类职业技术院校扩大农村招生规模，鼓励农村初、高中毕业生接受正规职业技术教育。通过设立助学金、发放助学贷款等方式，帮助家庭困难学生完成学业。加强县级职业教育中心建设。有条件的普通中学可开设职业教育课程。加强农村职业教育师资、教材和实训基地建设。

六　积极稳妥地解决农民工社会保障问题

（十六）高度重视农民工社会保障工作。根据农民工最紧迫的社会保障需求，坚持分类指导、稳步推进，优先解决工伤保险和大病医疗保障问题，逐步解决养老保障问题。农民工的社会保障，要适应流动性大的特点，保险关系和待遇能够转移接续，使农民工在流动就业中的社会保障权益不受损害；要兼顾农民工工资收入偏低的实际情况，实行低标准进入、渐进式过渡，调动用人单位和农民工参保的积极性。

（十七）依法将农民工纳入工伤保险范围。各地要认真贯彻落实《工伤保险条例》。所有用人单位必须及时为农民工办理参加工伤保险手续，并按时足额缴纳工伤保险费。在农民工发生工伤后，要做好工伤认定、劳动能力鉴定和工伤待遇支付工作。未参加工伤保险的农民工发生工伤，由用人单位按照工伤保险规定的标准支付费用。当前，要加快推进农民工较为集中、工伤风险程度较高的建筑行业、煤炭等采掘行业参加工伤保险。建筑施工企业同时应为从事特定高风险作业的职工办理意外伤害保险。

（十八）抓紧解决农民工大病医疗保障问题。各统筹地区要采取建立大病医疗保险统筹基金的办法，重点解决农民工进城务工期间的住院医疗保障问题。根据当地实际合理确定缴费率，主要由用人单位缴费。完善医疗保险结算办法，为患大病后自愿回原籍治疗的参保农民工提供医疗结算服务。有条件的地方，可直接将稳定就业的农民工纳入城镇职工基本医疗保险。农民工也可自愿参加原籍的新型农村合作医疗。

（十九）探索适合农民工特点的养老保险办法。抓紧研究低费率、广覆盖、可转移，并能够与现行的养老保险制度衔接的农民工养老保险办法。有条件的地方，可直接将稳定就业的农民工纳入城镇职工基本养老保险。已经参加城镇职工基本养老保险的农民工，用人单位要继续为其缴费。劳动保障部门要抓紧制定农民工养老保险关系异地转移与接续的办法。

七　切实为农民工提供相关公共服务

（二十）把农民工纳入城市公共服务体系。输入地政府要转变思想观念和管理方式，对农民工实行属地管理。要在编制城市发展规划、制定公共政策、建设公用设施等方面，统筹考虑长期在城市就业、生活和居住的农民工对公共服务的需要，提高城市综合承载能力。要增加公共财政支出，逐步健全覆盖农民工的城市公共服务体系。

（二十一）保障农民工子女平等接受义务教育。输入地政府要承担起农民工同住子女义务教育的责任，将农民工子女义务教育纳入当地教育发展规划，列入教育经费预算，以全日制公办中小学为主接收农民工子女入学，并按照实际在校人数拨付学校公用经费。城市公办学校对农民工子女接受义务教育要与当地学生在收费、管理等方面同等对待，不得违反国家规定向农民工子女加收借读费及其他任何费用。输入地政府对委托承担农民工子女义务教育的民办学校，要在办学经费、师资培训等方面给予支持和指导，提高办学质量。输出地政府要解决好农民工托留在农村子女的教育问题。

（二十二）加强农民工疾病预防控制和适龄儿童免疫工作。输入地要加强农民工疾病预防控制工作，强化对农民工健康教育和聚居地的疾病监测，落实国家关于特定传染病的免费治疗政策。要把农民工子女纳入当地免疫规划，采取有效措施提高国家免疫规划疫苗的接种率。

（二十三）进一步搞好农民工计划生育管理和服务。实行以输入地为主、输出地和输入地协调配合的管理服务体制。输入地政府要把农民工计划生育管理和服务经费纳入地方财政预算，提供国家规定的计划生育、生殖健康等免费服务项目和药具。用人单位要依法履行农民工计划生育相关管理服务责任。输出地要做好农民工计划生育宣传、教育和技术服务工作，免费发放《流动人口婚育证明》，及时向输入地提供农民工婚育信息。加强全国流动人口计划生育信息交换平台建设。

（二十四）多渠道改善农民工居住条件。有关部门要加强监管，保证农民工居住场所符合基本的卫生和安全条件。招用农民工数量较多的企业，在符合规划的前提下，可在依法取得的企业用地范围内建设农民工集体宿舍。农民工集中的开发区和工业园区，可建设统一管理、供企业租用的员工宿舍，集约利用土地。加强对城乡接合部农民工聚居地区的规划、建设和管理，提高公共基础设施保障能力。各地要把长期在城市就业与生活的农民工居住问题，纳入城市住宅建设发展规划。有条件的地方，城镇单位聘用农民工，用人单位和个人可缴存住房公积金，用于农民工购买或租赁自住住房。

八　健全维护农民工权益的保障机制

（二十五）保障农民工依法享有的民主政治权利。招用农民工的单位，职工代表大会要有农民工代表，保障农民工参与企业民主管理权利。农民工户籍所在地的村民委员会，在组织换届选举或决定涉及农民工权益的重大事务时，应及时通知农民工，并通过适当方式行使民主权利。有关部门和单位在评定技术职称、晋升职务、评选劳动模范和先进工作者等方面，要将农民工与城镇职工同等看待。依法保障农民工人身自由和人格尊严，严禁打骂、侮辱农民工的非法行为。

（二十六）深化户籍管理制度改革。逐步地、有条件地解决长期在城市就业和居住农民工的户籍问题。中小城市和小城镇要适当放宽农民工落户条件；大城市要积极稳妥地解决符合条件的农民工户籍问题，对农民工中的劳动模范、先进工作者和高级技工、技师以及其他有突出贡献者，应优先准予落户。具体落户条件，由各地根据城市规划和实际情况自行制定。改进农民工居住登记管理办法。

（二十七）保护农民工土地承包权益。土地不仅是农民的生产资料，也是他们的生活保障。要坚持农村基本经营制度，稳定和完善农村土地承包关系，保障农民工土地承包权益。不得以农民进城务工为由收回承包地，纠正违法收回农民工承包地的行为。农民外出务工期间，所承包土地无力耕种的，可委托代耕或通过转包、出租、转让等形式流转土地经营权，但不能撂荒。农民工土地承包经营权流转，要坚持依法、自愿、有偿的原则，任何组织和个人不得强制或限制，也不得截留、扣缴或以其他方式侵占土地流转收益。

（二十八）加大维护农民工权益的执法力度。强化劳动保障监察执法，加强劳动保障监察队伍建设，完善日常巡视检查制度和责任制度，依法严厉查处用人单位侵犯农民工权益的违法行为。健全农民工维权举报投诉制度，有关部门要认真受理农民工举报投诉并及时调查处理。加强和改进劳动争议调解、仲裁工作。对农民工申诉的劳动争议案件，要简化程序、加快审理，涉及劳动报酬、工伤待遇的要优先审理。起草、制定和完善维护农民工权益的法律法规。

（二十九）做好对农民工的法律服务和法律援助工作。要把农民工列为法律援助的重点对象。对农民工申请法律援助，要简化程序，快速办理。对申请支付劳动报酬和工伤赔偿法律援助的，不再审查其经济困难条件。有关行政机关和行业协会应引导法律服务机构和从业人员积极参与涉及农民工的诉讼活动、非诉讼协调及调解活动。鼓励和支持律师和相关法律从业人员接受农民工委托，并对经济确有困难而又达不到法律援助条件的农民工适当减少或免除律师费。政府要根据实际情况安排一定的法律援助资金，为农民工获得法律援助提供必要的经费支持。

（三十）强化工会维护农民工权益的作用。用人单位要依法保障农民工参加工会的权利。各级工会要以劳动合同、劳动工资、劳动条件和职业安全卫生为重点，督促用人单位履行法律法规规定的义务，维护农民工合法权益。充分发挥工会劳动保护监督检查的作用，完善群众性劳动保护监督检查制度，加强对安全生产的群众监督。同时，充分发挥共青团、妇联组织在农民工维权工作中的作用。

九 促进农村劳动力就地就近转移就业

（三十一）大力发展乡镇企业和县域经济，扩大当地转移就业容量。这是农民转移就业的重要途径。各地要依据国家产业政策，积极发展就业容量大的劳动密集型产业和服务业，发展农村二、三产业和特色经济，发展农业产业化经营和农产品加工业；落实发展乡镇企业和非公有制经济的政策措施，吸纳更多的农村富余劳动力在当地转移就业。有关部门要抓紧研究制定扶持县域经济发展的相关政策，增强县域经济活力。

（三十二）引导相关产业向中西部转移，增加农民在当地就业机会。积极引导东部相关产业向中西部转移，有利于促进农村劳动力就地就近转移就业，也有利于形成东中西良性互动、共同发展的格局。要在产业政策上鼓励大中城市、沿海发达地区的劳动密集型产业和资源加工型企业向中西部地区转移。中西部地区要在有利于节约资源和保护环境的前提下，主动承接产业转移，为当地农村劳动力转移就业创造良好环境。

（三十三）大力开展农村基础设施建设，促进农民就业和增收。按照建设社会主义新农村的要求，统筹规划城乡公共设施建设。各级人民政府要切实调整投资结构，把对基础设施建设投入的重点转向农村，改善农村生产生活条件，带动农村经济发展和繁荣。加快形成政府支持引导、社会资金参与、农民劳动积累相结合的农村建设投入机制。农村基础设施建设要重视利用当地原材料和劳动力，注重建设能够增加农民就业机会和促进农民直接增收的中小型项目。

（三十四）积极稳妥地发展小城镇，提高产业集聚和人口吸纳能力。按照循序渐进、节约用地、集约发展、合理布局的原则，搞好小城镇规划和建设。加大对小城镇建设的支持力度，完善公共设施。继续实施小城镇经济综合开发示范项目。发展小城镇经济，引导乡镇企业向小城镇集中。采取优惠政策，鼓励、吸引外出务工农民回到小城镇创业和居住。

十　加强和改进对农民工工作的领导

（三十五）切实把解决农民工问题摆在重要位置。解决好涉及农民工利益的问题，是各级人民政府的重要职责。各级人民政府要切实把妥善解决农民工问题作为一项重要任务，把统筹城乡就业和促进农村劳动力转移纳入国民经济和社会发展中长期规划和年度计划。做好农民工工作的主要责任在地方，各地都要制定明确的工作目标、任务和措施，并认真落实。地方各级人民政府要建立农民工管理和服务工作的经费保障机制，将涉及农民工的劳动就业、计划生育、子女教育、治安管理等有关经费，纳入正常的财政预算支出范围。

（三十六）完善农民工工作协调机制。国务院建立农民工工作联席会议制度，统筹协调和指导全国农民工工作。联席会议由国务院有关部门和工会、共青团、妇联等有关群众团体组成，联席会议办公室设在劳动保障部。各有关部门要各司其职、分工负责，检查督促对农民工的各项政策的落实。地方人民政府也应建立相应的协调机制，切实加强对农民工工作的组织领导。输出地和输入地的基层组织要加强协调沟通，共同做好农民工的教育、引导和管理工作。

（三十七）引导农民工全面提高自身素质。农民工是我国产业大军中的一支重要力量。农民工的政治思想、科学文化和生产技能水平，直接关系到我国产业素质、竞争力和现代化水平，必须把全面提高农民工素质放在重要地位。要引导和组织农民工自觉接受就业和创业培训，接受职业技术教育，提高科学技术文化水平，提高就业、创业能力。要在农民工中开展普法宣传教育，引导他们增强法制观念，知法守法，学会利用法律、通过合法渠道维护自身权益。开展职业道德和社会公德教育，引导他们爱岗敬业、诚实守信，遵守职业行为准则和社会公共道德。开展精神文明创建活动，引导农民工遵守交通规则、爱护公共环境、讲究文明礼貌，培养科学文明健康的生活方式。进城就业的农民工要努力适应城市工作、生活的新要求，遵守城市公共秩序和管理规定，履行应尽义务。

（三十八）发挥社区管理服务的重要作用。要建设开放型、多功能的城市社区，构建以社区为依托的农民工服务和管理平台。鼓励农民工参与社区自治，增强作为社区成员的意识，提高自我管理、自我教育和自我服务能力。发挥社区的社会融合功能，促进农民工融入城市生活，与城市居民和谐相处。完善社区公共服务和文化设施，城市公共文化设施要向农民工开放，有条件的企业要设立农民工活动场所，开展多种形式的业余文化活动，丰富农民工的精神生活。

（三十九）加强和改进农民工统计管理工作。充分利用和整合统计、公安、人口计生等部门的资源，推进农民工信息网络建设，实现信息共享，为加强农民工管理和服务提供准确、及时的信息。输入地和输出地要搞好农民工统计信息交流和工作衔接。

（四十）在全社会形成关心农民工的良好氛围。社会各方面都要树立理解、尊重、保护农民工的意识，开展多种形式的关心帮助农民工的公益活动。新闻单位要大力宣传党和国家关于农民工的方针政策，宣传农民工在改革开放和现代化建设中的突出贡献和先进典型，加强对保障农民工权益情况的舆论监督。对优秀农民工要给予表彰奖励。总结、推广各地和用人单位关心、善待农民工的好做法、好经验，提高对农民工的服务和管理水平。

各地区、各部门要认真贯彻国家关于解决农民工问题的各项法律法规和政策规定，按照本文件的要求，结合实际抓紧制定和完善配套措施及具体办法，积极研究解决工作中遇到的新问题，确保涉及农民工的各项政策措施落到实处。

（摘自中央政府门户网站　www. gov. cn）

附录三　国务院关于进一步推进户籍制度改革的意见

（国发〔2014〕25号）

各省、自治区、直辖市人民政府，国务院各部委、各直属机构：

为深入贯彻落实党的十八大、十八届三中全会和中央城镇化工作会议关于进一步推进户籍制度改革的要求，促进有能力在城镇稳定就业和生活的常住人口有序实现市民化，稳步推进城镇基本公共服务常住人口全覆盖，现提出以下意见。

一　总体要求

（一）指导思想。以邓小平理论、“三个代表”重要思想、科学发展观为指导，适应推进新型城镇化需要，进一步推进户籍制度改革，落实放宽户口迁移政策。统筹推进工业化、信息化、城镇化和农业现代化同步发展，推动大中小城市和小城镇协调发展、产业和城镇融合发展。统筹户籍制度改革和相关经济社会领域改革，合理引导农业人口有序向城镇转移，有序推进农业转移人口市民化。

（二）基本原则。

——坚持积极稳妥、规范有序。立足基本国情，积极稳妥推进，优先解决存量，有序引导增量，合理引导农业转移人口落户城镇的预期和选择。

——坚持以人为本、尊重群众意愿。尊重城乡居民自主定居意愿，依法保障农业转移人口及其他常住人口合法权益，不得采取强迫做法办理落户。

——坚持因地制宜、区别对待。充分考虑当地经济社会发展水平、城市综合承载能力和提供基本公共服务的能力，实施差别化落户政策。

——坚持统筹配套、提供基本保障。统筹推进户籍制度改革和基本公共服务均等化，不断扩大教育、就业、医疗、养老、住房保障等城镇基本公共服务覆盖面。

（三）发展目标。进一步调整户口迁移政策，统一城乡户口登记制度，全面实施居住证制度，加快建设和共享国家人口基础信息库，稳步推进义务教育、就业服务、基本养老、基本医疗卫生、住房保障等城镇基本公共服务覆盖全部常住人口。到2020年，基本建立与全面建成小康社会相适应，有效支撑社会管理和公共服务，依法保障公民权利，以人为本、科学高效、规范有序的新型户籍制度，努力实现1亿左右农业转移人口和其他常住人口在城镇落户。

二　进一步调整户口迁移政策

（四）全面放开建制镇和小城市落户限制。在县级市市区、县人民政府驻地镇和其他建制镇有合法稳定住所（含租赁）的人员，本人及其共同居住生活的配偶、未成年子女、父母等，可以在当地申请登记常住户口。

（五）有序放开中等城市落户限制。在城区人口50万至100万的城市合法稳定就业并有合法稳定住所（含租赁），同时按照国家规定参加城镇社会保险达到一定年限的人员，本人及其共同居住生活的配偶、未成年子女、父母等，可以在当地申请登记常住户口。城市综合承载能力压力小的地方，可以参照建制镇和小城市标准，全面放开落户限制；城市综合承载能力压力大的地方，可以对合法稳定就业的范围、年限和合法稳定住所（含租赁）的范围、条件等作出具体规定，但对合法稳定住所（含租赁）不得设置住房面积、金额等要求，对参加城镇社会保险年限的要求不得超过3年。

（六）合理确定大城市落户条件。在城区人口100万至300万的城市合法稳定就业达到一定年限并有合法稳定住所（含租赁），同时按照国家规定参加城镇社会保险达到一定年限的人员，本人及其共同居住生活的配偶、未成年子女、父母等，可以在当地申请登记常住户口。城区人口300万至500万的城市，要适度控制落户规模和节奏，可以对合法稳定就业的范围、年限和合法稳定住所（含租赁）的范围、条件等作出较严格的规定，也可结合本地实际，建立积分落户制度。大城市对参加城镇社会保险年限的要求不得超过5年。

（七）严格控制特大城市人口规模。改进城区人口500万以上的城市现行落户政策，建立完善积分落户制度。根据综合承载能力和经济社会发展需要，以具有合法稳定就业和合法稳定住所（含租赁）、参加城镇社会保险年限、连续居住年限等为主要指标，合理设置积分分值。按照总量控制、公开透明、有序办理、公平公正的原则，达到规定分值的流动人口本人及其共同居住生活的配偶、未成年子女、父母等，可以在当地申请登记常住户口。

（八）有效解决户口迁移中的重点问题。认真落实优先解决存量的要求，重点解决进城时间长、就业能力强、可以适应城镇产业转型升级和市场竞争环境的人员落户问题。不断提高高校毕业生、技术工人、职业院校毕业生、留学回国人员等常住人口的城镇落户率。

三　创新人口管理

（九）建立城乡统一的户口登记制度。取消农业户口与非农业户口性质区分和由此衍生的蓝印户口等户口类型，统一登记为居民户口，体现户籍制度的人口登记管理功能。建立与统一城乡户口登记制度相适应的教育、卫生计生、就业、社保、住房、土地及人口统计制度。

（十）建立居住证制度。公民离开常住户口所在地到其他设区的市级以上城市居住半年以上的，在居住地申领居住证。符合条件的居住证持有人，可以在居住地申请登记常住户口。以居住证为载体，建立健全与居住年限等条件相挂钩的基本公共服务提供机制。居住证持有人享有与当地户籍人口同等的劳动就业、基本公共教育、基本医疗卫生服务、计划生育服务、公共文化服务、证照办理服务等权利；以连续居住年限和参加社会保险年限等为条件，逐步享有与当地户籍人口同等的中等职业教育资助、就业扶持、住房保障、养老服务、社会福利、社会救助等权利，同时结合随迁子女在当地连续就学年限等情况，逐步享有随迁子女在当地参加中考和高考的资格。各地要积极创造条件，不断扩大向居住证持有人提供公共服务的范围。按照权责对等的原则，居住证持有人应当履行服兵役和参加民兵组织等国家和地方规定的公民义务。

（十一）健全人口信息管理制度。建立健全实际居住人口登记制度，加强和完善人口统计调查，全面、准确掌握人口规模、人员结构、地区分布等情况。建设和完善覆盖全国人口、以公民身份号码为唯一标识、以人口基础信息为基准的国家人口基础信息库，分类完善劳动就业、教育、收入、社保、房产、信用、卫生计生、税务、婚姻、民族等信息系统，逐步实现跨部门、跨地区信息整合和共享，为制定人口发展战略和政策提供信息支持，为人口服务和管理提供支撑。

四 切实保障农业转移人口及其他常住人口合法权益

（十二）完善农村产权制度。土地承包经营权和宅基地使用权是法律赋予农户的用益物权，集体收益分配权是农民作为集体经济组织成员应当享有的合法财产权利。加快推进农村土地确权、登记、颁证，依法保障农民的土地承包经营权、宅基地使用权。推进农村集体经济组织产权制度改革，探索集体经济组织成员资格认定办法和集体经济有效实现形式，保护成员的集体财产权和收益分配权。建立农村产权流转交易市场，推动农村产权流转交易公开、公正、规范运行。坚持依法、自愿、有偿的原则，引导农业转移人口有序流转土地承包经营权。进城落户农民是否有偿退出“三权”，应根据党的十八届三中全会精神，在尊重农民意愿前提下开展试点。现阶段，不得以退出土地承包经营权、宅基地使用权、集体收益分配权作为农民进城落户的条件。

（十三）扩大基本公共服务覆盖面。保障农业转移人口及其他常住人口随迁子女平等享有受教育权利；将随迁子女义务教育纳入各级政府教育发展规划和财政保障范畴；逐步完善并落实随迁子女在流入地接受中等职业教育免学费和普惠性学前教育的政策以及接受义务教育后参加升学考试的实施办法。完善就业失业登记管理制度，面向农业转移人口全面提供政府补贴职业技能培训服务，加大创业扶持力度，促进农村转移劳动力就业。将农业转移人口及其他常住人口纳入社区卫生和计划生育服务体系，提供基本医疗卫生服务。把进城落户农民完全纳入城镇社会保障体系，在农村参加的养老保险和医疗保险规范接入城镇社会保障体系，完善并落实医疗保险关系转移接续办法和异地就医结算办法，整合城乡居民基本医疗保险制度，加快实施统一的城乡医疗救助制度。提高统筹层次，实现基础养老金全国统筹，加快实施统一的城乡居民基本养老保险制度，落实城镇职工基本养老保险关系转移接续政策。加快建立覆盖城乡的社会养老服务体系，促进基本养老服务均等化。完善以低保制度为核心的社会救助体系，实现城乡社会救助统筹发展。把进城落户农民完全纳入城镇住房保障体系，采取多种方式保障农业转移人口基本住房需求。

（十四）加强基本公共服务财力保障。建立财政转移支付同农业转移人口市民化挂钩机制。完善促进基本公共服务均等化的公共财政体系，逐步理顺事权关系，建立事权和支出责任相适应的制度，中央和地方按照事权划分相应承担和分担支出责任。深化税收制度改革，完善地方税体系。完善转移支付制度，加大财力均衡力度，保障地方政府提供基本公共服务的财力。

五　切实加强组织领导

（十五）抓紧落实政策措施。进一步推进户籍制度改革，是涉及亿万农业转移人口的一项重大举措。各地区、各有关部门要充分认识户籍制度改革的重大意义，深刻把握城镇化进程的客观规律，进一步统一思想，加强领导，周密部署，敢于担当，按照走中国特色新型城镇化道路、全面提高城镇化质量的新要求，切实落实户籍制度改革的各项政策措施，防止急于求成、运动式推进。各省、自治区、直辖市人民政府要根据本意见，统筹考虑，因地制宜，抓紧出台本地区具体可操作的户籍制度改革措施，并向社会公布，加强社会监督。公安部、发展改革委、教育部、民政部、财政部、人力资源社会保障部、国土资源部、住房城乡建设部、农业部、卫生计生委、法制办等部门要按照职能分工，抓紧制定教育、就业、医疗、养老、住房保障等方面的配套政策，完善法规，落实经费保障。公安部和发展改革委、人力资源社会保障部要会同有关部门对各地区实施户籍制度改革工作加强跟踪评估、督查指导。公安部和各地公安机关要加强户籍管理和居民身份证管理，严肃法纪，做好户籍制度改革的基础工作。

（十六）积极做好宣传引导。全面阐释适应中国特色新型城镇化发展、进一步推进户籍制度改革的重大意义，准确解读户籍制度改革及相关配套政策。大力宣传各地在解决农业转移人口及其他常住人口落户城镇、保障合法权益、提供基本公共服务等方面的好经验、好做法，合理引导社会预期，回应群众关切，凝聚各方共识，形成改革合力，为进一步推进户籍制度改革营造良好的社会环境。

国务院

2014 年 7 月 24 日

（摘自中央政府门户网站　www.gov.cn）

附录四　国务院关于进一步做好为农民工服务工作的意见

（国发〔2014〕40号）

各省、自治区、直辖市人民政府，国务院各部委、各直属机构：

农民工已成为我国产业工人的主体，是推动国家现代化建设的重要力量，为经济社会发展作出了巨大贡献。党中央、国务院高度重视农民工工作，《国务院关于解决农民工问题的若干意见》（国发〔2006〕5号）印发以来，出台了一系列政策措施，推动农民工转移就业规模持续扩大，职业技能不断提高，工资收入大幅增加，参加社会保险人数较快增长，劳动保障权益维护明显加强，享受基本公共服务范围逐步扩大，关心关爱农民工的社会氛围正在形成。但目前农民工就业稳定性不强，劳动保障权益受侵害的现象还时有发生，享受基本公共服务的范围仍然较小，大量长期在城镇就业的农民工还未落户。为深入贯彻落实党的十八大、十八届三中全会、中央城镇化工作会议精神和国务院的决策部署，进一步做好新形势下为农民工服务工作，切实解决农民工面临的突出问题，有序推进农民工市民化，现提出如下意见：

一　进一步做好为农民工服务工作的总体要求

（一）指导思想。以邓小平理论、"三个代表"重要思想、科学发展观为指导，全面贯彻落实党的十八大、十八届三中全会、中央城镇化工作会议精神和国务院的决策部署，按照工业化、信息化、新型城镇化、农业现代化同步发展的要求，积极探索中国特色农业劳动力转移道路，着力稳定和扩大农民工就业创业，着力维护农民工的劳动保障权益，着力推动农民工逐步实现平等享受城镇基本公共服务和在城镇落户，着力促进农民工社会融合，有序推进、逐步实现有条件有意愿的农民工市民化。

（二）基本原则。

——坚持以人为本、公平对待。推进以人为核心的城镇化，公平保障农民工作为用人单位职工、作为城镇常住人口的权益，帮助农民工解决最关心最直接最现实的利益问题，实现改革发展成果共享。

——坚持统筹兼顾、优化布局。按照区域发展总体战略和国家新型城镇化规划，逐步完善生产力布局和城镇化布局，引导农民工在东中西不同区域、大中小不同城市和小城镇以及城乡之间合理分布。

——坚持城乡一体、改革创新。适应推动城乡发展一体化的需要，着力改革城乡二元体制机制，逐步建立完善有利于农民工市民化的基本公共服务、户籍、住房、土地管理、成本分担等制度。

——坚持分类推进、逐步实施。按照自愿、分类、有序的要求，因地制宜、存量优先，尽力而为、量力而行，重点促进长期在城镇居住、有相对稳定工作的农民工有序融入城镇，循序渐进地推进农民工市民化。

（三）总体目标。到 2020 年，转移农业劳动力总量继续增加，每年开展农民工职业技能培训 2000 万人次，农民工综合素质显著提高、劳动条件明显改善、工资基本无拖欠并稳定增长、参加社会保险全覆盖，引导约 1 亿人在中西部地区就近城镇化，努力实现 1 亿左右农业转移人口和其他常住人口在城镇落户，未落户的也能享受城镇基本公共服务，农民工群体逐步融入城镇，为实现农民工市民化目标打下坚实基础。

二 着力稳定和扩大农民工就业创业

（四）实施农民工职业技能提升计划。加大农民工职业培训工作力度，对农村转移就业劳动者开展就业技能培训，对农村未升学初高中毕业生开展劳动预备制培训，对在岗农民工开展岗位技能提升培训，对具备中级以上职业技能的农民工开展高技能人才培训，将农民工纳入终身职业培训体系。加强农民工职业培训工作的统筹管理，制定农民工培训综合计划，相关部门按分工组织实施。加大培训资金投入，合理确定培训补贴标准，落实职业技能鉴定补贴政策。改进培训补贴方式，重点开展订单式培训、定向培训、企业定岗培训，面向市场确定培训职业（工种），形成培训机构平等竞争、农民工自主参加培训、政府购买服务的机制。鼓励企业组织农民工进行培训，符合相关规定的，对企业给予培训补贴。鼓励大中型企业联合技工院校、职业院校，建设一批农民工实训基地。将国家通用语言纳入对少数民族农民工培训的内容。（人力资源社会保障部、国务院农民工工作领导小组办公室〔以下简称农民工办〕会同发展改革委、教育部、科技部、财政部、住房城乡建设部、农业部、安全监管总局、统计局、扶贫办、全国总工会、共青团中央、全国妇联负责）

（五）加快发展农村新成长劳动力职业教育。努力实现未升入普通高中、普通高等院校的农村应届初高中毕业生都能接受职业教育。全面落实中等职业教育农村学生免学费政策和家庭经济困难学生资助政策。鼓励各地根据需要改扩建符合标准的主要面向农村招生的职业院校、技工院校，支持没有职业院校或技工院校的边远地区各市（地、州、盟）因地制宜建立主要面向农村招生的职业院校或技工院校。加强职业教育教师队伍建设，创新办学模式，提高教育质量。积极推进学历证书、职业资格证书双证书制度。（教育部、人力资源社会保障部会同发展改革委、财政部、扶贫办负责）

（六）完善和落实促进农民工就业创业的政策。引导农民工有序外出就业、鼓励农民工就地就近转移就业、扶持农民工返乡创业。进一步清理针对农民工就业的户籍限制等歧视性规定，保障城乡劳动者平等就业权利。实现就业信息全国联网，为农民工提供免费的就业信息服务。完善城乡均等的公共就业服务体系，有针对性地为农民工提供政策咨询、职业指导、职业介绍等公共就业服务。加强农民工输出输入地劳务对接，输出地可在本地农民工相对集中的输入地设立服务工作站点，输入地应给予支持。组织开展农民工就业服务“春风行动”，加强农村劳动力转移就业工作示范县建设。大力发展服务业特别是家庭服务业和中小微企业，开发适合农民工的就业岗位，建设减免收费的农贸市场和餐饮摊位，满足市民生活需求和促进农民工就业。积极支持农产品产地初加工、休闲农业发展，引导有市场、有效益的劳动密集型产业优先向中西部转移，吸纳从东部返乡和就近转移的农民工就业。将农民工纳入创业政策扶持范围，运用财政支持、创业投资引导和创业培训、政策性金融服务、小额担保贷款和贴息、生产经营场地和创业孵化基地等扶持政策，促进农民工创业。做好老少边穷地区、牧区、库区、渔区农牧渔民转移就业工作和农民工境外就业服务工作。（人力资源社会保障部会同发展改革委、教育部、民政部、财政部、住房城乡建设部、农业部、商务部、人民银行、税务总局、工商总局、扶贫办、全国总工会、共青团中央、全国妇联负责）

三 着力维护农民工的劳动保障权益

（七）规范使用农民工的劳动用工管理。指导和督促用人单位与农民工依法普遍签订并履行劳动合同，在务工流动性大、季节性强、时间短的农民工中推广简易劳动合同示范文本。对小微企业经营者开展劳动合同法培训。依法规范劳务派遣用工行为，清理建设领域违法发包分包行为。完善适应家政服务特点的劳动用工政策和劳动标准。整合劳动用工备案及就业失业登记、社会保险登记，实现对企业使用农民工的动态管理服务。（人力资源社会保障部会同住房城乡建设部、工商总局、全国总工会负责）

（八）保障农民工工资报酬权益。在建设领域和其他容易发生欠薪的行业推行工资保证金制度，在有条件的市县探索建立健全欠薪应急周转金制度，完善并落实工程总承包企业对所承包工程的农民工工资支付全面负责制度、劳动保障监察执法与刑事司法联动治理恶意欠薪制度、解决欠薪问题地方政府负总责制度，推广实名制工资支付银行卡。落实农民工与城镇职工同工同酬原则。在经济发展基础上合理调整最低工资标准，推动农民工参与工资集体协商，促进农民工工资水平合理增长。（人力资源社会保障部会同公安部、住房城乡建设部、人民银行、高法院、全国总工会负责）

（九）扩大农民工参加城镇社会保险覆盖面。依法将与用人单位建立稳定劳动关系的农民工纳入城镇职工基本养老保险和基本医疗保险，研究完善灵活就业农民工参加基本养老保险政策，灵活就业农民工可以参加当地城镇居民基本医疗保险。完善社会保险关系转移接续政策。努力实现用人单位的农民工全部参加工伤保险，着力解决未参保用人单位的农民工工伤保险待遇保障问题。推动农民工与城镇职工平等参加失业保险、生育保险并平等享受待遇。对劳务派遣单位或用工单位侵害被派遣农民工社会保险权益的，依法追究连带责任。实施“全民参保登记计划”，推进农民工等群体依法全面持续参加社会保险。整合各项社会保险经办管理资源，优化经办业务流程，增强对农民工的社会保险服务能力。（人力资源社会保障部会同发展改革委、财政部、卫生计生委、工商总局、法制办、全国总工会负责）

（十）加强农民工安全生产和职业健康保护。强化高危行业和中小企业一线操作农民工安全生产和职业健康教育培训，将安全生产和职业健康相关知识纳入职业技能教育培训内容。严格执行特殊工种持证上岗制度、安全生产培训与企业安全生产许可证审核相结合制度。督促企业对接触职业病危害的农民工开展职业健康检查、建立监护档案。建立重点职业病监测哨点，完善职业病诊断、鉴定、治疗的法规、标准和机构。重点整治矿山、工程建设等领域农民工工伤多发问题。实施农民工职业病防治和帮扶行动，深入开展粉尘与高毒物品危害治理，保障符合条件的无法追溯用人单位及用人单位无法承担相应责任的农民工职业病患者享受相应的生活和医疗待遇。（安全监管总局、卫生计生委分别会同发展改革委、教育部、公安部、民政部、财政部、人力资源社会保障部、住房城乡建设部、交通运输部、国资委、法制办、全国总工会负责）

（十一）畅通农民工维权渠道。全面推进劳动保障监察网格化、网络化管理，加强用人单位用工守法诚信管理，完善劳动保障违法行为排查预警、快速处置机制，健全举报投诉制度，依法查处用人单位侵害农民工权益的违法行为。按照“鼓励和解、强化调解、依法仲裁、衔接诉讼”的要求，及时公正处理涉及农民工的劳动争议。畅通农民工劳动争议仲裁“绿色通道”，简化受理立案程序，提高仲裁效率。建立健全涉及农民工的集体劳动争议调处机制。大力加强劳动保障监察机构、劳动人事争议仲裁院和基层劳动争议调解组织建设，完善服务设施，增强维护农民工权益的能力。（人力资源社会保障部会同发展改革委、公安部、司法部、国资委、高法院、全国总工会负责）

（十二）加强对农民工的法律援助和法律服务工作。健全基层法律援助和法律服务工作网络，加大法律援助工作力度，使符合条件的农民工及时便捷地获得法律援助。简化法律援助申请受理审查程序，完善异地协作机制，方便农民工异地申请获得法律援助。畅通法律服务热线，加大普法力度，不断提高农民工及用人单位的法治意识和法律素质，引导农民工合法理性维权。（司法部会同财政部、高法院、全国总工会负责）

四 着力推动农民工逐步实现平等享受城镇基本公共服务和在城镇落户

（十三）逐步推动农民工平等享受城镇基本公共服务。深化基本公共服务供给制度改革，积极推进城镇基本公共服务由主要对本地户籍人口提供向对常住人口提供转变，努力实现城镇基本公共服务覆盖在城镇常住的农民工及其随迁家属，使其逐步平等享受市民权利。各地区、各有关部门要逐步按照常住人口配置基本公共服务资源，明确农民工及其随迁家属可以享受的基本公共服务项目，并不断提高综合承载能力、扩大项目范围。农民工及其随迁家属在输入地城镇未落户的，依法申领居住证，持居住证享受规定的基本公共服务。在农民工输入相对集中的城市，主要依托社区综合服务设施、劳动就业社会保障服务平台等现有资源，建立农民工综合服务平台，整合各部门公共服务资源，为农民工提供便捷、高效、优质的“一站式”综合服务。（农民工办会同发展改革委、教育部、公安部、民政部、财政部、人力资源社会保障部、住房城乡建设部、文化部、卫生计生委、法制办负责）

（十四）保障农民工随迁子女平等接受教育的权利。输入地政府要将符合规定条件的农民工随迁子女教育纳入教育发展规划，合理规划学校布局，科学核定公办学校教师编制，加大公办学校教育经费投入，保障农民工随迁子女平等接受义务教育权利。公办义务教育学校要普遍对农民工随迁子女开放，与城镇户籍学生混合编班，统一管理。积极创造条件着力满足农民工随迁子女接受普惠性学前教育的需求。对在公益性民办学校、普惠性民办幼儿园接受义务教育、学前教育的，采取政府购买服务等方式落实支持经费，指导和帮助学校、幼儿园提高教育质量。

各地要进一步完善和落实好符合条件的农民工随迁子女接受义务教育后在输入地参加中考、高考的政策。开展关爱流动儿童活动。（教育部会同发展改革委、公安部、财政部、人力资源社会保障部、住房城乡建设部、共青团中央、全国妇联负责）

（十五）加强农民工医疗卫生和计划生育服务工作。继续实施国家免疫规划，保障农民工适龄随迁子女平等享受预防接种服务。加强农民工聚居地的疾病监测、疫情处置和突发公共卫生事件应对，强化农民工健康教育、妇幼健康和精神卫生工作。加强农民工艾滋病、结核病、血吸虫病等重大疾病防治工作，落实“四免一关怀”等相关政策。完善社区卫生计生服务网络，将农民工纳入服务范围。鼓励有条件的地方将符合条件的农民工及其随迁家属纳入当地医疗救助范围。巩固完善流动人口计划生育服务管理全国“一盘棋”工作机制，加强考核评估，落实输入地和输出地责任。开展流动人口卫生计生动态监测和“关怀关爱”活动。（卫生计生委会同发展改革委、民政部、财政部负责）

（十六）逐步改善农民工居住条件。统筹规划城镇常住人口规模和建设用地面积，将解决农民工住房问题纳入住房发展规划。支持增加中小户型普通商品住房供给，规范房屋租赁市场，积极支持符合条件的农民工购买或租赁商品住房，并按规定享受购房契税和印花税等优惠政策。完善住房保障制度，将符合条件的农民工纳入住房保障实施范围。加强城中村、棚户区环境整治和综合管理服务，使居住其中的农民工住宿条件得到改善。农民工集中的开发区、产业园区可以按照集约用地的原则，集中建设宿舍型或单元型小户型公共租赁住房，面向用人单位或农民工出租。允许农民工数量较多的企业在符合规划和规定标准的用地规模范围内，利用企业办公及生活服务设施用地建设农民工集体宿舍，督促和指导建设施工企业改善农民工住宿条件。逐步将在城镇稳定就业的农民工纳入住房公积金制度实施范围。（住房城乡建设部会同发展改革委、财政部、国土资源部、税务总局负责）

（十七）有序推进农民工在城镇落户。进一步推进户籍制度改革，实施差别化落户政策，促进有条件有意愿、在城镇有稳定就业和住所（含租赁）的农民工及其随迁家属在城镇有序落户并依法平等享受城镇公共服务。各类城镇要根据国家户籍制度改革的部署，统筹考虑本地区综合承载能力和发展潜力，以就业年限、居住年限、城镇社会保险参保年限等为基准条件，制定具体落户标准，向社会公布。（公安部、发展改革委、人力资源社会保障部会同教育部、民政部、财政部、国土资源部、住房城乡建设部、农业部、卫生计生委、统计局、法制办、中央农办负责）

（十八）保障农民工土地承包经营权、宅基地使用权和集体经济收益分配权。做好农村土地承包经营权和宅基地使用权确权登记颁证工作，切实保护农民工土地权益。建立健全土地承包经营权流转市场，加强流转管理和服务。完善土地承包经营纠纷的调解仲裁体系和调处机制。深化农村集体产权制度改革，探索农村集体经济多种有效实现形式，保障农民工的集体经济组织成员权利。完善相关法律和政策，妥善处理好农民工及其随迁家属进城落户后的土地承包经营权、宅基地使用权、集体经济收益分配权问题。现阶段，不得以退出土地承包经营权、宅基地使用权、集体经济收益分配权作为农民进城落户的条件。（农业部、国土资源部分别会同法制办、中央农办、高法院负责）

五 着力促进农民工社会融合

（十九）保障农民工依法享有民主政治权利。重视从农民工中发展党员，加强农民工中的党组织建设，健全城乡一体、输入地党组织为主、输出地党组织配合的农民工党员教育管理服务工作制度。积极推荐优秀农民工作为各级党代会、人大、政协的代表、委员，在评选劳动模范、先进工作者和报考公务员等方面与城镇职工同等对待。创造新办法、开辟新渠道，支持农民工在职工代表大会和社区居民委员会、村民委员会等组织中依法行使民主选举、民主决策、民主管理、民主监督的权利。（农民工办会同民政部、人力资源社会保障部、国资委、全国总工会负责）

（二十）丰富农民工精神文化生活。把农民工纳入城市公共文化服务体系，继续推动图书馆、文化馆、博物馆等公共文化服务设施向农民工同等免费开放。推进“两看一上”（看报纸、看电视、有条件的能上网）活动，引导农民工积极参与全民阅读活动。在农民工集中居住地规划建设简易实用的文化体育设施。利用社区文化活动室、公园、城市广场等场地，经常性地开展群众文体活动，促进农民工与市民之间交往、交流。举办示范性农民工文化活动。鼓励企业开展面向农民工的公益性文化活动，鼓励文化单位、文艺工作者和其他社会力量为农民工提供免费或优惠的文化产品和服务。（文化部、农民工办会同发展改革委、民政部、财政部、中央宣传部、全国总工会、共青团中央、全国妇联负责）

（二十一）加强对农民工的人文关怀。关心农民工工作、生活和思想状况，加强思想政治工作和科普宣传教育，引导农民工树立社会主义核心价值观。开展“人文关怀进企业、进一线”活动。通过依托各类学校开设农民工夜校等方式，开展新市民培训，培养诚实劳动、爱岗敬业的作风和文明、健康的生活方式。对有需要的农民工开展心理疏导。努力推进农民工本人融入企业、子女融入学校、家庭融入社区、群体融入城镇。（农民工办会同教育部、卫生计生委、全国总工会、共青团中央、全国妇联负责）

（二十二）建立健全农村留守儿童、留守妇女和留守老人关爱服务体系。实施“共享蓝天”关爱农村留守儿童行动，完善工作机制、整合资源、增加投入，依托中小学、村民委员会普遍建立关爱服务阵地，做到有场所、有图书、有文体器材、有志愿者服务。继续实施学前教育行动计划，加快发展农村学前教育，着力解决留守儿童入园需求。全面改善贫困地区薄弱学校基本办学条件，加快农村寄宿制学校建设，优先满足留守儿童寄宿需求，落实农村义务教育阶段家庭经济困难寄宿生生活补助政策。实施农村义务教育学生营养改善计划，开展心理关怀等活动，促进学校、家庭、社区有效衔接。加强农村“妇女之家”建设，培育和扶持妇女互助合作组织，帮助留守妇女解决生产、生活困难。全面实施城乡居民基本养老保险制度，建立健全农村老年社会福利和社会救助制度，发展适合农村特点的养老服务体系，努力保障留守老人生活。加强社会治安管理，保障留守儿童、留守妇女和留守老人的安全，发挥农村社区综合服务设施关爱留守人员功能。（民政部、全国妇联会同发展改革委、教育部、公安部、财政部、人力资源社会保障部、共青团中央负责）

六 进一步加强对农民工工作的领导

（二十三）完善农民工工作协调机制。各级人民政府要把农民工工作列入经济社会发展总体规划和政府目标考核内容，建立健全考核评估机制，落实相关责任。国务院已成立农民工工作领导小组，办公室设在人力资源社会保障部。县级以上地方人民政府也要成立农民工工作领导小组，加强统筹协调和工作指导。（农民工办会同国务院农民工工作领导小组各成员单位负责）

（二十四）加大农民工公共服务等经费投入。深化公共财政制度改革，建立政府、企业、个人共同参与的农民工市民化成本分担机制和财政转移支付同农民工市民化挂钩机制。中央和地方财政部门要按照推进基本公共服务均等化的要求，统筹考虑农民工培训就业、社会保障、公共卫生、随迁子女教育、住房保障、公共文化等基本公共服务的资金需求，加大投入力度，为农民工平等享受基本公共服务提供经费保障。各级财政部门要将农民工工作经费纳入公共财政预算支出范围。（财政部、农民工办会同发展改革委、教育部、民政部、人力资源社会保障部、住房城乡建设部、文化部、卫生计生委负责）

（二十五）创新和加强工青妇组织对农民工的服务。积极创新工会组织形式和农民工入会方式，将农民工组织到工会中来。以输入地团组织为主、输出地团组织配合，逐步建立农民工团员服务和管理工作制度，积极从新生代农民工中发展团员。各级工会、共青团、妇联组织要切实履行维护农民工权益的职责，通过开展志愿者活动等方式关心关爱农民工及其子女，努力为农民工提供服务。（全国总工会、共青团中央、全国妇联分别负责）

（二十六）发挥社会组织服务农民工的积极作用。按照培育发展和管理监督并重的原则，对为农民工服务的社会组织正确引导、给予支持，充分发挥他们为农民工提供服务、反映诉求、协同社会管理、促进社会融合的积极作用。改进对服务农民工的社会组织的管理，完善扶持政策，通过开展业务培训、组织经验交流、政府购买服务等方式，引导和支持其依法开展服务活动。（民政部会同发展改革委、教育部、公安部、司法部、财政部、人力资源社会保障部、文化部、卫生计生委、工

商总局、全国总工会负责）

（二十七）夯实做好农民工工作的基础性工作。加大投入，建立输入地与输出地相结合、综合统计与部门统计相结合、标准统一、信息共享的农民工统计调查监测体系，做好农民工市民化进程动态监测工作。深入开展农民工工作的理论和政策研究，为党和政府相关决策提供依据。（统计局、农民工办会同国务院农民工工作领导小组其他成员单位负责）

（二十八）进一步营造关心关爱农民工的社会氛围。坚持正确导向，组织引导新闻媒体运用多种方式，加强政策阐释解读，积极宣传农民工工作的好经验、好做法和农民工中的先进典型，对相关热点问题开展及时有效的舆论引导。对优秀农民工和农民工工作先进集体及个人按规定进行表彰奖励，努力使尊重农民工、公平对待农民工、让农民工共享经济社会发展成果成为全社会的自觉行动。（中央宣传部、农民工办会同国务院农民工工作领导小组其他成员单位负责）

各地区、各有关部门要按照本意见要求，结合实际抓紧制定和完善配套政策措施，积极研究解决工作中遇到的新问题。国务院农民工工作领导小组每年要针对重点工作和突出问题进行督察，及时向国务院报告农民工工作情况。

国务院

2014 年 9 月 12 日

（摘自：中央政府门户网站 www. gov. cn）

参考文献

白先春、柯婧等:《农村居民个体特征对其就地城镇化意愿的影响——基于安徽省的调查》,《江苏农业科学》2016 年第 12 期。

陈国华:《城乡等值:破解农村教育难题的关键》,《人民教育》2016 年第 12 期。

陈浩天:《农户土地流转需求意愿的假设证伪与模型建构——基于全国 20 省 236 村 2998 个农户的实证调查》,《干旱区资源与环境》2015 年第 10 期。

陈琳、陈耀华等:《走向实现的教育现代化定义研究》,《中国教育学刊》2015 年第 11 期。

陈少娜:《农村流动儿童受教育问题研究》,《中国青年研究》2012 年第 10 期。

陈万柏、张耀灿:《思想政治教育学原理》(第二版),高等教育出版社 2007 年版。

陈伟然、桂江丰:《中国就地城镇化及其战略研究》,《江西社会科学》2017 年第 6 期。

丛菁:《农民工随迁子女常见心理问题及对策分析》,《现代交际》2012 年第 6 期。

丛燃:《吉林省城镇化建设的困境及出路研究》,硕士学位论文,吉林大学,2017 年。

崔海硕:《进京农民工子女教育问题研究》,硕士学位论文,首都经济贸易大学,2014 年。

崔曙平、赵青宇:《苏南就地城镇化模式的启示与思考》,《城市发展研究》2013 年第 10 期。

邓志强：《时空转换下当代青年社会认同的新特征及影响》，《中国青年社会科学》2018 年第 4 期。

丁会明：《公共服务均等化视角下农民工子女教育问题研究》，硕士学位论文，郑州大学，2012 年。

董茜：《流动儿童教育衔接问题研究》，硕士学位论文，南京大学，2013 年。

杜育红、杨小敏：《乡村振兴：作为战略支撑的乡村教育及其发展路径》，《华南师范大学学报》（社会科学版）2018 年第 2 期。

杜云素、李偲：《农民的集中居住意愿及其影响因素分析——基于鄂苏两地的调查》，《四川农业大学学报》2014 年第 1 期。

樊万朝、华新焕：《扬州大学一项调查表明：近五成民工子女缺乏自信》，2004 年 7 月 22 日，http://www.people.com.cn/GB/shehui/1062/2659034.html。

范先佐：《进城务工就业农民子女的教育公平与制度保障》，《河北师范大学学报》（教育科学版）2007 年第 1 期。

范先佐、彭湃：《农民工子女义务教育经费保障机制构想》，《中国教育学刊》2009 年第 3 期。

付春：《新农村公共文化服务体系建设及其基本思路》，《农村经济》2010 年第 4 期。

高美莲：《加强未成年人思想政治教育的几点思考》，《江西教育》2010 年第 12 期。

高雪莲：《我国农村城镇化进程中的生态环境问题及对策研究》，硕士学位论文，西南大学，2010 年。

葛新斌：《关于我国农村教育发展路向的再探讨》，《中国农业大学学报》（社会科学版）2015 年第 1 期。

葛新斌：《农村教育——现代化的弃儿及其前景》，《教育理论与实践》2003 年第 23 期。

葛新斌：《乡村振兴战略：农村教育究竟能做些什么?》，《华南师范大学学报》（社会科学版）2018 年第 2 期。

辜胜阻、易善策等：《中国特色城镇化道路研究》，《中国人口·资源与环境》2009 年第 1 期。

顾明远:《试论教育现代化的基本特征》,《教育研究》2012 年第 9 期。
郭亮、王永贵:《网络流行语产生、传播流变对青少年主流意识形态认同的影响及启示》,《思想教育研究》2019 年第 4 期。
郭巧英:《企业思想政治工作要注重人文关怀和心理疏导》,《山西党校报》2012 年 7 月 5 日。
郭冉:《接纳与排斥——流动儿童的教育绩效和心理健康问题研究》,《南方论丛》2013 年第 4 期。
国家统计局:《2019 年全国农民工监测调查报告》,2020 年 4 月 30 日,http://www.stats.gov.cn/tjsj/zxfb/202004/t20200430_1742724.html。
国家统计局:《2017 年全国农民工监测调查报告》,2018 年 4 月 27 日,http://www.stats.gov.cn/tjsj/zxfb/201804/t20180427_1596389.html。
国家卫生健康委员会:《中国流动人口发展报告(2018)》,2018 年 12 月 22 日,http://www.nhc.gov.cn/wjw/xwdt/201812/a32a43b225a740c4bff8f2168b0e9688.shtml。
《国务院办公厅关于印发乡村教师支持计划(2015—2020 年)的通知》,2015 年 6 月 1 日,http://www.gov.cn/zhengce/content/2015-06/08/content_9833.htm。
《关于做好进城务工人员随迁子女接受义务教育后在当地参加升学考试工作的意见》,2012 年 8 月 30 日,http://www.moe.gov.cn/jyb_xxgk/moe_1777/moe_1778/201208/t20120831_141376.html。
《国务院关于进一步推进户籍制度改革的意见》,2014 年 7 月 24 日,http://www.chinanews.com/gn/2014/07—30/6439778.shtml。
《国务院关于做好免除城市义务教育阶段学生学杂费工作的通知》,2008 年 8 月 15 日,http://www.gov.cn/zwgk/2008-08/15/content_1072915.htm。
海闻、于菲、梁中华:《农民工随迁子女教育政策分析》,《教育学术月刊》2014 年第 8 期。
韩嘉玲:《北京市流动儿童义务教育状况调查报告》,《青年研究》2001 年第 8 期。
何玲:《中国流动儿童政策分析》,《人口研究》2007 年第 2 期。
贺荃波、刘云喜:《农民就地城镇化的财政政策建议》,《中国财政》

2016 年第 5 期。

胡恒钊：《农民工随迁子女人文关怀的缺失与重塑》，《教学与管理》2018 年第 1 期。

胡恒钊、文丽娟：《城镇化进程中农民工流动子女教育的断链与衔接》，《学术论坛》2015 年第 6 期。

胡恒钊、文丽娟：《农民工流动子女教育中的断链现象与解决策略》，《现代中小学教育》2015 年第 9 期。

胡恒钊、文丽娟：《中国农村就地城镇化：发展态势、影响因素及路径选择——以广东、江西、湖北、四川四省为分析案例》，《湖北行政学院学报》2015 年第 5 期。

胡恒钊：《我国农村公共文化服务体系建设的困境与重构》，《中共天津市委党校学报》2018 年第 2 期。

胡锦涛：《坚定不移沿着中国特色社会主义道路前进 为全面建成小康社会而奋斗——在中国共产党第十八次全国代表大会上的报告》，2012 年 11 月 19 日，http：//www. xj. xinhuanet. com/2012 - 11/19/c_113722546. htm。

胡俊生：《农村教育城镇化研究》，中国社会科学出版社 2014 年版。

胡蕾：《刍议农村中学思想政治教育中的问题》，《青年文学家》2011 年第 16 期。

黄敏红、肖诗来：《流动儿童教育困境的反思与对策》，《思想理论教育》2009 年第 16 期。

黄少华、朱丹红：《网络游戏对青少年的负面影响及其引导策略》，《中国德育》2017 年第 12 期。

黄图伦：《农民工子女家庭教育问题的反思与改进》，《中国成人教育》2015 年第 5 期。

黄先政：《农民工父母对子女教育的问题、作用和责任探究》，《教育与教学研究》2013 年第 5 期。

黄尧：《未成年人思想政治教育的现状及对策》，《基础教育参考》2008 年第 11 期。

黄英燕、陈宗章：《网络空间中主流意识形态安全研究综述》，《理论观察》2018 年第 12 期。

黄振华：《城镇化进程中的农民需求——基于7687位农民的实证分析》，《社会科学》2014年第6期。

江西省人民政府：《江西省城镇人口首次超过乡村人口 城镇化率突破50%》，2015年2月13日，http：//www. gov. cn/xinwen/2015 - 02/13/content_ 2818963. htm。

江西省商务厅：《省商务厅出台33条措施积极参与“一带一路”建设》，2015年2月16日，http：//www. jiangxi. gov. cn/xzx/jxyw/tjyw/201502/t20150216_ 1125732. html。

蒋贵凰：《我国发展中地区城镇化的动力机制研究》，中国社会科学出版社2011年版。

蒋淑媛：《北京现代公共文化服务体系构建研究》，《北京社会科学》2015年第1期。

蒋太岩、刘芳等：《从歧视走向公平——中国农民工及其子女教育问题调查与分析》，东北大学出版社2008年版。

焦晓云：《新型城镇化进程中农村就地城镇化的困境、重点与对策探析——“城市病”治理的另一种思路》，《城市发展研究》2015年第1期。

靳高风、解希红：《当前我国未成年人犯罪发展趋势分析》，《山东警察学院学报》2013年第5期。

康月敏、刘静：《河北省新型城镇化公共文化服务体系建设研究》，《河北经贸大学学报》（综合版）2016年第1期。

赖怀超：《未成年人思想政治教育问题的分析与工作对策》，《三峡大学学报》（人文社会科学版）2008年第6期。

雷雳：《莫让不良短视频污染青年学生》，《人民论坛》2018年第32期。

雷万鹏：《流动儿童教育面临结构转型——武汉市流动儿童家长调查》，《教育与经济》2007年第1期。

雷万鹏：《新生代农民工子女教育调查与思考》，《华中师范大学学报》（人文社会科学版）2013年第5期。

李发戈：《小城镇建设与农业转移人口就近就地城镇化》，《山东行政学院学报》2017年第3期。

李国华：《农民工随迁子女教育需要与社会支持研究》，硕士学位论文，南京大学，2013 年。

李健、杨传开等：《新型城镇化背景下的就地城镇化发展机制与路径》，《学术月刊》2016 年第 7 期。

李金奇：《农村教师的身份认同状况及其思考》，《教育研究》2011 年第 11 期。

李克强：《坚持中国特色社会主义教育发展道路 培养德智体美劳全面发展的社会主义建设者和接班人》，2018 年 9 月 10 日，http：//www.cssn.cn/index/index_ focus/201809/t20180910_ 4557923_ 1.shtml。

李凌霄：《社会认同视域下流动儿童发展教育的探索——以流动儿童社会融合项目为例》，硕士学位论文，西北大学，2013 年。

李荣华：《赣州农村公共文化服务体系建设探讨》，《合作经济与科技》2017 年第 6 期。

李孝敏：《脱贫攻坚：推进河南贫困地区公共文化服务体系建设》，《中州大学学报》2016 年第 1 期。

李云、陈宇等：《乡村居民的就地城镇化意愿差异特征》，《规划师》2017 年第 6 期。

厉以宁：《中国应走农民就地城镇化道路》，《光明日报》2013 年 10 月 18 日。

林丽凤：《农民工随迁未成年子女的思想政治教育问题研究》，硕士学位论文，福建农林大学，2011 年。

刘成斌、吴新慧：《留守与流动：农民工子女的教育选择》，上海交通大学出版社 2008 年版。

刘杰、贺东航：《集体土地归属中的制度模糊与地权冲突》，《求实》2014 年第 12 期。

刘日帮、钮秀渠：《对加强农村中学思想政治教育有效性的思考》，《改革与开放》2009 年第 5 期。

刘赛特：《社会工作介入流动儿童服务研究——以“童”在蓝天下项目为例》，硕士学位论文，吉林大学，2013 年。

刘淑兰：《政府创新与新农村公共文化服务体系的构建——以福建省为例》，《福建农林大学学报》（哲学社会科学版）2008 年第 2 期。

刘昕：《农民工随迁子女的教育问题及措施》，《改革与开放》2015 年第 12 期。

刘艳春：《新农村公共文化服务体系建设的短板与重构》，《农业经济》2019 年第 2 期。

卢邦柱：《城市农民工子女融合教育路径探索》，《中小学德育》2019 年第 2 期。

罗璇：《农民工子女的教育问题研究》，硕士学位论文，渤海大学，2014 年。

马国立：《就地城镇化实现之路》，光明日报出版社 2015 年版。

《马克思恩格斯选集》（第 2 卷），人民出版社 1995 年版。

毛小明、尹继东等：《“一带一路”背景下江西出口贸易增长分析》，《江西社会科学》2015 年第 3 期。

庞新军、冉光和：《传统城镇化与就地城镇化对农民收入的影响研究：基于时变分析的视角》，《中国软科学》2017 年第 9 期。

曲颂：《农民工随迁子女的教育融合问题、制度障碍及对策研究》，《河北学刊》2019 年第 2 期。

全国妇联课题组：《中国农村留守儿童、城乡流动儿童状况研究报告》，2013 年 5 月 18 日，http：//news. china. com. cn/txt/2013 －05/18/content_ 28862083_ 3. htm。

商薇：《农村区域经济发展视域下的就地城镇化建设路径研究》，《农业经济》2017 年第 8 期。

申书厅：《农民工适龄子女在城市就学现状及其对策研究》，硕士学位论文，天津大学，2004 年。

沈斌：《社会支持网络视角下的农村留守儿童问题研究》，硕士学位论文，河南师范大学，2012 年。

宋超：《试论山东省农村公共文化服务体系的建设》，《中共济南市委党校学报》2010 年第 4 期。

苏萍：《传统城镇化之弊与新型城镇化之路》，《现代经济信息》2016 年第 24 期。

孙志河：《教育为农村转型服务——2003 年国际农村教育研讨会综述》，《职教论坛》2003 年第 5 期。

陶国根：《农村公共文化服务体系建设的现实困境与路径选择》，《沈阳干部学刊》2017 年第 1 期。

陶西平：《重新认识基础教育"独立价值"》，《中国教育学刊》2012 年第 1 期。

陶行知：《陶行知全集》（第一卷），四川教育出版社 1991 年版。

田慧生、吴霓：《农民工子女教育问题研究——基于 12 城市调研的现状、问题与对策分析》，教育科学出版社 2009 年版。

汪明：《保障随迁子女受教育权要拿出新举措》，《中国教育报》2014 年 8 月 5 日。

王帆、胡恒钊：《中国农村就地城镇化的影响因素及动力机制研究》，《党政干部论坛》2015 年第 7 期。

王富军：《农村公共文化服务体系建设研究》，博士学位论文，福建师范大学，2012 年。

王海侠、张徐丽晶：《宁夏易地扶贫安置点的"自流移民"问题研究》，《社会治理》2017 年第 8 期。

王华：《青年网络道德的失范与引导》，《人民论坛》2018 年第 11 期。

王揽、胡恒钊：《中国农村就地城镇化农民意愿及其影响因素探究》，《新疆社科论坛》2018 年第 2 期。

王璐璐：《我国农民工随迁子女教育问题研究》，硕士学位论文，大连海事大学，2013 年。

王平华：《农民工子女义务教育的缺位及保障对策研究》，《时代教育》2009 年第 7 期。

王艳：《提高青年群体在网络空间的自我约束力》，《人民论坛》2018 年第 32 期。

王占益：《创新机制：推动现代公共文化服务体系构建》，《山东农业工程学院学报》2015 年第 2 期。

韦惠惠：《农民工子女家庭教育问题反思与建议》，《新西部》2015 年第 30 期。

温铁军、张孝德：《乡村振兴十人谈：乡村振兴战略深度解读》，江西教育出版社 2018 年版。

《芜湖市关于进一步做好外来务工人员随迁子女就学工作的实施意见》，

2013 年 4 月 27 日，http：//www. whedu. net/cms/data/html/doc/2013 -04/27/80077/index. html。

吴岚：《流动儿童社会融入研究》，硕士学位论文，南京大学，2013 年。

吴霓、张宁娟、李楠：《农民工随迁子女教育的五大趋势及对策》，《当代教育科学》2010 年第 7 期。

武向荣：《流动儿童教育的不连续性与治理》，《中国特殊教育》2006 年第 10 期。

习近平：《决胜全面建成小康社会 夺取新时代中国特色社会主义伟大胜利——在中国共产党第十九次全国代表大会上的报告》，人民出版社 2017 年版。

习近平：《习近平谈治国理政》（第 2 卷），外文出版社 2017 年版。

相旭东：《心理疏导技术》，中国书籍出版社 2015 年版。

肖庆华：《农民工子女教育研究的范式》，《学术论坛》2013 年第 3 期。

肖庆华：《农民工子女教育研究的三个转向》，《学术论坛》2013 年第 6 期。

新公民计划：《中国流动儿童数据报告（2014）》，2014 年 9 月 23 日，http：//www. cssn. cn/zx/zx_ gjzh/zhnew/201409/t20140923_ 1338700. shtml。

新玉言：《国外城镇化比较研究与经验启示》，国家行政学院出版社 2013 年版。

熊英：《新型城镇化视域下农村公共文化服务体系的构建》，《农业经济》2015 年第 11 期。

徐丽敏：《农民工随迁子女的社会融入研究》，科学出版社 2015 年版。

徐丽敏：《农民工随迁子女教育救助的需求及社会工作介入》，《学术论坛》2014 年第 6 期。

徐丽敏：《农民工随迁子女教育融入研究——一个发展主义的研究框架》，博士学位论文，南开大学，2009 年。

徐丽敏：《农民工随迁子女社会融入中的教育困境及对策研究》，《郑州大学学报》（哲学社会科学版）2008 年第 6 期。

徐玲、白文飞：《流动儿童社会排斥的制度性因素分析》，《当代教育科学》2009 年第 1 期。

许爱花、贾志科：《城市化进程中的流动儿童社会融合困境》，《南京晓庄学院学报》2014 年第 1 期。

薛美蓉：《农民工子女思想教育》，《安徽农业科学》2008 年第 13 期。

颜玉凡、叶南客：《我国现阶段农村公共文化服务困境解析》，《艺术百家》2014 年第 6 期。

杨弘宇、于杰：《大学生人文关怀和心理疏导机制构建》，《黑龙江社会科学》2015 年第 4 期。

杨静：《农民随迁子女的教育状况调研与对策研究》，《林区教学》2015 年第 2 期。

于衡：《关于我国农村教育现代化的几点对策》，《农业经济》2019 年第 7 期。

于新红：《随迁农民工子女教育融入问题研究》，硕士学位论文，华东师范大学，2012 年。

袁方成、王泽：《"流""守"之间：农民市民化的区域差异及影响要素——基于全国 20 省数据的实证分析》，《华中师范大学学报》（人文社会科学版）2017 年第 1 期。

袁婷婷：《政府提供农村公共文化服务的现状、问题与对策》，《四川行政学院学报》2014 年第 6 期。

袁振国：《中国进城务工农民随迁子女教育研究》，教育科学出版社 2010 年版。

曾献君、卓德雄等：《小城镇就地城镇化的现状与困境研究》，《福建工程学院学报》2018 年第 1 期。

张国玉：《中国新型城镇化的推进路径：就地城镇化与行政区划调整》，《四川行政学院学报》2014 年第 1 期。

张建云：《农业现代化与农村就地城镇化研究》，中国社会科学出版社 2012 年版。

张良：《政府主导、社会参与、市场配置：农村公共文化服务体系建设的理想模式》，《理论与现代化》2012 年第 4 期。

张明明：《就地城镇化问题及对策研究》，硕士学位论文，安徽大学，2014 年。

张苹、胡琪：《农民工子女人际交往与家庭支持》，《当代青年研究》

2015 年第 5 期。

张水玲：《农民工子女精神生活状况调查研究》，《教育评论》2014 年第 10 期。

张彦：《论网络空间的精神治理与青少年网德教育》，《思想理论教育》2007 年第 7 期。

张英：《推进农村公共文化服务的“现代化”转型》，《江南论坛》2015 年第 2 期。

张永岳、王元华：《我国新型城镇化的推进路径研究》，《华东师范大学学报》（哲学社会科学版）2014 年第 1 期。

张瑜：《论公共文化服务体系构建中的政府职能与角色定位——基于城乡统筹发展的愿景》，《广西社会科学》2014 年第 12 期。

张元亮、卢鹏：《基于粗糙集的城市交通拥堵预警算法分析》，《交通科技与经济》2009 年第 2 期。

张云峰：《黑龙江省建设农村公共文化服务体系研究》，博士学位论文，东北农业大学，2010 年。

赵文博：《试析农民工流动儿童的教育衔接问题》，《南都学坛》（人文社会科学学报）2012 年第 4 期。

赵小明：《互联网心理学》，经济管理出版社 2017 年版。

赵梓吟：《新型城镇化建设应以人为本》，《创新时代》2014 年第 4 期。

郑忠梅：《网络社会的青少年道德教育路径新选择》，《黄冈师范学院学报》2010 年第 5 期。

《中共中央关于全面推进依法治国若干重大问题的决定》，《人民日报》2014 年 10 月 29 日。

《中共中央国务院关于实施乡村振兴战略的意见》，《人民日报》2018 年 2 月 5 日。

中共中央文献编辑委员会编：《邓小平文选》（第 3 卷），人民出版社 1993 年版。

中国互联网络信息中心：《2019 年第 43 次中国互联网络发展状况统计报告》，2019 年 2 月 28 日，http：//www. 199it. com/archives/839412. html。

《中华人民共和国土地管理法：第十条第二款》，2004 年 9 月 9 日，http：//www. chinalaw. gov. cn/article/fgkd/xfg/fl/200409/20040900052441. shtml。

周皓：《流动儿童与社会的整合》，《中国人口科学》2003 年第 4 期。

周青：《对完善四川公共文化服务体系的思考》，《中华文化论坛》2014 年第 11 期。

周效柱、胡雪芳：《构建江苏现代公共文化服务体系的思路》，《河北广播电视大学学报》2016 年第 1 期。

周序：《流动儿童教育政策中的社会控制理念》，《江西教育科研》2007 年第 5 期。

朱宇：《中国的就地城镇化：理论与实证》，科学出版社 2012 年版。

朱战辉：《农村青年就地城镇化实践机制分析》，《中国青年研究》2019 年第 4 期。

庄勇、何昕：《需求与介入——基于进城农民工子女社会工作支持的行动研究》，社会科学文献出版社 2013 年版。

[瑞士] 托尔斯顿·胡森：《平等——学校和社会政策的目标》，张人杰：《国外教育社会学基本文选》，华东师范大学出版社 1989 年版。

致　谢

望着窗外熟悉而又美丽的江西农业大学校园，经过寒冬的树木已开始吐露新芽，寒冬已然退去，春天已悄然到来。时光飞逝，斗转星移，从博士毕业来江西农业大学工作已近八年，回眸过去，值得留恋和心存感激的太多……

本专著得到了江西农业大学马克思主义理论重点学科经费资助，被学校列为“江西农业大学马克思主义理论重点学科系列丛书”。在此，我要感谢江西农业大学马克思主义学院为本书的写作和出版所提供的资助，感谢江西农业大学政治学院的领导魏毅书记、刘汉一院长、姜木枝副院长、付庆文副院长以及傅琼、陈富国、袁玲红、易启洪、廖运生、顾萍、戴幼玲、胡军华、熊艳红、吴全圣、刘小金、刘乾阳等政治学院的所有同事和朋友，是你们的支持和关爱，我的教学和科研才迅速展开；感谢研究生于杉杉、宋彩虹、王揽、王帆、程洋、徐明月等对书稿所提的意见以及对部分内容的修正。有他们的支持和付出，书稿才最终得以出版。

感谢所有关心和帮助过我的人，汝之恩情，无以回报，唯有化感激为动力，在学术的道路上不断求索，不断前行。另外，这本书是在我2014年教育部人文社会科学研究青年基金项目“农民工流动子女教育的断链与衔接问题研究”（14YJCZH054）报告的基础上不断修订而成的，由于本人的研究水平和精力有限，书中难免会存在不当和错误之处，敬请各位专家和同人不吝赐教。

胡恒钊

2020年1月16日